● 中国社会科学院重点课题成果

中国社会科学院文库
经济研究系列
The Selected Works of CASS
Economics

中国社会科学院文库·经济研究系列
The Selected Works of CASS · Economics

中国企业自主创新战略研究
Research on the Innovation
Strategy of Chinese Enterprises

王 钦 等／著

经济管理出版社
ECONOMY & MANAGEMENT PUBLISHING HOUSE

图书在版编目（CIP）数据

中国企业自主创新战略研究/王钦等著. —北京：经济管理出版社，2011.10
ISBN 978-7-5096-0565-3

Ⅰ.①中… Ⅱ.①王… Ⅲ.①企业创新—研究—中国 Ⅳ.①F279.23

中国版本图书馆 CIP 数据核字（2011）第 232482 号

出版发行：经济管理出版社
北京市海淀区北蜂窝 8 号中雅大厦 11 层
电话：(010)51915602　　邮编：100038
印刷：北京银祥印刷厂　　　　　　　经销：新华书店
组稿编辑：张永美
责任编辑：张永美
责任印制：杨国强

720mm×1000mm/16　　　15.75 印张　　233 千字
2011 年 10 月第 1 版　　　2011 年 10 月第 1 次印刷
定价：48.00 元
书号：ISBN 978-7-5096-0565-3

·版权所有　翻印必究·
凡购本社图书，如有印装错误，由本社读者服务部负责调换。联系地址：北京阜外月坛北小街 2 号
电话：(010)68022974　　邮编：100836

《中国社会科学院文库》
出版说明

《中国社会科学院文库》（全称为《中国社会科学院重点研究课题成果文库》）是中国社会科学院组织出版的系列学术丛书。组织出版《中国社会科学院文库》，是我院进一步加强课题成果管理和学术成果出版的规范化、制度化建设的重要举措。

建院以来，我院广大科研人员坚持以马克思主义为指导，在中国特色社会主义理论和实践的双重探索中做出了重要贡献，在推进马克思主义理论创新、为建设中国特色社会主义提供智力支持和各学科基础建设方面，推出了大量的研究成果，其中每年完成的专著类成果就有三四百种之多。从现在起，我们经过一定的鉴定、结项、评审程序，逐年从中选出一批通过各类别课题研究工作而完成的具有较高学术水平和一定代表性的著作，编入《中国社会科学院文库》集中出版。我们希望这能够从一个侧面展示我院整体科研状况和学术成就，同时为优秀学术成果的面世创造更好的条件。

《中国社会科学院文库》分设马克思主义研究、文学语言研究、历史考古研究、哲学宗教研究、经济研究、法学社会学研究、国际问题研究七个系列，选收范围包括专著、研究报告集、学术资料、古籍整理、译著、工具书等。

中国社会科学院科研局
2006 年 11 月

目 录

总论：中国企业自主创新战略：定位、方式与过程 …………………… 1
  一、研究问题的界定 …………………………………………………… 1
  二、技术范式视角下的中国企业自主创新战略 ……………………… 3
  三、既定技术范式下中国企业自主创新战略分析 …………………… 8
  四、新兴技术范式下中国企业自主创新战略分析 …………………… 11
  五、小结 ………………………………………………………………… 15

上 篇　环境分析篇

第一章　中国企业发展战略与环境的协同演进 ………………………… 21
  一、改革开放以来中国企业战略环境的变迁 ………………………… 21
  二、改革开放以来中国企业战略的演进 ……………………………… 31
  三、中国企业未来自主创新战略的选择 ……………………………… 36

第二章　中国工业企业技术引进和创新的历程 ………………………… 39
  一、中国工业企业技术引进与创新发展历程的回顾 ………………… 39
  二、中国工业企业技术引进与创新的成就和经验 …………………… 49
  三、对中国工业企业技术引进与创新的未来展望 …………………… 53

第三章 转型升级与中国企业自主创新 …………………………………… 57

一、"十一五"期间中国企业自主创新的回顾 ……………………… 57

二、转型升级背景下中国企业自主创新面临的挑战 ……………… 64

三、"十二五"时期提升中国企业自主创新能力的政策建议 ……… 70

中　篇　典型案例篇

第四章 核心突破、协同创新与能力提升
——以沈阳机床集团为例 ……………………………… 75

一、中国机床行业企业的创新环境分析 …………………………… 75

二、"核心技术突破"的自主创新战略目标定位 …………………… 80

三、"协同创新"的战略实现模式 …………………………………… 84

四、沈阳机床创新能力提升的分析 ………………………………… 89

五、小结 ……………………………………………………………… 93

第五章 技术引进、跟踪模仿与自主创新
——以低压电器企业天水二一三公司为例 …………… 95

一、问题的提出 ……………………………………………………… 95

二、研究回顾与设计 ………………………………………………… 96

三、案例背景 ………………………………………………………… 99

四、天水二一三自主创新战略分析 ………………………………… 100

五、研究结论 ………………………………………………………… 108

第六章 开放式系统创新模式研究
——以中药企业天士力集团为例 ……………………… 113

一、文献回顾与问题的提出 ………………………………………… 113

二、研究思路与方法 …………………………………………… 115
　　三、模式作用机制：外生要素到内生能力的转化 ……………… 116
　　四、天士力集团的开放式系统创新模式实践 …………………… 121
　　五、结论与思考 ………………………………………………… 128

第七章　需求识别、能力集成与文化驱动
　　　　　——以卫星通信企业南京中网为例 ……………………… 133
　　一、企业集成创新的三维（DCC）分析框架 …………………… 134
　　二、需求识别：寻找企业集成创新的目标 ……………………… 137
　　三、能力集成：实现企业技术与组织集成的升华 ……………… 143
　　四、文化驱动：奠定企业集成创新的价值观基础 ……………… 148

第八章　复杂产品系统创新的组织突破
　　　　　——以北控磁浮为例 ……………………………………… 151
　　一、引言 ………………………………………………………… 151
　　二、复杂产品系统的概念及其关键特征 ………………………… 152
　　三、以组织为特点的复杂产品系统创新 ………………………… 154
　　四、组织创新的具体方式——系统集成者牵头的复杂产品 …… 156
　　五、案例分析——北控磁浮 …………………………………… 159

第九章　中国制造性物流企业的演进路径与创新能力升级
　　　　　——以海金物流为例 ……………………………………… 165
　　一、问题的提出 ………………………………………………… 165
　　二、文献回顾与研究设计 ……………………………………… 166
　　三、案例相关的背景情况 ……………………………………… 168
　　四、案例分析：海金物流的发展过程及其剖析 ………………… 171
　　五、研究总结：制造性物流业演进路径的一个总体性框架 …… 177
　　六、案例研究引申：启示和政策建议 …………………………… 181

下篇 专题研究篇

第十章 中国工业企业技术标准战略研究 ················ 187
一、技术标准的定义和使用范围 ···················· 188
二、中国企业技术标准战略环境 ···················· 191
三、中国企业技术标准战略要素分析 ················ 194
四、中国企业技术标准战略选择 ···················· 202

第十一章 中国装备工业企业的技术赶超特征 ············ 207
一、制造业发展形成的市场机会与装备工业企业创新：
　　分析框架 ································ 207
二、制造业发展与中国本土装备工业企业创新：理论与经验 ····· 210
三、本土企业与跨国企业技术能力的互动提升 ·········· 219
四、中国装备工业企业技术创新对公共政策的要求 ······· 224

第十二章 国际金融危机与中国企业自主创新战略 ········ 229
一、国际金融危机对中国企业创新环境的影响 ·········· 229
二、国际金融危机背景下中国企业创新战略的选择 ······· 237
三、后危机时代完善企业自主创新环境的建议 ·········· 240

后　记 ·· 245

总论：中国企业自主创新战略：定位、方式与过程

企业自主创新是国家创新战略实现的重要保证，同时中国企业自主创新问题的提出又有其特殊的国情背景，那就是中国如何实现从工业大国向工业强国转变，如何尽快实现从要素驱动和投资驱动阶段快向创新驱动阶段转变（陈佳贵等，2007）。同时，在"开放经济"的基础上，直接同跨国公司竞争，培育企业"竞争优势"，提升"国际竞争力"，打破"技术依赖"和"封锁"，实现"赶超"和"技术突破"，从"追随者"（Follower）转变为"进攻者"（Attacker），就成为中国企业自主创新战略问题研究的基本前提和题中应有之意。因此，全球化背景和赶超就成为课题研究的重点。

一、研究问题的界定

1. "全球化"和"赶超"的特定情景

同发达国家企业相比，中国企业面临的第一个问题就是"赶超"，即包括追赶（Catch-up）和超越（Leapfrogging）。目前，对于企业自主创新战略问题的研究主要是以"传统的技术追赶论"作为理论基础，即发展中国家作为"追随者"，所以需要走通过引进、消化、吸收，然后再创新这一战略路

径，日本和韩国都是比较典型的例子（Kim，1997，1998；Amsden 和 Chu，2001，2003；Hobday，1995）。中国企业是否还能够复制这一模式呢？答案是否定的。因为现在中国企业的竞争环境、企业资源条件，都不同于当时的日本和韩国。日韩企业基本上都经过了先在"国内竞争"具备了一定实力，再直接同"跨国公司"直接竞争的过渡，可以说，"封闭经济"的基础和较为"充裕的"时间准备是日韩企业实现技术赶超的基本前提。而中国企业一开始就步入了更加"开放的"和"直接的"竞争环境，一方面很难有充分的时间走完引进、消化、吸收再创新的全过程（高旭东，2005），另一方面基于"合资方式"充分发挥"比较优势"的中国企业是永远不会真正获得"国际竞争优势"的（路风，2006）。自然，许多中国企业不仅陷入了特定的"路径依赖"，而且还被锁定在了"跟随者"的状态。

在这里我们可以看到，中国企业的赶超是在开放经济条件下，是在全球化背景下展开的。对于中国企业而言，正处于从"模仿"向"创新"、从"追随者"向"挑战者"转变的特定阶段，"知识资源"和"技术资源"非对称的劣势就会显现出来。从另一个角度看，"领先者"为了保证处于有利的竞争地位，将会更加严格地控制"技术资源"这一核心资源的配置。"领先者"将会更加充分利用其技术先占者优势，采取种种方式形成技术壁垒，进而保持其竞争优势。

2. 寻求价值创造和收益方式的创新

"资源基础理论"（RBV）描述了企业获得竞争优势的"独特资源"和"核心知识资产"，指明了企业在特定的产业竞争环境下需要培育的"核心资源"（Mowery 和 Nelson，1999；Kogut 和 Zander，1995）。"后来者优势理论"提出了作为"后来者"可以获得学习性机会、动力性机会、组织性机会和文化性机会（Utterback，1994）。"后来者劣势论"又指出了后来者在技术商品化方面的劣势（Carpenter 和 Nakamoto，1994）。"社会学习理论"探讨了企业从技术引进向自主创新转变的实现方式（Pisano，1996）。

因此，就企业创新战略而言，就是寻求价值创造与收益方式的创新。从资源理论出发，价值创造主要来源于新资源的开发（Exploration）和现有资源的利用（Exploitation），创新的含义也就体现在这两个方面。而就价值收益方式而言，更多是以核心资源为基础，对创新收益获得的问题。

3. 企业创新战略回答的三方面问题

从价值创造和收益的角度看，中国企业自主创新需要具备的"核心资源"是什么？获得价值收益的核心资源基础是什么？首先需要回答的就是"定位"问题。其次也就是"中国企业实现自主创新的方式是什么？"，即培育"核心资源"和获得"收益"的方式是什么？最后就是实现过程的问题，也就是"中国企业创新能力提升的过程是什么？"这些成为中国企业自主创新战略研究和中国企业打破"路径依赖"，打破"追随者"锁定状态必须回答的问题。归结起来讲，中国企业自主创新战略研究包括定位（Position）、方式（Paths）和过程（Processes）三个方面的问题。

二、技术范式视角下的中国企业自主创新战略

企业的战略选择过程就是外部环境与内部资源相互匹配的过程。环境直接影响着中国企业自主创新战略选择。在环境变量中，技术变量又是最为关键的变量。

1. 将技术变量引入创新战略分析

改革开放以来的 30 多年，制度变量一直是影响企业行为的关键变量，企业战略行为的选择与制度环境变化直接相关。改革开放以来，中国企业的

外部竞争环境经历了从计划与市场并存的过渡阶段，到社会主义市场经济体制初步建立阶段，再到社会主义市场体制经济完善阶段。可以说，以改革开放为主线，从"计划经济体制"向"社会主义市场经济体制"转变，从"行政管理"向"市场竞争"转变，从"政企不分"向"企业成为市场经济的主体"的转变，是中国企业战略环境变迁的最大特征。同中国企业战略环境的变迁相匹配，中国企业战略也经历了防守型战略阶段、进攻型战略阶段和分析型战略阶段。在计划和市场并存的"过渡型"环境阶段，中国企业更多的是对外部政策环境的被动适应，在政策不断宽松的前提下获得相应的各项权利。在社会主义市场经济体制初步建立环境阶段，中国企业面对日益增多的市场机会，更多的是对外部环境进行积极的回应，采取了主动出击的做法。在社会主义市场经济体制完善阶段，无论是国有企业的战略性调整，还是民营企业的战略转型，都体现了"战略分析导向"这一特征。

随着社会主义市场经济制度的不断完善，制度变量越来越稳定，对企业战略的影响也就相对减弱。但同时，无论从企业战略演进的阶段出发，还是从全球化的竞争格局出发，技术变量对企业战略的影响变得更加突出，并对企业战略的定位，组织架构、组织能力的提升都产生了更加直接的影响。企业创新战略定位实际上就是在特定产业结构中的定位，而这一定位同技术密切相关。因为技术变量将直接影响企业产品架构，产品架构选择（模块化还是一体化选择）又会影响在产业中的地位，实际上产品架构又会影响到组织架构，并进而影响到组织能力提升的方式（Fixson 和 Park，2008）。

2. 对于技术范式的四个维度刻画

技术范式是对企业面临的技术环境变量的一种刻画。Dosi（1982）提出"技术范式"（Technological Paradigms）和"技术轨道"（Technological Trajectory）的概念，主要是想对技术变化是源于"技术推动"还是"需求牵引"这一命题进行回答，并认为技术范式是对技术问题的一种"展望"，包含一系列方法（程序步骤）的集合，对相关问题的界定，以及与解决方案有关的特定知识。Winter（1984）进一步提出了"技术模式"（Technological Regimes）的概念。①

对于"技术范式"的理解主要基于三点：一是"技术"本身是特定知识形式（包括编码化的知识和隐性知识）的代表，相关的技术活动也是以知识为基础展开的，并具体体现为对一系列问题的解决；二是"范式"是对"如何做事"特定的认识和理解，同时它也是集体的认同和共识，并被特定的群体所共享；三是"范式"通常对产品架构和系统的基本模型进行了界定，相应的调整和升级也总是在特定架构和系统下进行。而技术轨道主要是指在既定范式下对创新机会的持续实现。对于技术轨道的理解具体包括三个关键点：一是不考虑市场引导的原因，特定范式的知识决定了技术变化的方向和速度；二是在不同的市场条件下，技术变化的方式具有一致性和规律性，只有知识基础（基于范式的）的突破性变化才会带来相应的变化；三是技术变化总是由自身创造的技术不平衡性所驱动（Cimoli 和 Dosi，1995）。

差不多与 Dosi 提出技术范式概念的同一时期，Pavitt（1984）将技术范式的思想引入到具体的产业和企业活动层面上，并指出了技术变迁所具有的部门差异性，从而提出对创新部门和企业的分类方法。沿着 Dosi、Pavitt 和 Winter 等人的思路，Malerba 和 Orsennigo（1997）认为技术范式（Technological Regimes）是由技术机会（Technological Opportunities）、创新的可收益性（Appropriability of Innovation）、技术进步的累积性（Cumulativeness of Technical Advances）和相关知识基础的属性（the Property of Knowledge Base）等组成，并进而区分了"熊彼特Ⅰ型"和"熊彼特Ⅱ型"两类模式，前者的特征是高技术机会、低可收益性、低累积性，后者则表现出高可收益性、高累积性。

---

① 虽然 Dosi 的"技术范式"（Technological Paradigms）概念更加侧重于创新过程中解决技术问题依赖的知识本身，以及为解释创新过程中连续和非连续的变迁。而 Winter 的"技术模式"（Technological Regimes）概念则侧重于对外部知识环境的刻画，以及对创新动力的影响。尽管也涉及知识本身，但是，在一般意义上，两者都是对知识及知识环境的一种刻画，因此可以认为"技术范式"和"技术模式"具有同一性。

表 0-1 技术范式的四个维度

技术机会	可收益性	累积性	知识基础
机会水平	可收益水平	技术层面	知识的内在属性
技术扩散性	保护手段	企业层面	知识转移的手段
技术多样性		部门层面	
机会来源			

资料来源：Malerba 和 Orsenigo (1997)。

技术机会反映了给定研发投入下创新成功的概率。技术机会可以划分为四个方面：机会水平、扩散性、多样性和来源。具有较高技术机会水平将会为创新活动提供激励动力，并为潜在创新者尽早进入该领域创造经济环境。较高的技术扩散性表明技术知识能够被运用到多种产品和多个市场当中，而扩散性较低的技术则相反。通常，高的技术机会同潜在的多种技术解决方法相联系。这种现象在产业生命周期的早期阶段表现明显。在主导设计还没有形成阶段，不同企业形成不同的研发方向，并提出不同的技术解决方案。随着主导设计的形成，技术变迁将沿着特定的技术轨道进行，技术解决方案的多样性将随之减少。同时，研发的重点转向改善现有产品的性能和可靠性，提高生产过程的效率。不同技术和不同产业的机会来源不同。有些产业的创新机会来源同大学和科研院所的重大科学突破相联系，而在另一些产业中，创新的机会来源于企业内部 R&D、设备和设施的投入，以及内在的学习过程。另外，还有一些产业创新机会的来源同供应商和用户等外部知识来源相关。

可收益性概括了保护创新成果以避免被模仿，并给企业带来创新利润的可能性及其程度。可收益性可以划分为两个方面：可收益水平和保护手段。高的可收益水平，表明创新活动及其成果本身可以避免被模仿。低的可收益水平，表明创新活动面临广泛的知识外部性（溢出）。企业可以运用多种手段来保护其创新成果，例如专利、商业秘密、持续的创新和控制互补性资产。在不同产业，保护创新成果的手段和侧重点不同。

技术的累积性是对不同时期创新活动之间相关性的一种定义。例如，下一期的创新活动依赖于本期创新投入，说明创新是累积的。累积性刻画了一个经济环境,这种经济环境表明不同时期创新活动具有持续相关性。累积性可以划分为三个层面:技术层面、企业层面和部门层面。技术层面的累积性主要同技术的特殊属性和学习过程的认知属性相关。当持续的创新活动依赖于特定企业的能力时,企业层面的累积性得到体现。企业层面的高累积性意味着创新活动具有高的可收益性。部门层面的累积性,表明知识在企业外部的溢出效应明显,并且创新活动所需的相关知识基础分布在部门层面。

创新活动依赖于不同的知识基础,而各种知识具有不同的属性,从而导致不同产业创新活动的差异性。知识基础的两个主要特征为:知识的属性和知识转移、交流的手段。知识的属性主要包括四个方面,涉及不同程度的专有性、缄默性、复杂性和相互依赖性。在某些产业中,知识基础具有通用性,而在另一些产业中,知识基础具有专有性,只应用于特定领域。在某些产业中,构成创新活动的知识基础可能主要是缄默的知识,也可能是可编码的、易于转移的知识。创新活动中,相关知识基础可能显示出相对高的或低的复杂性。首先,在创新活动中,要整合不同科学和工程原理以及技术。其次,是能力要求的多样性,例如,包含R&D、制造、工程化、生产和营销等方面。创新活动中,相关的知识可能是易识别和独立的,也可能是嵌入和集成在一个大的技术系统当中。知识属性的四个方面影响企业获得和接近相关知识的有效性。如果知识是不断变化的、缄默的、复杂的和作为大的技术系统的一部分,那么有效的知识转移的手段是非正式的,例如面对面的交流、人员讲授和培训、人员流动,甚至获得整个团队。如果知识是标准化的、可编码的、简单的和相互独立的,则有效的知识转移的手段通常是正式的,例如出版物、许可和专利等。

3. 两类技术范式下的企业创新战略活动

从技术范式视角来看企业的创新战略活动,基本上可以分为两类:一类是既定技术范式下的企业创新战略活动,例如,数控机床、低压电器行业;

另一类新兴技术范式下的企业创新战略活动，例如，卫星通信、中低速磁悬浮、现代中药行业。

就处于既定技术范式的企业而言，技术机会相对稳定，未来技术路线和机会来源都比较明确，在一段时期内不存在革命性的变化；同时，领先企业已经拥有了以核心技术作为基础的收益方式；还有，往往发达国家的这些行业已经比较清晰地对技术形成了认知，并形成了系统的行业技术积累；最后，就是知识内在的界面已经形成，并存在正式的知识转移。

对处于新兴技术范式的企业而言，技术存在较大的不确定性，对于未来的技术路线，以及技术来源都不是十分明确，存在革命性变化的可能；同时，还没有形成较为稳定的收益方式；对于技术认知并未达成共识，也未形成各层次系统的技术积累；最后，就是知识还处于非编码化状态，知识的转移更多是非正式的。

总体上讲，对于"后来者"而言，新兴技术范式具有更多的超越机会和可能，实际上，韩国在DRAM就是新兴技术范式背景下实现超越的典型案例，而对于机床、汽车和家电等具有既定技术范式特征的行业而言，更多地是实现了追赶（Lee 和 Lim, 2001）。但是，并不是说在既定技术范式下就不存在超越的可能，日本的汽车工业通过构筑自己特殊的一体化或统合制造能力，同样也实现了超越（藤本隆宏，2007）。

三、既定技术范式下中国企业自主创新战略分析

在这里，我们主要选取了装备制造业的两家企业——沈阳机床集团和天水二一三电器公司。这两家企业基本上都走过了从技术引进、模仿到自主创新的道路。但是，不同的企业有不同的自主创新战略模式，即不同的定位、实现方式以及能力提升过程。

1. 核心技术突破、协同创新和能力提升的模式

通过不断的探索和实践,沈阳机床形成了"核心突破、协同创新与能力提升"这一具有中国特色的企业自主创新战略。我们认识到,沈阳机床明确的"核心技术突破"战略目标,不仅是企业产品、工艺、管理和服务各项创新活动的中心指向,更是"崇尚技术"这一创新价值观的集中体现;"协同创新"的战略实现模式,不仅表现为企业对内、外部创新资源的有效协同,更是一种固化在企业自觉的、具有"协同特质"的创新行为过程和习惯;"网络型能力提升"是企业创新能力提升的独特路径。

沈阳机床通过实施自主创新战略,实现了六项提升,即实现了从传统生产制造型企业向抢占高端市场的创新型企业的提升;实现了从"分散型技术创新"向建立"系统技术创新体系"的提升;实现了从被动模仿向主动创新、主动进行"核心技术突破"的提升;实现了从重视单个产品创新向重视创新能力和创新人才队伍建设的提升;实现了从生产机床、卖机床的产品导向向联合开发,为客户提供全过程、一揽子服务的提升;实现了从松散的"产学研"合作向建立紧密、稳定和长期"产学研用"合作的提升。

沈阳机床的自主创新环境具有三个特点,即企业未来的竞争将是技术创新体系的竞争、技术创新能力的竞争、同世界一流跨国公司近距离的竞争,而"核心技术"问题将是企业不可回避又必须依靠自身能力亟须解决的问题。在面临以上挑战的同时,企业正处在一个较好的技术赶超窗口期。

沈阳机床确立了"核心技术突破"的自主创新战略定位。具体的战略逻辑是:从学习和认识"核心技术"开始,在倡导"商业化导向"的"核心技术"开发和应用过程中形成"核心技术突破"的良性循环,提升"技术创新能力",以企业自身技术创新体系建设促进部门(行业)技术创新体系建设,以核心技术突破为中心促进技术、管理、服务创新协同,以产品创新促进工艺创新,通过持续的"技术创新",最终形成自主的"核心技术"。

沈阳机床积极探索了"协同创新"的战略实现方式。具体包括外部协同（用户协同、研发协同、行业协同、技术协同）、内部协同（三层次研发体系协同）和协同保障（四项支撑）三个方面。

沈阳机床走的是一条网络型能力提升路径。伴随着自主创新战略的实施，沈阳机床的产品和服务创新能力率先发展，得到迅速提升，正处于创新能力成熟阶段向专业化阶段过渡的状态，而工艺和管理创新能力略显滞后，正处于从萌芽阶段向成熟阶段过渡的状态。但是由于沈阳机床抓住了内在"核心技术"和外在"客户需求"这两个关键点，能够有效进行创新能力的溢出，反过来又会促进工艺和管理创新能力提升。

2. 技术识别、平台构建、持续积累的模式

天水二一三电器公司的技术引进始于20世纪80年代，由于准确的技术识别，以及当时的竞争格局，使得技术引进具有一定的先进性。虽然国际知名公司没有将当时正在研发的产品或作为技术储备的产品转让，但其技术差距仅是一代产品之差。因此，技术引进使企业由生产20、30年不变的落后产品，迅速跨入了生产国际先进产品的行列。

技术引进并不等于形成技术能力，技术能力的形成需要"创新平台构建"，否则企业内部的知识也只能是零散的知识，或者仅仅是以个人为载体的知识。同时，更为重要的是，"平台构建"还是对于从技术引进、跟踪模仿向自主创新实现的创新基础设施保障。实际上，这样一个创新平台的构建过程，也是企业知识和技术能力持续积累的过程。

天水二一三电器公司在跟踪模仿阶段，识别出国际知名公司产品在原来产品的基础上的改进特征，以及研究清楚其改进的原因，就掌握了产品的发展的趋势，如果及时将其产业化，就紧跟上了产品发展的技术水平。那么，怎样识别改进特征？首先，企业要明确跟踪模仿的目的。在技术引进的基础上，跟踪模仿是进一步的深层次的学习，而不是不管什么原因，别人这样技术改进，我就这样技术改进，只要把产品模仿出来即可。其次，产品研发人

员以研究技术改进特征为主要任务,而不是以模仿产品为主要任务。跟踪模仿是为了使研发人员继续学习,在进一步学习引进技术的同时,对国际知名公司产品的技术改进特征进行认真的分析研究。再次,采取比较法分析研究技术改进特征,即将技术改进产品与技术引进产品或原产品进行全面分析比较。从产品的外观形状、内部结构、零件材料、零件结构、零件尺寸变化,到性能变化、用途变化、使用环境等逐一仔细研究,识别不同之处,研究清楚技术改进的原因。最后,研发人员以将这些技术、经验转化为自己的知识、技术平台为主,而不是仅仅为了学习而学习,始终不能将技术、经验转化为自己所有。

企业只有在技术引进、跟踪模仿阶段认真学习、分析研究,并不断进行总结,才能将国际知名公司先进的产品所具有的技术、经验、技巧转化为自己的技术能力,也就是企业自己所具有的技术平台。随着学习、分析研究的进行,技术能力将会逐步提高,企业的技术平台也将会逐步上升。需强调的一点是,企业应在各个技术人员对引进技术的学习以及对跟踪模仿的技术改进特征进行分析研究的同时,将学习、分析研究的结果及时制订成技术文件、工艺文件,形成企业自己的规范化文件,这就是所谓的"总结"和"组织知识"。否则,每个技术人员各自将学习、分析研究的结果只放在自己的头脑里,据为己有,就不可能成为企业的技术能力。

四、新兴技术范式下中国企业自主创新战略分析

在这里我们既选取了具有中国特色的现代中药企业,又选取了具有复杂性产品特点的卫星通信和中低速磁悬浮企业。它们共同的特点都是在新兴技术范式下走出了具有自身特色的自主创新道路。

1. 以"核心工艺突破"带动的"开放式系统创新"模式

由于国内中药产品同质化现象严重、国外对中药认可程度不高等原因，中药行业对技术创新及标准化产生了迫切需求；中药行业的特殊性决定了核心工艺是创新的突破口，"开放式创新"是最有效的创新模式，"技术创新能力"是自身累积提升的过程；中药行业正处于技术轨道跃迁时期，为企业创造了更高层次创新的可能性。

天士力确立了"以核心工艺突破实现技术领先"的自主创新战略，其战略内涵和实现路径为：以"行业技术领先者"为战略目标，坚持"市场需求导向"，以"核心工艺创新"为突破口，紧密协调工艺创新和产品创新活动，在此过程中逐步实现能力提升，并延伸至整个产业链条的创新，同时注重组织、管理、人力和营销各项职能与技术创新的协同推进，形成坚实的创新保障体系，确保创新的可持续性和技术领先者的地位。

天士力采取了"开放式系统创新"的战略实现方式，核心特征是"开放性"和"系统性"。与相关技术创新主体建立长期、稳定的合作关系，通过"自主研发核心技术、合作研发前沿技术、委托开发辅助技术"的方式，构建了一条完整的新药研发技术链；四层次的技术创新体系覆盖了"基础研究—应用研究—产业化研究—工艺改进"完整的技术创新链条，组织、管理、机制和营销创新为技术创新提供了支撑作用。

天士力在自主创新过程中实现了"动态阶梯式"技术创新能力提升。天士力经历了五个阶段的自主创新过程，始于新剂型产品的装备创新，期间工艺创新与产品创新交错进行，目前正迈向更高级别的"原始产品创新"。在这一"动态"过程中，天士力实现了创新能力的积累与提升，并呈现出"阶梯式"的提升路径，每一个阶梯的能力都源于前一个阶梯的积累，并且这种积累都是在企业内部完成的。同时，由于采取了"系统创新"模式，天士力的项目管理能力和客户服务能力也得到大幅提升。

2. 需求识别、能力集成与文化驱动的模式

"需求识别"对集成创新活动的目标指向作用具体体现在三个方面。首先,体现在由"概念"向"实物"的转化过程中,也就是从一个"概念化的产品",到形成"产品设计",再到"具体产品的生产和服务的提供"。通过这种转化的过程,通过产品概念的具体化,企业将会发现进行技术集成的"关键起点",将更加清楚所需要的技术,以及如何进行技术活动的集成。其次,体现在对"需求概念"理解的层层渗透过程中,也就是"需求概念"从企业的前端传导到企业的每一个层面,传导到相关部门和员工。通过这种层层渗透的过程,能够实现各项组织要素和组织活动的集成。最后,体现在对"需求识别"的检验上,也就是寻找到有效的工作方法保证,企业能够根据实际情况不断调整和修正对客户需求的识别。

集成创新过程本身就是一个各种矛盾不断升华的过程,是一个把握创新方向、速度和深度之间相互协同的过程,是一个将"直接经验"和"现有知识"结合,不断积累形成企业特有"暗默知识"的过程。实际上,"能力集成"具体表现在三个方面:一是"主客合一",就是企业与客户合一,具有持续进行"需求识别"的能力;二是"内外合一",就是企业内部和外部技术资源合一,能够持续进行"技术活动集成",能够持续进行"知识创新";三是"知行合一",就是企业内部理念和行动合一,能够持续进行"组织活动集成"。

南京中网公司集成创新过程中实现了技术集成和组织集成的结合与升华。就技术集成而言,公司基于产品层面的架构,实现了以核心技术开发为基础,对各类相关技术的集成应用。公司在组织集成实践中,创造了特有的"总调度制"、"项目小组制"等。在实践中,中网公司倡导"实证管理"理念,就是用"事实"来检验各项集成创新实践,用"事实"来引导创新不断改进和完善。实际上,在这种管理理念作为无形的内在行动连接体,促成了技术集成和组织集成的不断碰撞和升华,形成了公司特有的内部集成创

新惯例。

企业文化对于集成创新而言，就像一种特殊的"场"。无论是企业内部的员工、股东，还是外部的供应商、客户，以及其他利益相关者都被覆盖其中。同时，在这个"场"中企业所有的利益相关者的行为都受到特定价值观的影响。在这里我们重点分析的是"文化驱动"对于企业集成创新的作用机制，换句话讲，就是企业文化是如何驱动技术集成活动和组织集成活动完成的，又是如何上升为能力集成的。

企业文化对集成创新的驱动作用具体体现在三个层面上：一是价值观的战略引导作用，特定的价值观决定了企业集成创新资源配置的优先选择和配置的方式。二是对内的凝聚力作用，特定的价值观构建了企业内部集成创新合作的基础。三是对外的传播作用，特定的价值观认同为企业集成内外部资源提供了切入点和保障。

需求识别、能力集成和文化驱动构成了南京中网公司集成创新实践的重要特征。需求识别是公司集成创新的目标和方向，能力集成是公司持续集成创新的重要保证，文化驱动则是公司持续集成创新的动力源。同时，三者之间也在不断进行相互作用，协同推进公司集成创新进入新阶段。

3. 工程化导向、系统集成与组织创新的模式

北控磁浮始终坚持"工程化导向"。通过"两条线三代车"进行磁悬浮工程化试验，北控磁浮推动了磁悬浮轨道交通系统的技术进步。磁悬浮轨道交通系统的核心技术是悬浮导向控制技术，而关键技术包括列车轻量化技术、轨排轧制成型技术、列车运行控制技术等。1999~2009年的10年间，北控磁浮联合国内相关单位在"两条线三代车"的基础上，逐步掌握了磁悬浮轨道交通系统的核心技术和关键技术。

北控磁浮作为系统集成者处于合作创新网络的核心。系统集成者即复杂产品研制和生产所需的各种关键技术和生产工艺提供者不可替代的联系人。系统集成者自身不需要掌握技术，但是是技术的管理者。集成效果好坏的关

键是与各个技术或工艺提供者之间是否建立有稳定而合理的合同关系。集成复杂产品系统的竞争力来自于知识产权、关系纽带、产业化能力、商业化能力和品牌。

北控磁浮通过组织创新很好地解决了中国复杂类产品自主创新面临的一个核心的问题——零散技术无法形成复杂产品研制和生产的系统技术。在共同投入、知识产权共有、长期排他性合作和产业化收益共享四大原则的基础上，北控磁浮通过建立工程化合作体系，构建了以"企业主体，市场导向，产学研结合"的自主创新模式，该工程化合作体系解决了共同目标、远期目标、持续动力、低成本、高效率，从而实现整体合力、抗衡外部竞争的一个格局。通过联合相关领域最具实力的单位，构建完整、专业化、工程化研发和产业实施链条，建立板块化运作模式，北控磁浮得以迅速扩大了产业化实施规模。目前，北控磁浮通过10余年的技术工程化研发，初步完成了中低速磁悬浮轨道交通的工程化目标，掌握了自主知识产权，并朝着实现世界领先的中低速磁悬浮交通产业化和商业化的目标迈进。

五、小　结

技术变量是影响中国企业自主创新战略选择一个重要变量。从技术范式的视角来看，中国企业自主创新战略可以分为既定技术范式下和新兴技术范式下企业自主创新战略活动两类。

处于既定技术范式的中国企业常常会面临"技术锁定"和"创新锁定"的问题，企业并不总是自然地从技术引进和模仿过渡到创新。而这一锁定通常表现为"工艺锁定"，即企业通过技术引进和消化能够形成一定的生产制造能力，但并不总是能够形成"产品设计或创新"的能力，进而通过产品创新引导工艺创新。我们通过对沈阳机床集团和天水二一三电器公司案例分析发现，如果企业寄希望从技术引进就直接获得产品创新能力，通常这条路是走不通的。只有通过有意识地进行技术识别,进行技术能力积累,并实现核心技术突破,才能够实现产品创新,进而通过产品创新带动工艺创新,进而形成产品和工艺创新的良性互动。另外,在进行产品创新过程中,开放式创新是一种有效的实现模式。沈阳机床的核心技术突破、协同创新与能力提升模式,天水二一三厂的技术识别、平台构建和持续积累都验证了上述观点。

对处于新兴技术范式的中国企业而言,既面临着技术赶超的机会,又面临着技术、市场和产品的不确定性。在这个过程中,技术和市场的互动发展是最典型的特征。除了必要的技术积累和知识基础之外,关键是对市场需求的识别,在对市场需求识别的基础上进行产品和工艺创新,并通过有效的组织形式,实现技术和市场互动发展。无论是天士力从"核心工艺突破"到"开放式系统创新",还是南京中网的"需求识别、能力集成与文化驱动",以及北控磁浮的"工程化导向系统集成",基本上都是在具有初步技术和知识积累的前提下,从市场需求识别开始,通过开放式创新方式,整合企业内外各种创新资源,最终实现产品创新和工艺创新,并进而持续提升创新能力。

总体上讲,尽管不同的企业在自主创新战略模式上存在差异,但是对于在全球化背景下的中国企业而言,在实现赶超的过程中,技术、市场和组织的创新将是一个永恒的话题。

参考文献:

[1] Amsden, A., Chu, W-W. Beyond Late Development: Upgrade Policies in Taiwan. Cambridge, MA: The MIT Press, 2003.

[2] Carpenter, G., Nakamoto, K. Reflection on Consumer Preference Formation and Pioneering Advantage. Journal of Marketing Research, 1994 (31): 570-573.

[3] Cimoli, M., Dosi, G. Technological Paradigms, Patterns of Learning and Development: an Introductory Roadmap. Journal of Evolutionary Economics, 1995 (5): 243-268.

[4] Dosi, G. Technological Paradigms and Technological Trajectories: A Suggested Interpretation of the Determinants and Directions of Technical Change. Research Policy, 1982

(3): 147-162.

[5] Fixson, S., Park, J. The Power of Integrality: Linkages between Product Architecture, Innovation, and Industry Structure. Research Policy, 2008 (37): 1296-1316.

[6] Kim, L. Crisis Construction and Organization Learning: Capability Building in Catching-up at Hyundai Motor, Organization Science, 1998 (94): 506-521.

[7] Kim, L. Imitation to Innovation: The Dynamics of Korea's Technological Learning. Boston, MA: Harvard Business School Press, 1997.

[8] Kogut, B., Zander, U. Knowledge, Market Failure and Multinational Enterprise: A Reply. Journal of International Business Studies, 1995, 26 (2): 409-415.

[9] Malerba, F., Orsennigo, L. Technological Regimes and Sectoral Patterns of Innovative Activities. Industrial and Corporate Change, 1997 (6): 83-117.

[10] Mowery, D., Nelson, R. The Sources of Industrial Leadership, Cambridge: Cambridge University Pess, 1999.

[11] Nelson, R. National Systems of Innovation: A Comparative Study, Oxford: Oxford University Press, 1992.

[12] Pavitt, K. Sectoral Patterns of Technical Change: Towards A Taxomony and A Theory. Research Policy, 1984 (13): 343-373.

[13] Pisano, G. The Development Factory. Boston: Harvard Business School Press, 1996.

[14] Utterback, J. Mastering the Dynamics of Innovation. Boston, MA: Harvard Business School Press, 1994.

[15] Winter, S. Schumpeterian Competition in Alternative Technological Regimes. Journal of Economic Behaviour and Organizations, 1984 (5): 287-320.

[16] 陈佳贵等:《中国企业自主创新和品牌建设报告》,中国财政经济出版社2007年版。

[17] 高旭东:《"后来者劣势"与我国企业发展新兴技术的对策》,《管理学报》,2005年第2期。

[18] 路风:《走向自主创新:寻找中国力量的源泉》,广西师范大学出版社2006年版。

上 篇
环境分析篇

第一章　中国企业发展战略与环境的协同演进

从1982年中共十二大报告提出"计划经济为主、市场调节为辅";到1984年中共十二届三中全会《中共中央关于经济体制改革的决定》第一次明确提出:"社会主义经济是公有制基础上的有计划的商品经济";到1987年中共十三大报告比较系统地提出社会主义初级阶段理论,明确指出"社会主义有计划的商品经济体制,应该是计划与市场内在统一的机制",并提出"国家调节市场,市场引导企业";到1992年十四大正式确立了"中国经济体制改革的目标是建立社会主义市场经济体制";再到2002年十六大明确提出"完善社会主义市场经济体制是本世纪头二十年经济建设和改革的重要任务",可以说,以改革开放为主线,从"计划经济体制"向"社会主义市场经济体制"转变,从"行政管理"向"市场竞争"转变,从"政企不分"向"企业成为市场经济的主体"的转变,是中国企业战略环境变迁的最大特征。而中国企业发展战略的演进正是在这样一个大背景下展开的。

一、改革开放以来中国企业战略环境的变迁

具体而言,改革开放以来,中国企业战略环境又可以划分为三个阶段:第一阶段(1978~1991年)是计划与市场并存的过渡阶段;第二阶段(1992~2001年)是社会主义市场经济体制初步建立阶段;第三阶段(2002

年至今）是社会主义市场体制经济完善阶段。

1. 计划与市场并存的过渡阶段（1978~1992年）

十一届三中全会不仅在我国的政治、经济生活中具有深远的意义，同时也是中国企业管理史上的一座里程碑。在这一阶段，中国企业的经济制度环境、市场竞争环境和金融环境都发生了深刻的变化，"探索"和"过渡"构成了这一阶段企业战略环境的主要特点。

（1）从经济制度环境看，改革高度集中的计划经济体制，增强企业活力成为这一阶段经济制度改革的主要内容。其中，放权让利，实行承包经营责任制，转换经营机制，探索多种经营方式，发展乡镇企业和非公有制企业是这一阶段中国企业战略环境的主要内容。在1978~1980年，进行了扩大企业自主权的试点、总结和展开；1981~1982年，全面推行了企业经济责任制；1983~1984年，实行了二步"利改税"；1986~1990年，进行了企业承包经营责任制的试点、全面推行和完善，并探索了其他经营方式，一些小企业实行了租赁经营，少数企业进行了股份制改造试点；1991年，国务院第十二次全会上正式提出"搞好国营大中型企业，必须转换企业经营机制"；1992年，对股份制企业进行了规范。同时，这一阶段还对城乡集体工业企业进行了调整、改革、整顿和发展，并发布了《城镇集体所有制企业条例》、《乡村集体所有制条例》；对非公有制工业企业进行了恢复和发展，并发布了《私营企业暂行条例》（见表1-1）。经过一段时期的改革，企业外部的发展空间越来越大，国家计划管理的比重逐步降低。以1984~1992年为例，国家指令计划管理工业产品产值比重由40%左右下降到7%，国家统一分配的物资由60多种减少到19种。

（2）从市场竞争环境看，这一阶段不仅我国的价格形成机制也经历了从"计划"向"市场"的转变，同时，"短缺"和"供不应求"也是该阶段的突出特点。就价格改革而言，从1982年价格改革试点，到1985年的"价格双轨制"，到1988年的"价格闯关"，再到1991年的"流通体制和价格改革"，

表1-1 1978~1991年企业经济制度环境变迁一览

时间	内容	重要法律、法规、政策
1978年四季度	四川省首先在6个国营地方工业企业进行了试点	
1979年1月	四川省又把试点的工业企业范围扩大到100户,同时在40户国营商业企业中也进行了试点	《关于地方工业扩大企业权力,加快生产建设的试点意见》
1979年7月	扩大企业自主权工作取得突破 指导和促进社队企业发展	《关于扩大国营工业企业经营自主权的若干规定》、《关于国营企业利润留成的规定》、《关于开征国营企业固定资产税的暂行规定》、《关于提高国营工业企业固定资产折旧率和改进折旧费使用方法的暂行规定》、《关于国营工业企业实行流动资金全额信贷的暂行规定》、《关于发展社队企业若干问题的决定》
1980年	扩大企业自主权工作全面展开,在400多个工业企业中进行了以税代利的试点	
1981年	4月,国务院明确提出建立和实行工业经济责任制	《关于实行工业经济责任制若干问题的意见》
1982年	1月,从党委领导下的厂长负责制逐步改为厂长负责制	《国营工厂厂长工作暂行条例》
1983年	6月,利改税第一步 指导和促进城镇集体企业	《关于国营企业利改税试行办法》、《关于城镇集体所有制经济若干政策问题的暂行规定》、《关于城镇劳动者合作经营的若干规定》
1984年	10月,利改税第二步;四城市厂长负责制试点和正式确立厂长负责制;股份制试点正式展开	《关于认真搞好国营工业企业领导体制改革试点工作的通知》、《中共十二届三中全会决定》
1986年	进行承包经营责任制的试点 进一步推动横向经济联合	《关于深化企业改革增强企业活力的若干规定》、《关于进一步推动横向经济联合若干问题的决定》、《关于加强工业企业管理若干问题的决定》、《企业破产法》
1987年	推广承包经营责任制;股份制试点进一步展开;规范企业集团组建	《企业债券管理暂行规定》、《关于加强股票、债券管理的通知》、《中共十三大报告》、《关于组建和发展企业集团的几点意见》
1988年	完善和发展承包经营责任制;加强对私营企业管理	《全民所有制工业企业法》、《全民所有制工业企业承包经营责任制暂行条例》、《全民所有制小型工业企业租赁经营暂行条例》、《私营企业暂行条例》
1990年	实行新一轮承包经营;11月,批准建立上交所;股份制企业获得较快发展;加强国有资产管理提上了议事日程;规范乡镇集团企业	《关于加强国有资产管理工作的通知》、《关于向社会公开发行股票的股份制试点问题的通知》、《规范乡镇集体所有制企业条例》

续表

时间	内容	重要法律、法规、政策
1991年	增强企业活力;4月,批准建立深交所;规范城镇集体所有制企业	5月,《关于进一步增强国营大中型企业活力的通知》(11条);9月,提出搞好国有企业的20条措施;《城镇集体所有制企业条例》
1992年	规范股份制企业;转换企业经营机制	《股份制企业试点办法》、《股份有限公司规范意见》、《有限责任公司规范意见》、《全民所有制工业企业转换经营机制条例》

资料来源:作者整理。

价格形成机制的"市场化"取向日渐清晰,通过价格机制引导企业行为的外部环境也在逐步形成。根据资料显示,1978年,国家定价项目在我国农副产品收购中占92%,在轻工业消费品中占97%,在重工业产品中占100%;到1988年这三方面的比重分别下降为24%、50%和60%(田源、乔刚,1991);到1992年这三者的比重下降为12.5%、5.9%和18.7%(王海波,2001)(见图1-1)。与此相联系,一些重要工业生产资料价格双轨制的范围以及计划价与市场价的差价趋于缩小。这说明,截至1992年,市场决定价格的定价机制已经基本形成,有利于推动企业走向市场。

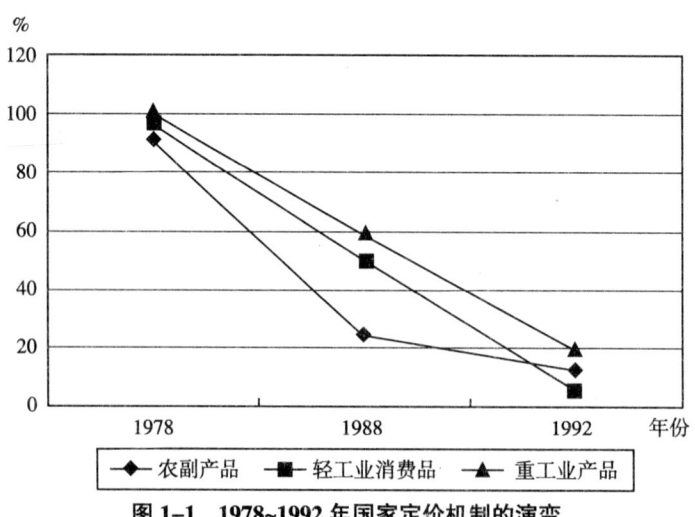

图1-1 1978~1992年国家定价机制的演变

(3)从金融环境来看,这一阶段企业短期和长期金融市场得到了建立和发展。就短期金融市场而言,在试点的基础上,1985年以后,除了建立银行同业拆借市场以外,还建立了企业票据贴现市场和企业短期债券市场。就长期金融市场而言,1985年以来,先后发行了国库券、国家重点建设债券以及企业债券和股票。另外,有价证券二级市场开始建立。1986年以来,沈阳、上海、重庆、武汉、广州等许多城市开办了有价证券转让业务。实际上,在20世纪80年代,政府对企业的直接融资活动一直持较为谨慎的态度,个别地方政府或部门也曾做出过尝试性的探索。直到1990~1991年先后建立了上海和深圳证券交易所,企业直接融资活动才逐渐活跃起来。1992年,证券发行额为1280亿元,其中,国库券410亿元,国家重点建设债券127亿元,金融债券255亿元,企业债券和股票分别为379亿元和109亿元。

总体上看,经过这一段时期"探索式"的市场化取向的经济体制改革,企业外部发展环境进行着"高速"的过渡。国有企业受"计划"的约束越来越少,逐步成为经济主体,集体和私营企业也得到了快速的发展。国有企业改革从单纯的放权让利,逐步走向了转变经营机制;从政企不分,逐步走向了企业自主经营;从内部责、权、利调整,逐步走向了外部环境创造;同时对于乡镇、城镇和私营企业而言,从最初的"看一看"、"试探性"、"非稳态"的发展,也逐步纳入到经济制度的框架中来。企业外部的市场竞争环境逐步形成,市场决定价格的形成机制初步建立。企业外部金融环境也初步建立,除了银行贷款之外,企业具有了更多获取外部资源的渠道。

2. 社会主义市场经济体制初步建立阶段(1993~2002年)

邓小平1992年的"南方谈话"和党的"十四大"标志着中国企业发展进入一个新的发展阶段,明确了中国经济体制改革的目标是建立社会主义市场经济体制。1993年召开的十四届三中全会把经济体制改革的目标和基本原则更加具体化、系统化。在改革目标明确的前提下,中国企业的外部发展环境就逐步趋于"稳态",并朝着"规范化"的方向发展。

(1)从经济制度环境看,"稳态"和"规范化"发展构成了该阶段的最主要特征。具体而言，规范建立现代企业制度，在深化国有大中型企业改革和发展大型企业集团的同时，促进中小企业发展，并积极建立和完善相关法律法规体系，为中国企业的发展营造良好的外部经济制度环境，就构成了这一阶段经济制度环境变迁的主要内容（见表1-2）。

表1-2 1993~2002年企业经济制度环境变迁一览

年份	内容	重要法律、法规、政策
1993	建立现代企业制度，规范公司行为；促进非公有制企业发展	《公司法》、《关于促进个体、私营经济发展的若干规定》
1994	100户现代企业制度试点；加强国有资产监督管理	《关于选择一批国有大中型企业进行现代企业制度试点的方案（草案）》、《国有企业财产监督管理条例》
1995	使外商投资符合中国产业政策	《指导外商投资方向的暂行规定》、《外商投资产业指导目标》
1996	加快放开搞活小企业步伐	《关于放开搞活国有小企业的意见》
1997	深化发展大型企业集团；对乡镇企业的法律保障；规范上市公司	《关于深化大型企业集团试点工作意见的通知》、《乡镇企业法》、《关于发展城市股份合作制企业的指导意见》、《上市公司章程指引》
1998	规范发展大企业、大集团，加强国有企业监督管理；营造私营企业发展的良好环境；规范上市公司	《关于国有大型企业集团制定试点方案有关问题的通知》、《稽查特派员条例》、《关于赋予私营企业和科研院所自营进出口权的暂行规定》、《证券法》
1999	规范小企业改制；推进国有企业改革和发展	《关于出售国有小型企业中若干问题意见的通知》、《十五届四中全会报告》、《合同法》
2000	进一步深化大中型企业改革；第一个鼓励和促进中小企业发展的文件	《国有大中型企业建立现代企业制度和加强企业管理的基本规范（试行）》、《国有企业监事会条例》、《关于鼓励和促进中小企业发展的若干政策意见的通知》、《个人独资企业法》
2001	规范建立现代企业制度；国有企业的战略性改组	《关于深化国有企业内部人事、劳动、分配制度改革的意见》、《企业国有资产与财务管理的暂行办法》、《上市公司独立董事制度的指导意见》、《关于发展具有国际竞争力的大型企业集团的指导意见》、《商标法（二次修订）》
2002	主辅分离；履行出资人职责的国有资产管理体制；外资并购；促进中小企业发展	《关于国有大中型企业主辅分离、辅业改制、分流安置富余人员的实施办法》、《十六大报告》、《合格境外机构投资者境内证券投资管理暂行办法》、《关于向外商转让上市公司国有股和法人股有关问题的通知》、《指导外商投资方向的规定》、《中小企业促进法》、《关于促进和引导民间投资的若干意见》

资料来源：作者整理。

第一章 中国企业发展战略与环境的协同演进

在这一段时间内,逐步建立和完善了与市场经济进程相适应的法律体系。1993年的宪法修正案将"国家实行社会主义市场经济体制"、"国家加强经济立法"明确写入了宪法,并将国营经济改为国有经济,这为国有经济的搞活、各种类型经济的公平竞争提供了前提;1999年的宪法修正案把"实行依法治国,建设社会主义法治国家"的目标写入宪法。以这两次宪法的修改为总体框架,其他与企业有关的法律相继出台。我国于1993年、1997年和1999年颁布了《公司法》(1999年修订)、《合伙企业法》和《个人独资法》三部法律,对有关企业的设立、运作和所应承担的责任都做了明确的规定,更为重要的是,这三部法律的颁布实施,标志着我国过去以所有制划分企业的标准正在过渡到以企业资本构成和投资责任形式为标准,为各种经济类型展开公平竞争打下了重要的法制基础。为了规范企业在市场活动中的行为,相继出台了《合同法》、《票据法》、《保险法》、《证券法》、《担保法》等;为了规范市场活动秩序,维护市场行为主体间的公平竞争环境,又相继出台了《标准化法》、《反不正当竞争法》、《产品质量法》和《广告法》等,特别是《反不正当竞争法》的出台和实施,对保护企业的合法权益,维护公平竞争秩序起到了重要的促进作用;同时,对于企业合法权益,尤其是企业产权方面的保护力度不断加大,相继出台了《商标法》、《专利法》、《知识产权海关保护条例》、《计算机软件保护条例》等,并且,1997年颁布实施的新《刑法》中,明确把严重侵犯商标权、侵犯版权和侵害商业秘密等行为列为刑事犯罪,加大了对此类行为的威慑和制裁力度;1994年《国家赔偿法》的出台,为企业在合法权益受到国家机关和工作人员侵犯时要求赔偿的权利提供了法律支持。1993~2002年的10年间,这些法律的相继出台,一方面加速了我国法制体系的完善,另一方面,也就是对于企业发展来说,加强了对其合法权益的保护,促进了彼此之间公平竞争的良性开展。

(2)从市场竞争环境看,伴随着国有企业改革的深化,非公有经济的迅速发展,以及跨国公司的大举进入,国内市场竞争程度迅速加剧,并形成了国有企业、非公有企业和跨国公司之间"多元化"的市场竞争格局。市场竞争环境变化突出表现在两个方面:一是国家的行政指令进一步缩小;二是国

· 27 ·

内市场供求关系的转变。就前者而言，国家指令计划管理的工业产品产值比重由1992年的11.76%下降到1997年的4.1%；国家计划调拨的重工业生产资料和农产品占销售总额的比重也分别下降到5%和2%。截至1997年，国家定价的社会商品零售总额比重仅为5%，国家定价的生产资料销售总额的比重仅为4%。进入20世纪90年代中期以后，国内消费品市场、生产资料市场都开始呈现出供大于求的格局，由短缺转变为相对过剩。1997年上半年，供大于求的商品比例为5.5%，下半年供过于求的商品比例为31.8%，上升了26.3个百分点；1998年，供过于求的商品占33.8%；1999年，国内工业消费品中供大于求的商品占90%以上。

（3）从金融环境看，伴随着银行和证券市场的发展，中国企业的间接融资和直接融资渠道更加广泛。就银行市场而言，初步建立了在中央银行监管下，政策性金融和商业性金融相分离，以国有银行为主体，与其他各种金融机构分工协作的金融组织体系。另外，对证券市场而言，自1992年以来，中国企业的股份制改造进入了一个高速发展的阶段，中国上市公司数量、上市股票数量、股票市价总值分别以年均23.51%、22.05%和30.33%的速度增长。到2002年底，上市公司总数上升到1224家，上市股票市价总值达到38329亿元（见表1-3）。企业外部金融环境发展，不仅为企业提供了更加丰富的金融资源，而且还对企业发展战略的选择提出了新的要求。

表1-3　1993~2002年中国证券市场的发展

年份	1993	1994	1995	1996	1997	1998	1999	2000	2001	2002
上市公司数量（家）	183	291	323	530	745	851	949	1088	1160	1224
上市股票数量（支）	218	345	381	599	821	931	1029	1174	1240	1310
股票市价总值（亿元）	3531	3691	3474	9842	17529	19506	26471	48091	43522	38329

资料来源：根据历年《中国统计年鉴》整理。

总体上看，这一段时期的经济制度环境更加规范，与市场经济有关法律

第一章 中国企业发展战略与环境的协同演进

法规逐步建立,同时,非国有企业也得到了鼓励和发展。在市场竞争规则日趋完善的同时,市场竞争主体也逐步确立起来,国有企业、非国有企业和跨国公司之间"多元化"的市场竞争格局已经出现。另外,20世纪90年代中后期以来,国内市场也由"短缺"向"相对过剩"转变,由"供不应求"向"供大于求"转变。对于企业外部金融环境而言,不仅间接融资市场更加完善、系统,而且直接融资市场发展迅速。可以说,企业外部金融资源更加丰富。

3. 社会主义市场经济体制完善阶段(2003年至今)

"十六大"的召开标志着中国经济体制改革进入了完善社会主义市场经济体制的新阶段。在社会主义市场经济体制框架初步建立的基础上,"完善"就构成了这一阶段中国企业发展外部环境的主要特征。

(1)从经济制度环境看,营造公平的市场竞争环境、完善市场竞争规则、规范企业行为是该阶段企业外部经济制度环境演变的主要内容。一方面,针对垄断行业国有企业改革的序幕逐步拉开;另一方面,对国有企业的监管体系也在不断完善,有关领导人绩效考核、董事会建设、加强风险管理的一系列政策体系也在不断完善。同时,促进非公有制企业的制度也在不断完善。其中,《关于鼓励支持和引导个体私营等非公有制经济发展的若干意见》的发布,强调了"非禁即入"的思想,为非公有制企业发展创造了更加广阔的空间(见表1-4)。

表1-4 2003~2006年企业经济制度环境变迁

年份	内容	重要法律、法规、政策
2003	国有企业战略性调整,加强国有资产监督管理;制止盲目投资;规范外资并购;促进中小企业海外发展	《企业国有资产监督管理暂行条例》、《中央企业负责人经营业绩考核暂行办法》、《关于规范国有企业改制工作意见的通知》、《企业国有产权转让管理暂行办法》、《关于制止钢铁、电解铝、水泥行业盲目投资若干意见的通知》、《外国投资者并购境内企业暂行规定》、《关于做好2003年度中小企业国际市场开拓资金有关工作的紧急通知》

续表

年份	内容	重要法律、法规、政策
2004	建立和健全国有资产管理监督体制；依法行政	《关于推动中央企业清理整合所属企业减少企业管理层次有关问题的指导意见》、《中央企业发展战略和规划管理办法（试行）》、《行政许可法》
2005	继续进行国有经济战略性调整；推进股权分置改革；鼓励非公有制企业发展	《关于第二批中央企业分离办社会职能工作有关问题的通知》、《企业国有产权向管理层转让暂行规定》、《关于做好股权分置改革试点工作的意见》、《关于上市公司股权分置改革的指导意见》、《三十六条》
2006	鼓励"走出去"；规范外资并购；鼓励自主创新	《对外经济技术合作专项资金管理办法》、《外国投资者对上市公司战略投资管理办法》、《关于外国投资者并购境内企业的规定》、《中共中央国务院关于实施科技规则纲要增强自主创新能力的决定》、《关于鼓励技术引进和创新，促进转变外贸增长方式的若干意见》、《保护知识产权行动纲要（2006-2007年）》

资料来源：作者整理。

（2）从市场竞争情况看，除了市场竞争程度更加激烈和市场竞争范围更加广泛之外，资源、环境约束和产能过剩又构成了企业外部市场竞争环境的新特征。初步测算，2020年中国一次能源消耗量将达到30亿吨标准煤，其中，煤炭22亿吨，石油4.2亿吨，天然气2000亿立方，同时，由于国际原油价格持续高涨，并且降价的前景仍旧不明朗，所以我国企业未来的发展可能会因为原材料供给的冲击而形成运营成本上升、利润空间下降的局面。另外，值得强调的是，一些行业不同程度地出现了产能过剩的问题，例如钢铁、电解铝、铁合金、家电等。

（3）从金融环境看，完善资本市场是这一阶段的主要特征。2004年初，我国政府出台了《国务院关于推进资本市场改革开放和稳定发展的若干意见》，为解决我国资本市场的深层次问题做了指导性的建议。2005年，正式启动了股权分置改革的试点工作。到2006年，股权分置改革开始全面展开。

总体上看，这一阶段，伴随着中国改革开放的进一步深化，中国企业外部经济制度环境日趋完善，国有经济的战略性调整得到继续推进，外资并购活动得到进一步规范，企业"走出去"和"自主创新"的环境也在逐步形成。就企业的市场竞争环境而言，这一阶段也表现出了资源、环境约束和产能过剩的新特征。同时，伴随着股权分置改革的完成和资本市场的完善，企业也将获得更加丰富的金融资源。

二、改革开放以来中国企业战略的演进

1. 中国企业环境与战略的协同演进

从企业战略管理研究的发展看,环境—战略—绩效的框架一直是研究的焦点(Lewin 和 Volbera,1999)。以环境和战略因素对绩效的影响为中心,展开了一系列的研究,围绕是以环境的选择性为主导,还是以战略的主动适应性为主导的争论始终没有停止,并延伸出众多的战略管理流派。例如,种群生态观(Population Ecology)和战略选择观(Strategic Choice)就成为这一争论的两个极端。前者强调环境对企业战略选择的决定作用,后者强调企业战略的主导作用,即在承认战略适应性的同时,更加强调战略的自发性和对环境的影响(何铮,2006)。

在理论争鸣的背后是企业面对的战略环境越来越复杂,不确定性越来越高,环境的影响和变化因素越来越活跃,这一点对于处于经济体制"转轨"阶段的中国企业更是如此。复杂理论(Complexity Theory)中"协同演进"概念的引入,不仅是在种群生态观点和战略选择观点两个极端之间导入了一种新的选择,而且成为战略管理研究的重要思想,为在复杂环境条件下认识企业战略与环境之间的关系提供了新视角。复杂理论将环境和企业战略看做是一个复杂系统,系统内存在自组织机制、非线性关系和协同演进的过程。企业一方面具备足够的组织支撑维持其正常运营,另一方面企业具有相当灵活性与外部环境进行信息和能量交换,能够根据各自所处的环境条件进行内部变革和相互关系调整,以适应复杂变化的环境和条件,实现企业战略和环境之间的协同演进。

在经济体制"渐进式转轨"的背景下，中国企业发展环境具有高度的复杂性、动态性和不确定性。中国企业以其灵活的战略，一方面利用"渐进式"改革为企业所提供的"缓冲时间"，组织和利用各种资源维持企业的正常运营，避免出现大面积的破产和倒闭；另一方面，企业也在这一段"缓冲时间"，通过"组织学习"机制，积极进行制度改革和战略的调整，积极同不同阶段的企业外部环境相匹配，实现了中国企业战略和环境的协同演进。

对于企业战略类型的研究，米勒斯和斯诺在其经典著作《组织战略、结构和方法》一书中，将企业战略划分为进攻型（Prospector）战略、防守型（Defender）战略和分析型（Analyer）三种。结合国外一些学者也利用这一划分对中国转型经济下企业战略演进进行的实证研究（Tan和Tan，2005），可以将与计划和市场并存的"过渡型"环境阶段、社会主义市场经济初步建立阶段和社会主义市场经济完善阶段相匹配的企业战略，划分为防守型战略阶段、进攻型战略阶段和分析型战略阶段（见表1-5）。

表1-5 改革开放以来中国企业战略演进

	防守型战略阶段 （1978~1992年）	进攻型战略阶段 （1993~2002年）	分析型战略阶段 （2003年至今）
环境阶段	计划与市场并存	社会主义市场经济体制初步建立	社会主义市场经济体制完善
经济制度环境	"过渡"特色明显；以制度变革决定企业行为	各项经济制度逐步趋向"稳态"和"规范化"	各项经济制度进入完善阶段
市场竞争环境	计划和市场并存的价格决定机制；供不应求	逐步出现相对过剩和供不应求的格局；多元化的市场格局形成	跨国公司的直接竞争；多元化的竞争格局；产能过剩；资源和环境约束
金融环境	主要是间接融资，金融资源有限	直接融资迅速发展；金融资源日益丰富	资本市场完善；金融资源更加丰富
总体战略特征	被动、制度约束	主动出击、机会导向、跑马圈地	战略导向
竞争战略	无	多元化	低成本或差异化
职能战略	生产管理	营销管理	系统的职能战略
典型事例	"宝钢"经验	国企的兼并重组；青岛海尔（相关多元化）；巨人集团（盲目多元化）	央企重组；一批占据国际市场的企业，例如，中集、中船、振华港机、格兰仕、波司登等

资料来源：作者整理。

2. 防守型战略阶段

防守型战略强调企业对环境的被动适应，通过改变自身的内部资源条件，通过自身不断学习，来维持正常运营，并争取获得一定的竞争优势。

在计划和市场并存的"过渡型"环境阶段，中国企业更多的是对外部政策环境的被动适应，在政策不断宽松的前提下获得相应的各项权力。就国有企业而言，从最初的放权让利，到承包责任制和发展横向经济联合，再到转变经营机制，可以说，在外部环境约束逐步宽松的前提下，企业被动地进行"适应性"调整，增强企业内部活力，构成了这一阶段企业总体战略的主旋律。就非公有制企业而言，无论是最初的社队企业，还是城镇企业和个体企业而言，更是在经济制度的"缝隙"中，在身份"模糊"的状态下"摸索"前行，求得生存和发展。

以上谈到的是该阶段中国企业的总体战略层面，就竞争战略层面而言，由于该阶段企业也正在向"独立"的经济主体转变，国家的指令性计划还在起作用，价格形成机制也正从"计划决定"向"市场决定"转变，加之该阶段的"短缺"经济特征，因此，无论是从当时企业自身的现状看，还是从企业外部的市场竞争环境看，企业都不是一个完全意义上的"竞争性"厂商，也不存在真正意义上的竞争战略。但是，从职能战略层面看，"生产型"战略是该阶段的典型特征。保证生产任务完成，扩大生产规模，强化生产管理水平，提高产品质量都是该阶段企业最主要的活动。

3. 进攻型战略阶段

进攻型战略具有前瞻性和主动性的特点，主要是通过"先动"优势，迅速占领市场，并获得竞争优势。另外，采用这一总体战略的前提是企业具有了一定的内在资源积累。

在社会主义市场经济体制初步建立环境阶段，一批中国企业在具备了一定的政策资源和资金资源前提下，面对日益凸显的市场机会，更多的是对外部环境进行积极的回应，采取了主动出击的做法。就国有企业而言，伴随着现代企业制度的建立，一批国有企业进行了兼并、重组和上市。例如，1998年，以宝钢为主体，吸收上海冶金控股集团公司、梅山（集团）有限公司；邯钢兼并了连续多年亏损的舞钢；唐钢兼并宣钢；酒钢跨地区兼并了西安钢厂；太钢兼并了临汾钢铁厂。另外，按照现代企业制度的要求，520户国家重点企业中的大多数已经进行了公司制改革。1999年，航天、航空、船舶等五大军工行政性公司按行业改建成包括核工业、航天、航空、船舶、兵器等十大企业集团；有色金属行业组建了铝业、稀有金属、铜铅锌三大集团；电信行业四大集团开始组建。同时，石油、联通、上海宝钢等一些大集团正在积极准备海外上市。另外，对于一批上市后的企业而言，一时间拥有了大量的资金，一方面是面对非常多的市场机会，另一方面是企业本身没有明确的战略目标，因此，积极进攻、"机会导向"就成为这一阶段中国总体战略的主旋律。此外，对于乡镇企业和私营企业而言也是如此，在政策环境趋于"稳态"和"规范化"的前提下，在具备了一定资源的前提下，企业都具有了对外扩张的想法。到2000年底，商标注册中乡镇企业的全国驰名商标有38个，216个产品获得中国乡镇企业名牌称号，有350家乡镇企业获全国乡镇企业创名牌重点企业称号，涌现出了一批著名企业，例如，森达、红豆、格兰仕、乐百氏、雅戈尔、得利斯、万向、恒利、椰风、安尔乐等。

从竞争战略层面看，在该阶段，不仅市场决定价格的机制已经基本建立，而且国内市场也出现了从"短缺"向"相对过剩"的转变。在这一阶段，中国企业一边是自身原有产业出现了"过剩"，另一边是不断涌现出来的市场机会。因此，大多数中国企业都采取了"多元化"的竞争战略，通过"跑马圈地"和"一招鲜"的做法，迅速捕捉市场机会，并力争获得市场竞争优势。从职能战略层面看，由于市场竞争日趋激烈，企业除了加强生产职能管理之外，营销职能战略成为了企业日常经营的一个重要环节。因此，该阶段许多中国企业都采取了"价格战"、"广告战"的做法。

4. 分析型战略阶段

分析型战略体现了企业在不同环境下对战略的调整和整合，是在对外部环境和内部资源进行分析的前提下，然后决定采取何种战略获得市场竞争优势。另外，值得强调的是，处于该战略阶段的企业，通常是在经过激烈的市场竞争之后，对市场有了一定的认识，建立起了正确的内部资源和外部环境判断标准。

在社会主义市场经济体制完善阶段，市场竞争环境更加规范，同时除了市场竞争"多元化"的格局已经形成之外，资源、环境约束和产能过剩的问题也日益突出。因此，无论是国有企业的战略性调整，还是民营企业的战略转型，都体现了"战略导向"这一特征。中国企业在客观分析了企业外部环境和内部资源以后，逐步明确了自身的发展战略。例如，大型国有企业的战略性调整和重组就突出体现了这一点。2004年，国资委先后发布了《关于推动中央企业清理整合所属企业减少企业管理层次有关问题的指导意见》、《中央企业发展战略和规划管理办法（试行）》，就是要使中央企业从战略迷失走向战略导向，从主业不突出走向主业明确。截至目前，国资委主管的中央企业经过战略性重组之后，已经由189家重组为159家。另外，对于许多民营企业而言，也提出了以"做大、做强、做久"为主要价值导向的发展战略。

从竞争战略层面看，这一阶段中国企业发展在面对跨国公司更加直接的竞争，面对资源和环境方面的约束，面对核心竞争力薄弱的问题，不得不采取低成本或差异化作为企业的竞争战略。一些中国企业在经历了"盲目多元化"之后，"归核化"也就成为这一阶段的主要行动。实际上，一批中国企业正是通过"低成本"和"差异化"的竞争战略，在国际市场上占据了一席之地。例如，中集集团、振华港机、中国玻纤、波司登、格兰仕等。从职能战略层面看，中国企业的竞争已经从单一维度的竞争转变为全方位、立体化的竞争，从价格竞争转变为服务竞争、顾客忠诚度的竞争。因此，就中国企业的职能战略而言,除了传统意义上的生产、销售战略之外,供应链战略、品牌战略、技术创新战略也成为了中国企业职能战略的重要方面。

三、中国企业未来自主创新战略的选择

改革开放以来,我国经济建设取得了巨大成就,但同也面临两个不容回避的问题:一是经济高速增长主要依赖于资源的高投入和高消耗。粗放的经济增长方式不仅导致经济运行成本大幅上升,而且还对资源和环境造成极大的压力。二是由于一段时间以来重引进、轻消化吸收和创新,造成不断重复引进和对国外技术的持续依赖。因此,这就促使我国必须尽快转变经济驱动力,从要素驱动和投资驱动阶段尽快向创新驱动阶段转变。

企业作为微观经济主体,不仅是国家经济实力的基础和支柱,同时还是技术创新的主体。企业的技术创新能力不仅是企业自身发展壮大的不竭源泉,同时还是提升国家竞争力的基本动力。纵观世界发达国家和新兴工业化国家所取得的成绩,他们无一例外都把增强企业创新能力作为提升国家竞争力的重要措施,把企业作为技术创新体系的主导。我们要提高自主创新能力,也就必须使企业真正成为技术创新的决策主体、投入主体和利益主体。

同时,我国也涌现出了一批勇于自主创新的成功企业。其中有的通过原始创新成果的产业化,占领了国际市场;有的通过引进、消化、吸收再创新,打造自主品牌,跻身世界,占领市场。但从总体上看,我国企业的自主创新能力还不强,多数企业尚未形成自己的核心技术能力,创新的组织机制也不完善。一是研发强度仍较低。2008 年,OECD 国家的平均研发强度为 2.33,中国的研发强度只有 1.54,2010 年也只有 1.71,而制造业大国美国、德国和日本的研发强度分别达到 2.89、2.64 和 3.42。① 二是对外技术依存度

---

① 数据来源于 OECD: "Main Science and Technology Indicators Volume 2010"。

比较高，特别是关键技术和核心技术装备仍然大量依靠外资企业和进口。作为制造业大国，中国70%的纺织机械、75%的高端机床、75%的高速胶印机、85%的集成电路芯片制造设备、100%的光纤制造设备依赖进口（中国社会科学院工业经济研究所等，2011）。三是对战略性新兴产业领域的技术制高点掌握不够。2004~2006年，美国、日本、德国和韩国分别掌握了纳米技术领域43%、17%、10%和3.7%的专利，约占全部专利份额的3/4，中国在纳米技术领域掌握的专利微乎其微。①

纵观中国企业的成长，有相当一部分企业已经逐步走过了萌芽期、成长期和成熟期，目前正在面临着新的成长"瓶颈"，要么是进行"创新"，完成企业的"蜕变"，再写辉煌；要么是步入"衰退"阶段，淡出市场。面对日趋激烈的市场竞争环境，可以说，当前我国许多企业都正处在从数量型增长向质量型增长模式转变，从粗放式经营向集约式经营转变，从低端制造向高端制造转变的关键阶段。因此，自主创新已经成为中国企业战略选择的重要内容。

具体而言，中国企业自主创新战略涉及五个方面：一是创新战略思维变革，即从"一招鲜"到"持续创新"的转变；二是创新组织的变革，即从"部门管理"到"团队管理"的转变；三是创新行动的变革，即从"单打独斗"到"系统集成"的转变；四是创新角色的变革，即从"被动参与"到"主动参与"的转变；五是创新机制的变革，即从"拿来主义"到建立"长期机制"的转变。

参考文献：

[1] Lewin, Y. Volbera, W. Prolegomena on Coevolution: A Framework for Research on Strategy and New Organizational Forms. Organization Science, 1999 (5): 519-534.

[2] Tan, J., Tan, D. Enviroment-strategy Co-evolution and Co-alignment: A Staged Model of Chinese SOEs under Transition. Strategic Management Journal, 2005 (26): 141-

---

① 数据来源于OECD: "Main Science and Technology Indicators Volume 2010"。

157.

[3] 何铮：《从主流战略管理研究折射中国国有企业战略管理实践的演变》，《南开管理评论》，2006年第2期。

[4] 田源、乔刚：《中国价格改革研究》(1984~1990)，电子工业出版社1991年版。

[5] 汪海波：《新中国工业经济史》(1978~2000)，经济管理出版社2001年版。

[6] 中国社会科学院工业经济研究所等：《中国产业发展和产业政策报告》，中信出版社2011年版。

第二章 中国工业企业技术引进和创新的历程

中国工业企业技术引进与创新的发展历程同国内外环境的变化密切相关。从西方国家封锁,到封锁缓解,再到局部开放和加入 WTO 后的全面开放;从计划经济体制,到从计划向市场过渡,再到建立和完善社会主义市场经济体制,中国工业企业技术引进和创新就是在这样的环境下不断发展前行。

一、中国工业企业技术引进与创新发展历程的回顾

新中国成立以来,中国工业企业的国内外发展环境、管理体制以及发展水平都发生了较大变化。就中国工业企业技术引进和创新的发展历程而言,根据不同时期的特点,基本上可以划分为四个阶段:第一阶段是起步、探索阶段(1949~1978 年);第二阶段是初步发展阶段(1979~1991 年);第三阶段是快速发展阶段(1992~2005 年);第四阶段是自主创新发展阶段(2006 年至今)。

中国企业自主创新战略研究

1. 中国工业企业技术引进与创新的起步、探索阶段（1949~1978年）

在这一阶段中国工业企业技术引进与创新基本上是一个"高—低—高"的发展历程，经历了两个"高潮期"和一个"低潮期"。1949~1959年是第一个工业技术引进的"高潮"；1960~1971年是中国工业企业技术引进的"低潮"；1972~1978年是第二个工业技术引进的"高潮"。

（1）中国工业企业技术引进的第一个高潮。① 1949年，新中国的工业经济突出表现为"依附性"和"落后性"。一方面，中国工业企业的原材料和技术装备依赖于国外；另一方面，中国工业企业总量和结构水平都非常落后。1949年，中国工业企业总产值仅为140亿元，其中机器大工业产值仅占17%，基本工业产品生产能力非常低，与同期美国相比重工业产品的产量差距都在两位到三位数。在一定程度上，落后的工业生产水平就意味着落后的工业技术水平。面对这样一个现实，中国工业企业技术的引进主要围绕着奠定工业基础，发展重工业的思路展开。从技术来源来看，主要来源是苏联和东欧国家，同时也有少量同西方国家的技术贸易。例如，"156项工程"②成为这一时期从前苏联技术引进的重要内容，加上1955年、1958年、1959年先后签订的一批合同，累计从苏联引进的成套设备项目总数达到304项。从技术引进方式来看，主要是以成套设备引进为主；从技术引进的行业分布看，主要集中在电力、冶金和机电行业（见表2-1）。

"产业移植"和"全面学习"，是这一阶段中国工业企业技术引进的突出特点。通过大规模技术引进，中国的机械装备制造、有色金属加工业、黑金属加工业，以及能源工业都得到迅速的建立和发展，机械设备和钢材

---

① 此部分主要参考了陈慧琴：《技术引进与技术进步研究》，经济管理出版社1997年版，第9~37页。
② 1950年同前苏联签订了50项工程，1953年签订了91项，加上1954年签订的15项，统称"156项工程"。

第二章 中国工业企业技术引进和创新的历程

表2-1 1950~1959年成套设备引进项目部门分布情况

单位:个

部门	从前苏联引进	从东欧引进	从西方国家引进	合计
煤炭工业	25	12	—	37
电力工业	66	40	1	107
石油工业	10	2	—	12
冶金工业	47	7	—	54
化学工业	17	5	—	22
建材工业	4	17	1	22
林业工业	2	7	1	10
机电工业	126	6	—	132
纺织工业	1	6	—	7
轻工业	3	8	—	11
邮电、广播、电影	3	6	—	9
合计	304	116	3	423

注:按签订合同的情况。
资料来源:陈慧琴:《技术引进与技术进步研究》,经济管理出版社1997年版,第15页。

的自给率得到提高,技术能力得到了较快积累,为新中国基本完成工业体系的建立奠定了基础。在这一时期,新中国迅速建立起一批重型机械、矿山机械、化工、炼油、采油设备、机床等制造企业,建立起一批铜冶炼加工、铝电解加工、钢铁、硬质合金加工企业。同时,值得强调的是,这一次技术引进不仅是物质基础的建立,同时还是技术与管理人才基础的建立。其中,"人才流动"和"干中学"是人才快速成长的重要方式。以"人才流动"为例,20世纪50年代约有2万多人被派到苏联和东欧国家学习和培训;同时又有大批国外专家来华,还有一批留学欧美的人才回来报效祖国。

(2) 中国工业企业技术引进的第一个低潮。就国际环境而言,一方面,1960年中苏关系出现了变化,苏联撤走了全部在华专家,撕毁了合同,停止了重要设备的供应;另一方面,中国与西方国家关系逐步缓和,贸易关系有了一定程度的发展。就国内环境而言,这一段时间既经历了国民经济调整期,又受到了"文化大革命"的冲击。面对这样的现实,中国工业企业技术引进进入了低潮期。从技术来源看，主要来自于西方国家。1963~1966年，中国先后与日本、西德、英、法、意等11个国家签订了82项技术引进合同，消耗外汇约3亿美元。按照实际结汇情况看，日本、西德和英国占了50%以上。从技术引进方式看，该阶段主要是以中小型成套设备为主，并用于原有企业的技术改造。从技术引进的行业分布看，化学工业、冶金工业、纺织工业是主要的技术引进部门。

这一阶段的技术引进是与当时工业结构调整密不可分的。为了解决"吃、穿、用"的问题，纺织工业和化学工业得到较大的重视。同时，通过技术引进，填补了一些行业空白。纺织工业引进的重点是建立多品种的合成纤维生产能力，如北京维尼纶项目。化学工业引进了以合成材料和石油化工为中心的技术，如兰州石油化工和合成纤维项目。再有就是冶金工业对金属冶炼技术的引进，如太原钢铁公司扩建项目。

（3）中国工业企业技术引进的第二个高潮。就国际环境而言，中国同西方国家的交往不断恢复和扩大，同时20世纪70年代西方发达国家还面临着严重的经济危机，急于消化过剩的生产能力，急于同中国发生经贸往来。就国内环境而言，国内政治气候也发生了变化，政策也得到一定程度的调整。同时，从国内需求看，吃饭和穿衣的问题依然十分突出，因此，支援农业发展和改善人们的基本生活资料又被放在经济调整的突出位置。加之，国内石油生产的突破，使石油化工业发展有了可能（陈锦华，2005）。面对这样的现实条件，中国开始了第二次大规模成套技术设备引进，1972年确定了26个大型项目约合43亿美元方案的出台，①1978年对外共签订1230多项引进合同，总金额78亿美元。从技术引进来源看，主要是日本、西德等国，美国的对华技术转让规模仍然相对较低。从技术引进方式看，仍以成套设备引进为主，并已经开始探索合作生产与开发、利用出口信贷延期付款等国际上通用的方式。从技术引进的行业分布看，主要集中在石油化工、化纤、化

---

① 因计划用外汇43亿美元，故称"四三方案"。"四三方案"遵循的六条原则为：一是坚持独立自主，自力更生的方针；二是学习与独创相结合；三是有进有出，进出平衡；四是新旧结合，节约外汇；五是当前与长远兼顾；六是进口设备大部分放在沿海，小部分放在内地。

肥、钢铁等行业。在"四三方案"成套引进的26项中,化纤4套,石化3套,大化肥13套,烷基苯项目1套,大型电站3套,钢铁项目2套(陈锦华,2005)。

这一次大规模的技术引进,在技术水平上基本体现了20世纪60年代国际技术变革的发展方向。通过这次大规模的引进,不仅使"吃、穿"的问题有所改善,为在20世纪80年代解决温饱问题奠定了基础,而且还促进了老厂的技术改造,引进了先进的管理理念,为企业培养了人才,锻炼了对外交流队伍。虽然在技术引进中也通过配套设计、"按单点菜"的方式引进技术,在一定程度上提升了设计能力,但整体上看,引进的重点还是主要放在了拥有现代设备的"生产能力",而对"设计与设备制造能力"的重视不够,没有系统考虑如何有效消化吸收引进技术的问题。

2. 中国工业企业技术引进与创新的初步发展阶段(1979~1991年)

十一届三中全会后,中国确立了改革和开放两项基本国策。在这一阶段,中国经济处于从计划经济向社会主义市场经济过渡的特定阶段。同时,中国的对外开放工作也在有序推进。就中国工业企业技术引进工作而言,基本上经历了"低—高—低"的发展历程。按照成交金额计算,在经历1978年45亿美元的引进高潮之后,1979年进入经济调整期,技术引进签约金额下降到34亿美元,1980年进一步下降到12亿美元,1981年下降至谷底,为2亿多美元。此后逐年回升,1983年为5亿美元,1984年为14亿美元,到1986年达到37亿美元,为20世纪80年代的最高水平,1990年又再次出现低潮(周传典,1998)。中国工业企业技术引进工作的波动,一方面与国内经济工作的调整有关,另一方面还更加直接受到外汇来源上的约束,在国外贷款中政府贷款和出口信贷占据了主体地位。

从技术引进的来源看,随着对外经济合作关系的发展,中国工业企业技术引进的来源更加多元化。不仅包括西方国家,随着20世纪80年代中期中国与苏联关系的改善，也恢复了与苏联和东欧国家的技术合作关系。

从技术引进的方式看，该阶段中国工业企业技术引进方式也日益灵活多样。在技术引进项目中成套设备和关键设备的合同金额比重有所下降，以技术为主的合同金额有所上升。根据原国家计委有关单位对 4302 项主要引进合同进行分析，1979~1990 年，以技术为主的合同项目数比重为 56.04%，合同金额比重为 20.28%，与新中国前 30 年成套设备和关键设备合同金额占 90%以上的情况相比有较大的改进（见表 2-2）。

表 2-2　1979~1991 年技术引进方式的结构状况

单位：%

年份	以设备为主的合同		以技术为主的合同	
	合同数目	成交额	合同数目	成交额
1979	63.8	98.5	36.2	1.5
1980	34.9	87.9	65.1	12.1
1981	34.2	44.8	65.8	55.2
1982	43.3	67.8	56.7	32.2
1983	36.3	41.7	63.7	58.3
1984	41.3	69.3	58.7	30.7
1985	43.3	72.9	56.7	27.1
1986	36.2	75.5	63.8	24.5
1987	44.3	72.2	55.7	27.8
1988	46.2	86	53.8	14
1989	59.2	93.8	40.8	6.2
1990	56.9	60.4	43.1	39.6
1979~1990	44.0	79.7	56.0	20.3
1991	60.4	84.2	39.6	15.8

资料来源：陈慧琴：《技术引进与技术进步研究》，经济管理出版社 1997 年版，第 130 页。

从技术引进的行业分布看，主要分布在能源、机电、石油化工和其他化学工业和冶金等行业。按照签约金额计算，能源工业占 28%（电力工业占 24%），机械、电器和电子工业占 24%，石化和其他化学工业占 20%，冶金工业占 18%（钢铁工业占 16%）（陈慧琴，1997）。实际上，这又是同"六五"、"七五"期间基本建设的重点相一致的。

从技术引进的渠道看，除了以前采取的一般贸易渠道外，来料加工、合资经营、合作开发经营生产、设备租赁等渠道也得到拓展。

"技术引进的体制改革"和"开始重视引进技术的消化吸收"是这一阶段中国工业企业技术引进的另外两个重要特点。就前者而言，在经济体制改革的大背景下，技术引进的管理体制也发生了三大变化，即由中央集中管理逐步走向中央与地方分级管理，引进主体由政府向企业逐步转变，逐步实现技术引进的法规化管理。就后者而言，这一阶段的技术引进工作从一开始就重视对引进技术的消化吸收。原一机部率先改变过去以引进成套设备为主的做法，强调要转向以引进软件、引进基础件技术、引进单项制造技术为主的工作方针。另外，原国家经委还提出了"12条龙"重大消化吸收项目计划，以及"300条龙"计划。

通过这一阶段的技术引进，中国工业企业技术水平上升到一个新的台阶，也有学者说，"这一阶段我国实现了新中国成立以来的第二次技术能力飞跃"（陈慧琴，1997）。中国的机械工业、电子工业、纺织工业的技术水平都有了较大程度的提升。例如，通过对400多个机械工业企业进行系统改造，提高了一系列设备的制造能力；通过对40%以上的重点电子工业企业进行技术改造，不仅在某些领域取得突破，而且还使彩电、收录机等行业得到迅速发展，并提升了企业生产的自动化水平和元器件的可靠性。

3. 中国工业企业技术引进与创新的快速发展阶段（1992~2005年）

党的十四大进一步明确了建立社会主义市场经济体制的改革方向，从而使中国工业企业技术引进进入了一个新阶段。在这一阶段，国内外经济环境都发生了很大变化。伴随着中国社会主义市场经济体制改革的深化，以及中国加入WTO，国家开放的领域不断扩大，外国直接投资在中国迅速发展，对中国工业企业技术引进带来了新的影响。同时，伴随着中国工业企业实力的增强，中国企业通过"走出去"，不断寻求新的技术来源和合作方式。

从技术引进的来源看，来源国别和地区更趋多元化，欧盟、日本和美国等发达国家与地区仍是中国技术引进的主要来源地。2005年，中国同欧盟签订技术引进合同90.7亿美元，占技术引进合同总金额的47.6%，超过同日本和美国签订的技术引进合同金额的总和。排名前三位的分别是德国、日本和美国，引进技术的金额分别为50.0亿美元、38.5亿美元和34亿美元（商务部科技司，2006）。

从技术引进的方式看，中国技术引进逐步从成套设备和生产线为主转向以技术为主，这种趋势在中国加入WTO后更加明显。2001~2005年，技术引进合同中的技术费从43.9亿美元增加到118.3亿美元，年均增长21.9%，所占比重也从48.3%增长到68.7%。2005年成套设备和关键设备进口占比为28%，远低于专有技术、专利技术和技术咨询、技术服务占比之和，这表明软技术已经处于中国技术引进的主导地位，引进技术的质量有了明显提高（胡景岩，2007）。但需要说明的是，1992~2000年，中国技术引进还是主要以设备为主，这期间技术引进合同总金额为1174.29亿美元，其中设备费为798.10亿美元，占总金额的67.96%。

从技术引进的主体看，企业成为技术引进的主体，主要以国有和外资为主，民营企业所占比重相对较低。2005年，国有企业技术引进合同金额92.2亿美元，占比48.4%，外资企业技术引进合同金额82.7亿美元，占比43.4%。集体企业和民营企业金额占比仍然很小，分别为1.3%和1.8%。

从技术引进的行业分布看，主要集中在电子和通信设备制造、交通运输设备制造、黑色金属冶炼及压延加工业、电力等行业。

从技术引进的渠道看，外商直接投资成为这一阶段的重要渠道，并形成了引进—产业发展—出口的技术引进循环。

同时，值得注意的是，这一阶段中国工业企业在技术引进的同时，积极进行各种形式的创新活动。有相当数量的大型企业通过多种方式整合企业内外部资源，不断提高自身的技术创新能力和水平，缩短与世界先进水平的差距，并逐步同国际接轨。例如，海尔在世界范围内建立了科技协作网，同时，还在美国硅谷建立了研究开发中心，充分利用当地的科技资源（宋西林，2002）。又如，秦川机床在美国收购了联合美国工业公司60%的股份；大连机床集团并购了美国英格索尔专机生产厂和在镗铣加工机床领域国际知名的德国兹默曼公司（F.Zimmermann）；沈阳机床集团并购了在国际上知名的制造大型数控立式车床、数控龙门铣床和数控落地镗铣床的德国希斯公司（SchiessAG）；济南二机集团也与美国威尔森进行合作；上海明精机床公司并购了制造数控镗铣床的日本池贝公司；等等（吴柏林，2005）。通过跨国并购中国企业不仅可以提高技术和产品水平，同时还可以利用并购企业的海外销售网络，迅速有效地开拓国外市场。再如，近年来，中国石化在引进国外先进技术和设备的同时，还扩大了同欧美发达国家一些大的石油石化公司、工程技术公司和科研机构的科技合作，陆续签订了一批炼油化工技术合作协议，并正在谋求加强在上游领域的国际合作，如与美国Lummus公司在乙烯裂解技术的合作，同时还与香港电信盈科公司合资成立了石化盈科信息技术公司，已承担企业生产过程控制与优化、企业管理系统集成等方面的多项重大信息化项目（刘跃，2003）。

4. 中国工业企业技术引进与创新的"自主创新"发展阶段（2006年至今）

2006年1月全国科技大会召开，胡锦涛主席在会上明确提出用15年时间把我国建设成为创新型国家的战略目标，并号召全党全国人民坚持走中国特色自主创新道路，为建设创新型国家而努力奋斗。2007年党的十七大提出，提高自主创新能力，努力建设创新型国家，是国家发展战略的核心，是提高综合国力的关键。因此，提高"自主创新"能力就成为中国工业企业发展的核心主题。

在"自主创新"的发展主题下，中国工业企业技术引进和创新表现出两个方面的特点：一方面，中国工业企业的技术引进继续强化以专有技术许可和技术服务等方式为主，提高成套设备与关键设备技术进口中的技术费用比例。据商务部统计，2007年全国共登记技术引进合同总金额254.2亿美元，同比增长 15.6%；其中，技术费为 194.1 亿美元，占合同总金额的 76.4%（见表 2-3）。另一方面，中国工业企业自主创新的活力得到激发，并取得了一定的创新成果。例如，在 2007 年国内发明专利申请中，来自企业的申请占 48.3%，企业的创新主体地位不断巩固和增强，企业的发明专利职务申请量为 7.4 万件，占发明专利职务申请总量的比重为 68.6%。2001~2007 年，企业职务发明专利申请量的年均增长速度高达 41.1%。从授权情况看，企业获得授权的职务发明专利为 12851 件，较上年增长 36.2%，占全部发明专利职务授权量的 52.5%（科技部发展计划司，2008）。

表 2-3　2007 年中国技术引进情况

技术引进方式	数量（个）	金额（亿美元）	技术费（亿美元）	金额占比（%）	金额同比（%）
总计	9773	2541534.5	1940610.4	100	15.6
专利技术	385	168332.3	156137.3	6.6	20.4
专有技术	2081	859431.5	840101.9	33.8	18.1
技术咨询、技术服务	5801	649374	517745.1	25.6	26.5
计算机软件	959	87400	87165.7	3.4	31.4
商标许可	77	17170.2	17170.2	0.7	87.9
合资生产、合作生产	120	85819.8	85766	3.4	-80
成套设备、关键设备、生产线	246	663191.8	228777	26.1	131.2
其他方式	104	10815.1	7747.2	0.4	-56.4

资料来源：商务部服务贸易司。

总体上讲，新中国成立以来，中国工业企业技术引进与创新在管理体制上，实现了从中央集中管理向分级管理的转变；在技术引进来源上，实现了从单一来源向多元化的转变；在技术引进主体上，实现了从政府到企业的转变；在技术引进方式上，实现了从以硬件设备为主向以软件技术为主的转变；在技术引进渠道上，实现了从以贸易为主向贸易和投资相结合的转变；在技术引进目标上，实现了从"产业移植"向"自主创新"的转变。

第二章　中国工业企业技术引进和创新的历程

二、中国工业企业技术引进与创新的成就和经验

中国工业企业技术引进和创新走过了从起步探索，到初步发展，再到快速发展阶段，目前正快步进入自主创新发展阶段。经过 60 多年的发展，中国的技术引进和创新取得了辉煌的成就，中国从一个工业弱国成为了一个工业大国，目前正在向工业强国迈进。

1. 中国工业企业技术引进和创新的成就

通过工业技术引进和创新，不仅对国民经济建设起到了重要支撑，而且还使中国工业企业竞争力和中国工业企业的创新能力得到显著提升。

（1）对中国国民经济建设起到了重要支撑。新中国成立以来，通过工业技术引进和创新，不仅填补了中国工业企业许多项空白，形成了完整的工业生产制造体系，而且在冶金、化工、机械、电子通信设备、交通运输设备等工业领域都形成了巨大的产能。1949~2008 年，中国化学纤维、乙烯、汽车、房间空气调节器、彩色电视机、家用洗衣机、家用电冰箱等产品生产基本实现了从无到有、从小到大的变化，产量增长迅速；原油、钢材、水泥产量均增加了上千倍；电力和纯碱产品增加数百倍；主要工业产品产量都居世界前列，2003 年以后，粗钢、煤、水泥、化肥、棉布的产量一直居世界首位，发电量居世界第 2 位（见表 2-4）。实际上，通过技术引进和创新，中国实现了对冶金、纺织等传统行业的提升和改造，实现了以电子通信为代表的高新技术产业的跨越式发展，并在化工、机床、电力、汽车等重大技术装备产业具备了一定自主创新能力。

（2）中国工业企业竞争力水平不断提升。随着中国工业企业的技术引进和创新，不仅促进了中国工业企业产品出口量的增长，而且出口结构也不断

表 2-4 1949~2008 年主要工业产品产量

年份	1949	1978	1990	2000	2008	2008/1978	2008/1949
原煤（亿吨）	0.32	6.18	10.80	12.99	27.93	4.52	87.28
原油（万吨）	12.00	10405.00	13831.00	16300.00	19000.00	1.83	1583.33
发电量（亿千瓦小时）	43.00	2566.00	6212.00	13556.00	34668.80	13.51	806.25
成品糖（万吨）	—	227.00	582.00	700.00	1449.50	6.39	—
化学纤维（万吨）	—	28.46	165.42	694.00	2415.00	84.86	—
布（亿米）	18.90	110.30	188.80	277.00	710.00	6.44	37.57
乙烯（万吨）	—	38.00	157.20	470.00	998.30	26.27	—
纯碱（万吨）	8.80	132.90	379.50	834.00	1881.30	14.16	213.78
钢材（万吨）	15.80	2208.00	5153.00	13146.00	58488.10	26.49	3701.78
水泥（万吨）	66.00	6524.00	20971.00	59700.00	140000.00	21.46	2121.21
金属切削机床（万台）	0.16	18.3	13.5	17.7	—	—	—
汽车（万辆）	—	14.91	51.40	207.00	934.55	62.68	—
家用洗衣机（万台）	—	0.04	662.68	—	—	0.00	—
家用电冰箱（万台）	—	2.80	463.06	1279.00	4756.90	1698.89	—
房间空气调（万台）	—	0.02	24.07	1826.67	8230.90	411545.00	—
彩色电视机（万台）	—	0.38	1033.04	3936.00	9033.10	23771.32	—

资料来源：1949 年数据引自陈慧琴：《技术引进与技术进步研究》，经济管理出版社 1997 年版，第 11 页；2008 年数据引自《2008 年国民经济和社会统计公报》；其他数据引自国家统计局：《中国统计年鉴》(2008)。

优化，尤其是机电产品的竞争力得到提升。在中国产品出口中不仅工业制成品的比重不断上升，初级产品比重不断下降，而且工业制成品的出口结构也在不断优化。1952 年，中国初级产品出口所占比重高达 83.4%，1980 年为 50.3%；2007 年，初级产品的出口仅占我国出口总额的 5.1%。另外，从工业制成品的出口结构看，机电产品的出口比重不断上升，并在世界机电产品出口中占较高比重。1995 年，机电产品取代纺织品成为中国第一大出口产品，标志着中国工业企业制成品出口结构发生了重大变化。据海关总署数据显示，2008 年我国机电产品出口 8229.3 亿美元，占出口总额的比重达到了 57.6%。同时，中国的机电产品出口在世界出口额中所占比重也在不断升高，并占据重要地位。2006 年，中国办公和通信设备产品出口占全世界的 19.80%，其中电子数据处理和办公设备、通信设备分别占 26.13% 和 22.71%，机械和运输设备占 10.46%。

（3）中国工业企业的创新能力不断提升。对于创新能力的衡量，一般是从创新投入、创新活动和创新产出三个方面来进行。从技术创新投入上看，大中型工业企业的研发投入有所增加，1991~1998 年，大中型工业企业研发支出占主营业务收入的比重基本上保持在 0.5% 左右，进入 21 世纪后这一比重有所增加，2007 年为 0.81%。另外，平均每个企业的科技活动经费也有所增加。2007 年该项经费支出是 1991 年的 10.25 倍。从技术创新活动上看，大中型工业在技术消化吸收方面的投入有所增加，1991 年技术引进同消化吸收经费支出比为 22，2007 年该项比值为 4.24；从技术创新的产出看，新产品销售收入占主营业务收入比重不断提升，1991 年为 9.9%，2007 年为 15.7%（见表 2-5）。

表 2-5　1991~2007 年大中型工业企业技术创新的基本情况

指标 年份	新产品销售收入占主营业务收入比重（%）	研究与试验发展经费支出占主营业务收入比重（%）	平均每个企业科技活动经费支出（万元）	技术引进经费支出（亿元）	消化吸收经费支出（亿元）	技术引进与消化吸收经费支出比值
1991	9.9	0.49	111	90.2	4.1	22.00
1992	10.5	0.50	123	—	—	—
1993	10.7	0.50	160	159.2	6.2	25.68
1994	10.2	0.51	159	—	—	—
1995	8.5	0.46	159	360.9	13.1	27.55
1996	10.0	0.48	160	322.1	13.6	23.68
1997	10.0	0.52	182	236.5	13.6	17.39
1998	11.7	0.53	203	214.8	14.6	14.71
1999	13.2	0.60	255	207.5	18.1	11.46
2000	15.3	0.71	378	245.4	18.2	13.48
2001	15.0	0.76	427	285.9	19.6	14.59
2002	16.1	0.83	504	372.5	25.7	14.49
2003	14.6	0.75	659	405.4	27.1	14.96
2004	15.3	0.71	723	367.9	54.0	6.81
2005	14.6	0.76	890	296.8	69.4	4.28
2006	14.8	0.77	973	320.4	81.9	3.91
2007	15.7	0.81	1138	452.5	106.6	4.24

资料来源：《科技统计年鉴（2008）》。

2. 中国工业企业技术引进与创新的经验

对中国工业企业技术引进与创新经验的总结,离不开改革开放的大背景,离不开社会主义制度"集中力量办大事"的特殊性。

(1)将工业经济管理体制改革同技术引进与创新相结合。在前30年的计划经济管理体制下,中央政府是工业技术引进的主体,技术引进工作都是在政府的统一规划下进行的。在当时的历史条件下,这样的制度安排有利于"集中力量办大事"优势的发挥。无论是"156项",还是"四三方案"的实施,都对中国基本工业体系的建立起到了重要的作用。1978~1991年,从计划经济向社会主义市场经济过渡阶段,工业经济管理体制改革的主要工作是调动微观经济主体企业的活力,调整政府和企业关系,使企业成为经济活动的主体。在政府的部署下,企业作为技术引进和创新主体的作用得到了一定程度的发挥,机电行业、"12条龙"的项目得到实施。期间,地方政府也具有一定的项目审批权。1992年以来,逐步实现政企分开、政资分开,发挥市场配置经济资源的基础作用成为工业经济管理体制改革的主线。工业技术引进过程中的政出多门,条块分割问题得到一定程度的解决。2006年,进入"自主创新"发展阶段,企业的主体地位得到进一步明确,同时强调"技术能力"培育和"技术创新"体系建立的思路进一步明确。例如,科技部、国资委和中华全国总工会实施的"技术创新引导工程",就是通过政府的引导作用,运用市场经济的手段,引导建立以企业为主体、市场为导向、产学研紧密结合的技术创新体系。该工程在2006年7月和2008年1月先后确立了两批创新型企业共287家。总体上讲,伴随着工业管理体制的改革,技术引进和创新具有了更有利的环境。

(2)将利用外资同技术引进与创新相结合。伴随着对外开放政策的不断深化,外资企业大量进入中国。从早期的以香港地区、台湾地区具有华人背景的外商投资企业为主,到美、日、欧外资企业的大量进入,可以说,外资企业在中国工业企业技术引进过程中发挥着重要作用。从统计数据上看,外资在技术引进中所占的比重较高。例如,2002年外资企业技术引进合同金额为134.85亿美元,占全国技术引进总金额的77.58%;2007为120.5亿美元,占总额的47.4%。另外,需要强调的是,引进外资除了促进了技术的流动,同时有利于技术人才的培育(江小涓,2002)。

(3)将科技体制改革同技术引进与创新相结合。如果说技术引进为中国工业企业发展提供了外部技术来源,那么就中国工业企业创新发展而言,还有赖于对科技资源整体的优化整合,有赖于以企业为主体、产学研的紧密结合。新中国成立后的头30年,中国科技机构从无到有,但是计划经济体制造成了科技资源的相对割裂,科技资源主要集中在相对独立的科研机构,由政府按照相应计划对科技资源进行配置和集中使用。这样的体制虽然有利于集中攻关,克服难题,但并不利于企业持续技术创新能力的培育。自1985年科技体制改革以来,伴随着技术市场的开拓,开发类院所的企业化转制、公益类院所的分类改革等一系列重大改革措施的实行,中国工业企业技术创新和产业化能力持续增强,并攻克了一批产业关键核心技术,在行业技术进步中发挥了重要作用。据统计,2007年247家中央级转制院所共转让技术成果1800多个,受益企业达1.5万家。电信科学技术研究院自主开发的TD-SCDMA已成为3G国际三大主流标准之一,北京有色金属研究总院建成了国内第一条月产1万片的12英寸硅单晶抛光片生产线,达到世界先进水平(万钢,2008)。

三、对中国工业企业技术引进与创新的未来展望

中国工业企业技术引进与创新所要解决的核心命题就是实现中国工业企业发展从"比较优势"向"竞争优势"的转化。而实现这一转化的关键环节就是创新,是基于本土需求、基于民生的创新,创新的基础又在于中国工业企业"技术能力"的持续培育和提升。实际上,"自主创新"主题的提出就

是强调中国主导的技术引进和创新,强调对创新活动的控制力,强调持续创新,彻底打破有技术而无技术能力的怪圈,打破重复引进的恶性循环。

1. 加快在前沿技术领域取得突破,促进新兴产业发展

对于工业技术创新而言,存在两种形式的创新:一种是在既有技术轨道上的创新,另一种是在新技术轨道上的创新。从创新的空间和带动性上看,后者具有更大的创新空间和较强的产业带动性。中国作为一个有着较完整工业体系的大国,要想实现"赶超"的目标,就必须加强在新技术轨道上的探索,加强在前沿技术领域的突破。前沿技术是指高技术领域中具有前瞻性、先导性和探索性的重大技术,是未来高技术更新换代和新兴产业发展的重要基础,是国家高技术创新能力的综合体现。近年来,世界前沿技术领域不断取得新的进展,生命科学、纳米技术、环境科学领域的突破性进展层出不穷,空间技术、海洋技术、能源技术领域的应用广泛开展,推动了产业结构的调整和升级(科技部办公厅等,2009)。

2. 加快实施技术标准战略,促进高技术产业发展

技术标准是一种产业和经济秩序,是对标准化领域中需要协调统一的技术事项所制定的规则。它对内可以促进分工和贸易的发展,对外意味着技术壁垒和产业壁垒。传统的竞争是先有产品后有标准,而现在则是产品未动,标准先行。在传统的工业经济时代,技术标准一般是检验产品是否合格的一个平均判断尺度,其主要作用是为了保证产品的互换性和通用性。为大规模生产提供技术保障。而在信息、通信等高科技产业中,技术标准已经成为少数企业控制产业命脉、主导产业发展方向的主要手段。对于这些企业而言,由于技术标准的网络外部性更强,掌握技术标准的企业就可以获得行业中绝大部分利润,从而形成"赢家通吃、输家出局"的结果。国际上各式各样的技术标准联盟,无论是 DVD,还是 3G 技术标准联盟,它们的盈利模式都清

楚地表明，技术标准已成为高技术产业化进程中制定市场游戏规则的重要手段，是创新成果产业化应用的关键环节，是高技术尤其是信息技术发展的先导性规制。同时，值得强调的是，知识产权管理是技术标准化战略的重要内容。目前，跨国公司普遍采用了"技术专利化——专利标准化——标准许可化"技术标准战略思路。

3. 加快科技成果转化，推进产业化进程

长期以来，企业并没有成为产业化过程中技术创新的主体，许多产业化的技术创新任务都是由科研院所承担。即使有企业参加，企业也只是处于辅助的角色，或是项目主持方出于项目最终验收通过的考虑，而被动地拉企业参加。这在客观上就形成了形式上有企业参与，而实质上无知识共享和技术交流，也就更谈不上以企业为主体了。目前，在科技成果转化过程中，除了风险问题、融资问题之外，人们普遍担心知识产权被盗用和影响预期收益的问题。自然，在涉及多家单位合作时，也就会出现对阶段性的技术成果的相互封锁，难以开展合作并形成合力，结果导致科技成果转化步伐缓慢。可以说，很多科技成果在转化过程中都面临着"不愿合作"但又"不得不合作"的两难困境。因此，有必要从"利益共享"的角度去思考问题，建立科技成果转化的"利益共享"机制，推进产业化进程。

参考文献：

[1] 陈慧琴：《技术引进与技术进步研究》，经济管理出版社1997年版。

[2] 陈锦华：《国事忆述》，中共党史出版社2005年版。

[3] 国家统计局、科技部：《科技统计年鉴（2008）》，中国统计出版社2008年版。

[4] 胡景岩：《提高技术引进水平，促进外贸增长方式的转变》，载中国服务贸易指南网，2007年7月8日。

[5] 江小涓等：《外资对工业增长和技术进步的贡献》，《中国工业企业经济》，2002年第7期。

[6] 科技部办公厅、国研中心国际技术经济研究所：《世界前沿技术发展报告》，科学

出版社 2009 年版。

[7] 科学技术部发展计划司：《2007 年我国专利统计分析》，《科技统计报告》，2008 年第 11 期。

[8] 刘跃：《中国石化技术创新战略和管理模式的变化》，《中国科技论坛》，2003 年第 5 期。

[9] 商务部科技司：《2005 年我国技术引进创历史新高》，载商务部网站，2006 年 1 月 23 日。

[10] 宋西林：《国有企业技术创新能力增强》，《中国企业报》，2002 年 10 月 15 日。

[11] 万钢：《中国科技改革开放 30 年》，科学出版社 2008 年版。

[12] 吴柏林：《2005 年中国机床工业增长预计在 10%-15%之间》，《中国工业企业报》，2005 年 1 月 10 日。

[13] 周传典等：《从技术引进走向技术创新》，北京师范大学出版社 1998 年版。

第三章 转型升级与中国企业自主创新

企业自主创新能力进一步提升是中国工业实现转型升级的根本动力。"十一五"期间,在国家政策激励和企业自身积极努力的双重作用下,中国工业企业自主创新能力得到快速提升,为"十二五"期间中国工业转型升级奠定了基础。但未来中国工业企业提升自主创新能力的任务仍然非常艰巨。

一、"十一五"期间中国企业自主创新的回顾

"十一五"期间,在建设创新型国家的战略指引下,企业自主创新政策环境得到不断完善,政策目标和重点更加明确,企业研发投入强度明显增强,研发活动日渐活跃,研发成果持续增长,企业自主创新能力得到稳步提升。

1. 企业自主创新政策环境不断完善

提高"自主创新"能力成为中国工业企业发展的核心主题,科技政策对企业自主创新的扶持和引导作用不断加大。2006年1月全国科技大会召开,胡锦涛主席在会上明确提出用15年时间把我国建设成为创新型国家的战略目标,并号召全党全国人民坚持走中国特色自主创新道路,为建设创新型国

家而努力奋斗。2007年党的十七大提出，提高自主创新能力，努力建设创新型国家，是国家发展战略的核心，是提高综合国力的关键。伴随着2006年《国家中长期科技发展规划纲要（2006-2020）》的发布，有关科技投入、人才队伍、税收激励、金融支持、政府采购、知识产权保护、技术引进和消化吸收等方面的相关配套政策陆续出台。

面对国际金融危机对中国企业的冲击，相关自主创新政策密集出台，旨在为企业创新创造更加有利的环境，推动企业通过创新走出金融危机。2009年以来，我国陆续出台了钢铁、汽车、船舶、石化、纺织等十大产业振兴规划。加大技术改造投入力度和加快实施科技重大专项，成为该时期鼓励企业自主创新的政策重点。2009年3月，工信部和国家发改委联合颁布的《重点产业振兴和技术改造专项投资管理办法（暂行）》就提高技术改造专项资金使用效率、规范技术改造投资项目管理给出详细的规定。2009~2010年，科技部等部门发布的《国家科技重大专项管理暂行规定》、《科技重大专项进口税收政策暂行规定》和《国家科技重大专项知识产权管理暂行规定》等政策就国家科技重大专项的组织、实施和管理进行了具体部署。同时，各地政府也制定了相关政策。

战略性新兴产业培养和发展，以及促进工业设计发展成为鼓励企业自主创新政策的新亮点。战略性新兴产业的培育和发展已在世界范围内展开。在国际金融危机冲击和全球气候变化双重压力下，为抢抓机遇、顺势而为、尽早谋划，努力使战略性新兴产业尽快成为国民经济的先导产业和支柱产业，抢占未来发展的战略制高点，2010年10月，国务院发布了《关于加快培育和发展战略性新兴产业的决定》。工业设计水平是国家工业竞争力的重要标志之一。促进工业设计产业发展是转变经济发展方式、推动产业升级、提升工业国际竞争力、创建自主品牌、扩大消费需求的客观现实要求。长期以来，美、英、日、德等发达国家都把工业设计作为国家发展战略的一部分，引导和扶持工业设计发展。经过30多年的发展，中国工业设计产业已经具备一定基础，但是中国企业的工业设计能力还处于较低水平，亟待增强。近年来，工业设计进一步引起中央和地方有关政府部门的关注和重视。[①] 2010年7月22日，工业和信息化部等11部门联合印发了《关于促进工业设计发展的若干指导意见》。

2. 企业研发投入强度明显增强

"十一五"期间，在政府政策引导和市场竞争压力的双重作用下，工业企业的研发投入快速增长。在研发经费投入方面，大中型工业企业的研发内部支出从2005年的1250.3亿元增加到2009年的3210.2亿元，增长了1.6倍；研发强度[②]从2005年的0.76%上升到2009年的0.96%（见图3-1）。在人员投入方面，大中型工业企业的研发人员全时当量从2005年的60.6万人年增加到2009年的115.9万人年，增加91.3%（见图3-1和图3-2）。

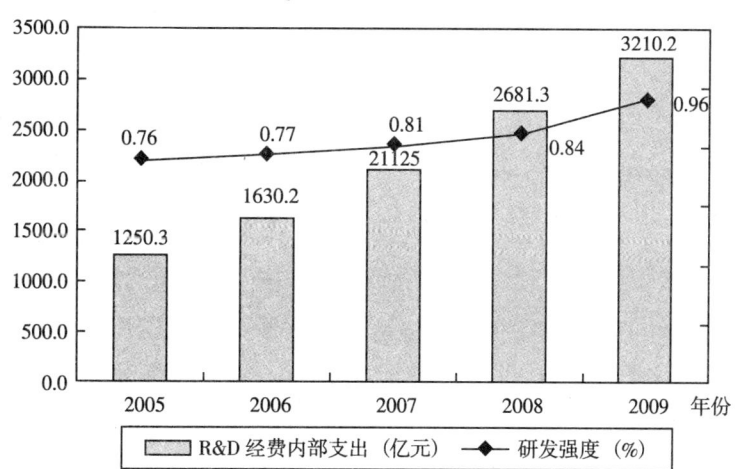

图3-1 2005~2009年大中型工业企业R&D经费内部支出情况
资料来源：《中国科技统计年鉴（2010）》。

---

① 2010年政府工作报告中，明确提出"大力发展金融、物流、信息、研发、工业设计、商务、节能环保服务等面向生产的服务业，促进服务业与现代制造业有机融合"。
② R&D经费内部支出与主营业务收入之比。

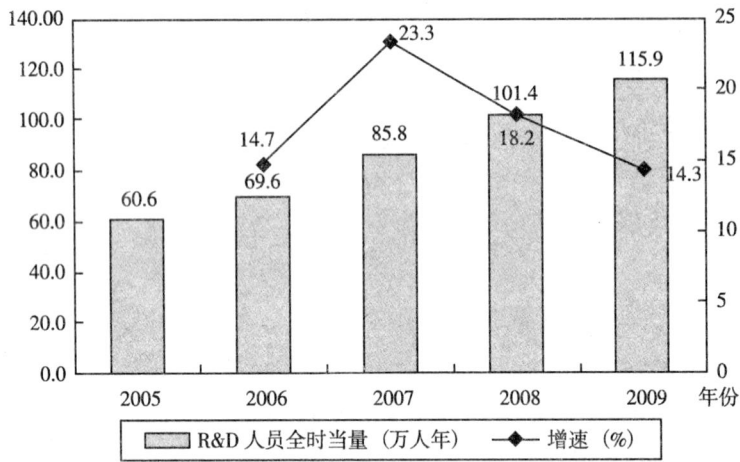

图 3-2 2005~2009 年大中型工业企业 R&D 人员全时当量和增速情况

资料来源：《中国科技统计年鉴（2010）》。

在加强企业内部研发投入的同时，我国工业企业还积极利用公共科技资源加快提升科技创新能力。2009 年，我国大中型工业企业共向研究机构和高校分别支出研究经费 96 亿元和 51 亿元，占 R&D 经费外部支出的 58.8%。

3. 企业研发活动日渐活跃

"十一五"期间，工业企业开展研发活动的企业数量和研发项目数不断增加。2005 年和 2009 年，我国大中型工业企业中开展 R&D 活动的企业数量分别为 6874 家和 12434 家，开展研发活动的企业数量增加 80.9%；大中型工业企业中有 R&D 活动的企业比重分别为 24.06% 和 30.48%；大中型工业企业开展的 R&D 研发项目分别为 70580 和 133852 项，增加了近 90%；新产品开发项目数分别为 81033 项和 152770 项，增加了 88.5%（见图 3-3 和图 3-4）。据第二次全国研发资源清查结果显示，2009 年，规模以上工业企业共开展研发项目 19.4 万项，项目人员全时当量 122.9 万人年，项目经费 3185.9 亿元。其中，按项目技术经济目标分，开发全新产品的项目经费占 50.7%，增加产品功能或提高性能项目占 30.3%，减少能源消耗或提高能源使用效率项目占

6.0%，提高劳动生产率项目占3.3%，减少环境污染项目占2.7%，技术原理研究项目占2.0%，节约原材料项目占1.7%，其他项目占3.3%（见图3-5）。

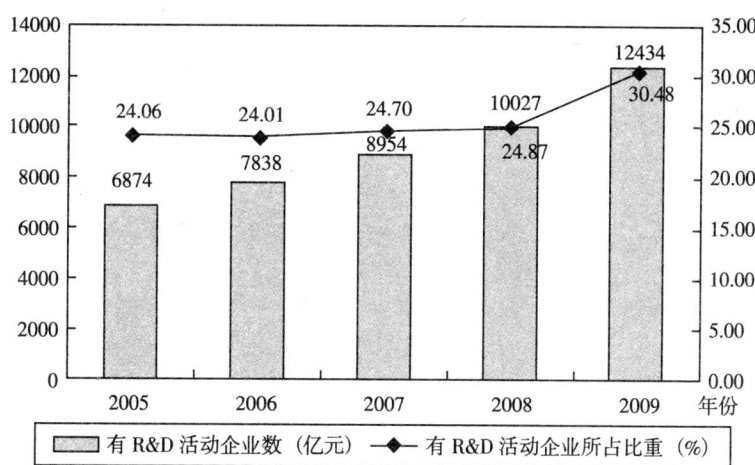

图3-3 2005~2009年大中型工业企业有R&D活动企业数和比重情况
资料来源：《中国科技统计年鉴（2010）》。

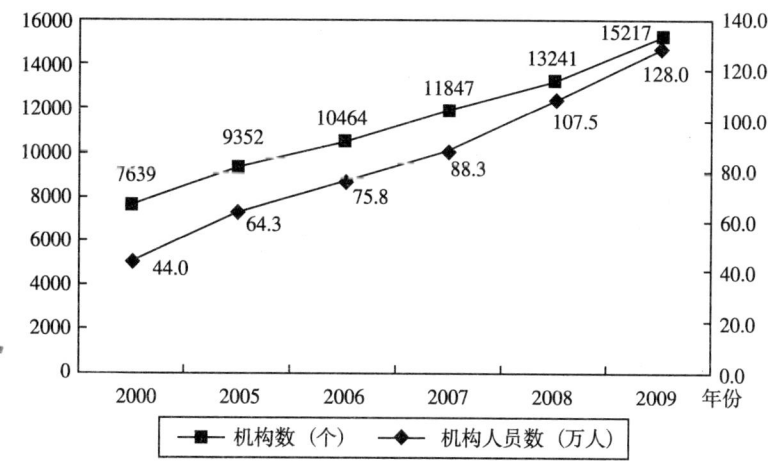

图3-4 2000~2009年大中型工业企业设立研发机构数和机构人员数量
资料来源：《中国科技统计年鉴（2010）》。

同时，企业也更加重视以正式的组织形式来开展研发活动，企业设立研发机构的数量加速增长。大中型工业企业办研发机构的数量从2000年的7639个增加到2005年的9352个，增加了22.4%，到2009年增加到15217

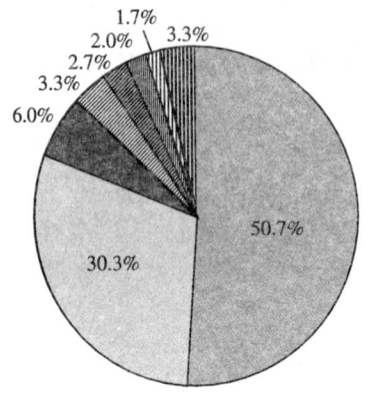

图 3-5　2009 年规模以上工业企业研发项目技术经济目标一览

资料来源：国家统计局等：《第二次全国科学研究与试验发展（研发）资源清查主要数据公报》，2010 年。

个，较"十五"期末增加了 62.7%。大中型工业企业研发机构从业人员也快速增长，从 2000 年的 44.0 万人分别增加到 2005 年和 2009 年的 64.3 万人和 128.0 万人，分别增长了 46.1% 和 99.0%。

此外，中国工业企业技术获取形式日趋多样，购买国内技术和引进消化吸收活动不断增加。2000 年、2005 年和 2009 年购买国内技术与引进国外技术经费支出比分别为 0.11、0.28 和 0.44；引进技术消化吸收与引进国外技术经费支出比分别为 0.07、0.23 和 0.42（见表 3-1）。这表明中国大中型工业在引进国外技术的同时，越来越重视对引进技术的消化吸收，以及重视本土适用技术的获取。

表 3-1　2000~2009 年大中型工业企业技术获取情况一览

年份	引进国外技术经费支出（亿元）	引进技术消化吸收经费支出（亿元）	购买国内技术经费支出（亿元）	购买国内技术与引进国外技术经费支出比	引进技术消化吸收与引进国外技术经费支出比
2000	245.4	18.2	26.4	0.11	0.07
2001	285.9	19.6	36.3	0.13	0.07
2002	372.5	25.7	42.9	0.12	0.07
2003	405.4	27.1	54.3	0.13	0.07
2004	367.9	54.0	69.9	0.19	0.15
2005	296.8	69.4	83.4	0.28	0.23
2006	320.4	81.9	87.4	0.27	0.26

续表

	引进国外技术经费支出（亿元）	引进技术消化吸收经费支出（亿元）	购买国内技术经费支出（亿元）	购买国内技术与引进国外技术经费支出比	引进技术消化吸收与引进国外技术经费支出比
2007	452.5	106.6	129.6	0.29	0.24
2008	440.4	106.4	166.2	0.38	0.24
2009	394.6	163.8	174.7	0.44	0.42

资料来源：《中国科技统计年鉴（2010）》。

4. 企业研发产出持续增长

随着研发投入强度和企业知识产权意识的不断加强，我国工业企业的技术创新产出持续增长。2009年，我国工业企业申请专利26.6万件，是2000年的10.2倍；其中发明专利9.2万件，是2000年的11.6倍；发明专利所占比重34.8%，比2000年提高4.4个百分点。大中型工业企业2009年共申请发明专利63011件，约为2005年申请量的3.5倍（见图3-6）。在加强技术创新的同时，工业企业的研发成果市场转化能力也在不断提升。2009年，我国大中型工业企业新产品销售收入达到57978亿元，较2005年的24079亿

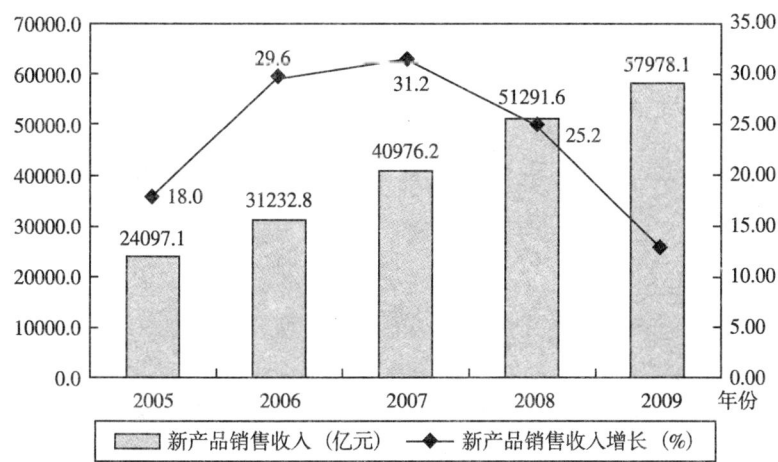

图3-6　2005~2009年大中型工业企业新产品销售收入和增长情况

资料来源：《中国科技统计年鉴（2010）》。

元增加一倍多；新产品销售收入在企业主营业务收入中的比重稳步攀升，2009 年该比值为 17.3%，较 2005 年提高了 2.7 个百分点（见图 3-7）。

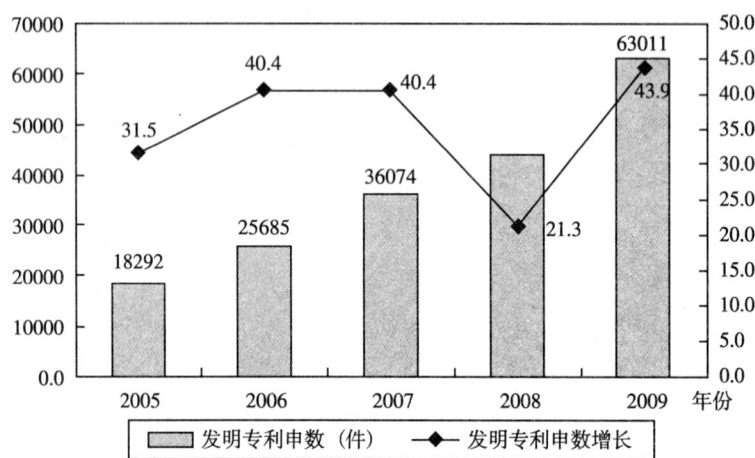

图 3-7　2005~2009 年大中型工业企业发明专利申请和增长情况

资料来源：《中国科技统计年鉴（2010）》。

国有企业和民营企业在工业企业创新中起到越来越重要的作用。截至 2009 年，国有企业、非国有企业、港澳台资企业和外资企业拥有的发明专利占全部有效发明专利的比例分别为 5.5%、69.9%、9.5% 和 15.2%，内资企业拥有发明专利的比例高达约 3/4（见图 3-8）。

二、转型升级背景下中国企业自主创新面临的挑战

企业自主创新能力提升是中国工业实现转型升级的根本动力。"十一五"期间，中国工业企业的自主创新能力得到提升，为"十二五"中国工业转型升级奠定了一定的基础。但是仍将面对核心技术突破的"瓶颈"，产业创新体系建设的任务依然艰巨，在战略性新兴产业领域抢占技术制高点的竞争更趋严峻。

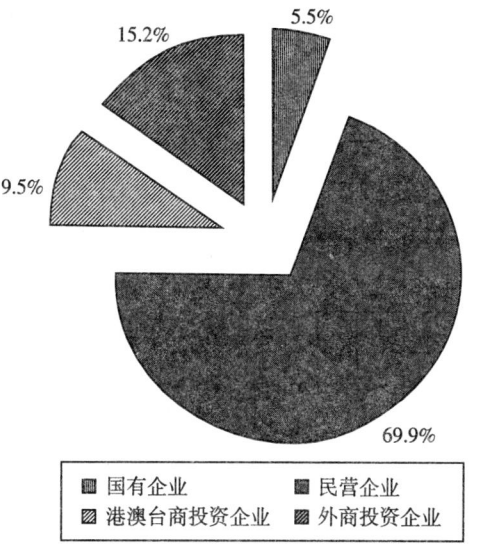

图 3-8 规模以上工业企业有效发明专利分布情况

资料来源：《中国科技统计年鉴（2010）》。

1. 核心技术的突破依然面临挑战

近年来，通过技术改造和科技重大专项的实施，通过技术改造，企业把资金更多地用于更新设备、研发技术和培养人才，促进了自主创新和成果产业化，加快了转型升级的步伐。2010年，技术改造专项资金支持的项目中，采用自主知识产权技术、国内技术和引进技术的分别占到52%、36%和13%。通过技术改造项目实施，推动了品种质量、节能降耗、淘汰落后等新型工业化关键环节，加快了新技术的应用和开发，促进了引进技术的消化吸收再创新，提升了行业整体装备水平，实现了一些关键零部件的进口替代，使产业核心竞争力得到增强（见表3-2）。

"十一五"期间，国家科技重大专项进展顺利，在部分核心技术领域实现了重大突破（见表3-3）。一是突破了一批重大装备和产品，为提升工业企业的生产效率发挥了支撑作用。数控重型桥式龙门五轴联动车铣复合机床、3.6万吨黑色金属垂直挤压机等高档数控机床和基础制造装备研发成功；65

中国企业自主创新战略研究

表 3-2 企业在技术改造方面取得的主要成果

行业	成果举例
石化行业	中国石化燕山分公司建成 3 万吨溴化丁基橡胶生产装置并生产出合格产品,填补国内卤化丁基橡胶生产空白
钢铁行业	鞍钢 5500 毫米宽厚板项目达产达效;宝钢特钢核电蒸发器用管国产化项目开发多种新品种,填补国内空白
有色行业	动车组铝合金板、引线框架用电子铜带等新材料实现产业化;新型结构铝电解槽节能技术产业化项目开始推广应用;铜冶炼渣资源综合利用工程取得成效
装备行业	山东弘宇机械有限公司年产 30 万套大中马力拖拉机液压提升装置填补了产业链缺口;浙江五洲新春集团有限公司年产 300 万套高速精密纺织机械轴承项目实现了进口替代
汽车行业	奇瑞汽车的 CVT 无级变速箱、辽宁新风柴油机高压共轨系统等自主研发关键零部件填补国内空白;天津力神动力电池、中山大洋驱动电机等项目支撑了新能源汽车发展
轻工行业	海尔集团公司环保节能冰箱技改扩产项目、浙江天能电源材料有限公司规模化回收处理废铅酸蓄电池项目有效促进行业节能减排;河南江河纸业有限公司中高速宽幅成套造纸设备技改项目填补国内空白
纺织行业	潍坊金丝达印染有限公司印染污水资源化处理项目实施后,年节约新水 405 万立方米,节煤万吨以上;鸭鸭集团信息化项目
电子信息	中芯国际具备 12 英寸芯片生产能力;中国移动加快促进 TD-SCDMA 推广应用,进一步完善产业链

资料来源:作者整理。

表 3-3 "十一五"国家科技重大专项主要成果

专项	成果举例
核高基专项	飞腾 1000 国产中央处理器芯片(CPU)在千万亿次计算机系统"天河一号"上得到验证和应用,取得超级计算机核心芯片自主研发的重大突破;沃 Phone 等智能终端操作系统研发成功,对推动嵌入式操作系统以及移动互联网发展具有重要意义
集成电路装备专项	65 纳米介质刻蚀机经多国客户近百次测试
宽带移动通信专项	由主导制定的 TD-LTE 技术标准在 ITU 研究组层面已经通过各项评估,进入第四代移动通信标准草案
新药创制专项	16 个品种获得新药证书,24 个品种提交新药注册申请;36 个药物大品种技术改造进展顺利
油气开发专项	研制了 3000 米深水半潜式钻井平台,是国内首次建造完成的顶级深水半潜式钻井平台,基本形成了 3000 米水深作业能力;万道大型地震仪样机,具有万道采集能力,高速数据传输能力比国际主流同类产品提高 2~5 倍
大型核电站专项	AP1000 重大共性技术和关键设备材料研究取得实质性进展;CAP1400 完成概念设计;大型核电站反应堆压力容器、蒸汽发生器大锻件等重大部件制造技术取得突破

续表

专项	成果举例
水污染治理专项	突破了一批重点流域污染物减排、水质改善和饮用水安全保障关键技术；建成处理规模2万吨/天的膜生物反应器（MBR）强化脱氮除磷示范工程
数控机床专项	重型五轴联动车铣复合机床、超重型卧式镗车床研发成功；世界最大的3.6万吨黑色金属垂直挤压机已投入生产
大飞机专项	已推进102项关键技术攻关

资料来源：作者根据国家科技重大专项网站整理。

纳米刻蚀机、离子注入机等集成电路装备逐步走向市场；大型地震仪2000道样机等用于油气勘探的重大装备进入样机试制与组装阶段。二是突破了一批新兴技术，在战略性新兴产业发展中起到先导作用。在具有自主知识产权的TD-SCDMA基础上，研究开发了TD-LTE后续演进技术；化工、制药等行业污染物减排多项关键技术取得重要进展。三是突破了传染病防控和新药创制关键技术，在促进人口健康等方面发挥了保障作用。在国际上率先成功开发了甲型H1N1疫苗并实现规模生产和大面积接种；重组幽门螺旋杆菌（Hp）疫苗等8个品种获得新药证书，血脂康等多个具有自主知识产权的创新药物已获准在欧美国家开展临床试验。

但应清楚地看到，核心技术突破依然是中国工业企业技术创新能力提升面临的重大挑战。一是对外技术依存度依然较高，在关键技术和核心技术装备仍然大量依靠外资企业和进口。二是中国工业企业研发投入水平依然较低，制约了核心技术突破能力的提升。与美、德、日等工业强国相比，我国工业的绝对研发强度还较低。2008年OECD国家的平均研发强度为2.33，我国的研发强度只有1.54，2010年也只有1.71，而制造业大国——美国、德国和日本的研发强度分别达到2.89、2.64和3.42（见图3-9）。

2. 产业创新体系建设任务艰巨

未来各国企业之间的竞争本质上是产业创新体系的竞争。当前，我国正处于建立市场导向产业创新体系的关键阶段。产业创新体系是以技术为纽

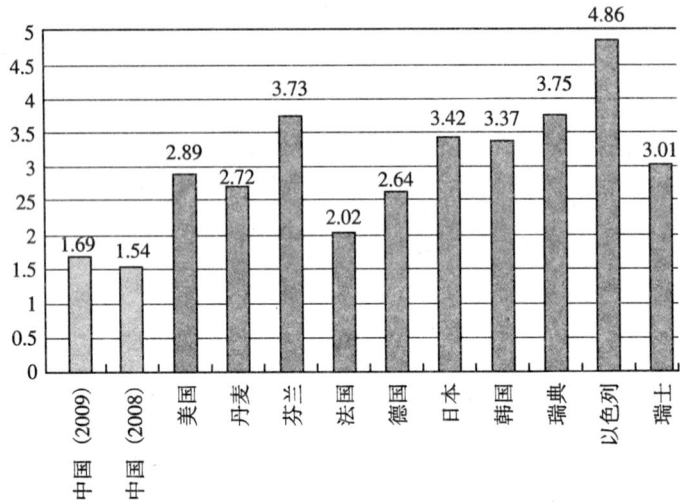

图 3-9 2008年国民经济总体研发强度国际比较

资料来源：OECD Main Science and Technology Indicators Volume 2010。

带，由产业内企业、用户和与产业存在技术关系的大学、科研机构、跨国公司、独立供应商和政府组织构成的，以形成技术能力和产业创新网络，促进产业竞争力为目的的关系系统。产业创新体系是融创新主体、创新环境和创新机制于一体，促进产业创新资源合理配置和高效利用，促进产业内和产业相关主体之间相互协调和良性互动，充分体现创新意志和目标的系统。

我国产业创新体系创新主体缺失集中反映为共性技术平台的缺失。共性技术是指在很多领域内已经或未来可能被普遍应用，其研发成果可共享并对整个产业或多个产业及其企业产生深度影响的一类技术，它为企业开展自主创新提供基础技术平台。由于共性技术在经济上表现为公共产品，因此完全依靠市场力量很难从根本上解决共性技术供给不足的问题，从国外经验看，政府、行业协会和同业联盟是从事共性技术开发的主要力量，而企业只是共性技术的使用者。共性技术平台的缺失，导致了我国企业技术学习难度加大，技术开发成本大幅度提高，延缓了企业真正成为技术创新主体的进程。

目前，公共研究机构对工业领域科技研发的经费投入比重太低。根据《中国科技统计年鉴（2010）》统计数据显示，2009 年，政府属研究机构服务的国民经济行业分 R&D 经费支出数据，工业和制造业占研究机构 R&D 经费总投入的比重分别仅为2.29%和1.91%，该比例与中国的工业规模是严重不匹配的。

零散的技术无法形成最终产品的制造能力。随着"863"、"973"等国家层面的科研计划的实施，我国技术研发很好地实现了对发达国家技术路线的跟踪，并且在特定领域的创新活动已经取得了重大突破。创新的目的是在实践中得到应用，但在单个领域的技术突破，并不意味着能够形成新产品制造能力。技术进步不能有效增强产业竞争力在很大程度上归因于我国技术的高度割裂，涉及一个产业发展、水平提高的不同关键技术往往由若干个主体掌握，而这些主体大多又隶属于不同的部门，缺乏从产业角度对其进行协调的机制。因此，受到技术产权和采取不同标准的影响，不同领域技术之间无法通过有效的链接形成产品制造能力。

3. 在战略性新兴产业领域抢占技术制高点的挑战更趋严峻

国际金融危机爆发后，世界主要国家都展开了对未来主导产业选择的竞争，纷纷进行战略部署，推动节能环保、新能源、信息、生物等新兴产业快速发展，努力抢占新一轮发展的战略制高点。试图通过加快制定新兴产业发展规划引导和刺激新的主导产业形成，尽快走出金融危机的泥潭。美国奥巴马政府十分强调新能源、航天航空、宽带网络、干细胞的技术开发和产业发展，积极推行"绿色经济复苏计划"，期待着"绿色技术"革命；日本把重点放在信息技术应用、新型汽车、低碳产业、新能源（太阳能）等新兴行业；欧盟旨在提高"绿色技术"和其他高技术领域，并决定在2013年之前投资1050亿欧元用于"绿色经济"的发展；英国在2009年颁布了《构建英国的未来》和《英国低碳转换计划》，提出要着手建设"明天的经济"，并正式启动向低碳经济转型（见表3-4）。

当前，正处于新一轮科技和产业革命的前夜，新技术的出现将会赋予产业发展巨大空间，蕴涵着更加丰富的发展机会。一方面，在新的产业竞争领域，世界发达国家的竞争地位还没有得到确立，这为中国工业企业提供了稍

表3-4 世界主要国家关于新兴产业发展的相关法案和计划

国别或地区	时间	相关法案和计划	重点领域
美国	2009年2月	《美国复兴与再投资法》	新能源、环保
	2009年6月	《美国清洁能源安全法案》	新能源
	2009年9月	《美国创新战略》	清洁能源、先进汽车技术、健康
	2009年12月	《重整美国制造业框架》	高技术清洁能源、生物工程、航空、纳米、智能电网
日本	2009年3月	《信息技术发展计划》	信息技术
	2009年4月	《第四次经济刺激计划》	环保
	2009年12月	《面向光辉日本的新成长战略》	环保产业、电力汽车、医疗、文化旅游、太阳能
英国	2009年6月	《构建英国的未来》	低碳经济、生物产业、生命科学、数字经济
	2009年7月	《英国低碳经济转换计划》（配套方案：《可再生能源战略》、《低碳工业战略》、《低碳交通战略》）	低碳经济
欧盟	2009年4月	《发展"环保型经济"计划》	绿色产业
韩国	2009年1月	《新增长动力前景及规划》	新能源、环保、发光二极管应用、机器人、新材料及纳米融合、信息技术、生物等
	2009年10月	《物联网基础设施构建基本规划》	物联网
	2010年1月	《绿色增长基本法》	绿色产业

资料来源：作者整理。

纵即逝的"机会窗口期"。另一方面，中国工业企业对战略性新兴产业领域的技术制高点掌握不够，同时相应的科学基础准备也有较大差距。

三、"十二五"时期提升中国企业自主创新能力的政策建议

"十一五"时期，通过实施技术改造专项和国家科技重大专项加快了中国企业自主创新能力提升的步伐。"十二五"时期，需要进一步完善技术改造政策，加快公共技术创新服务平台建设，加大力度推进产业创新示范工

程，为中国企业提升自主创新能力创造更加有利的环境。

1. 建立技术改造的长效机制

以"十二五"规划为引导，加强对企业技术改造工作的指导。"十二五"规划纲要明确提出了改造提升制造业、培育发展战略性新兴产业的重要任务。这要求从更长时期、更高目标、更广范围出发，系统考虑新时期技术改造的内涵、重点要素和配套政策体系，明确"十二五"时期技术改造的目标、任务和措施。推动建立工业转型升级专项，强化对企业技术改造工作支持的力度，持续推进企业技术改造工作，进一步发挥技术改造对产业结构升级、发展方式转变的促进作用。

2. 加快三类共性技术平台的建设

要加快战略共性技术平台建设，促进信息、生物、新材料等领域中具有探索性研究开发性质和广泛应用领域的科学技术的发展，夯实战略性新兴产业培育和发展的技术基础。加快关键共性技术平台建设，促进制约产业发展的主要技术"瓶颈"的突破，带动产业技术水平的裂变、联动提升。加快基础共性技术平台建设，促进测量、测试和标准等领域的基础共性技术发展，为应用性技术开发和发展提供支撑。

3. 加快技术成果的产业化示范和应用

充分发挥国家重大科技专项对工业发展的引领支撑作用。国家科技重大专项实施以来，在部分核心技术领域实现了重大突破，为战略性新兴产业发展提供了有利支撑。但从科技创新成果到实现产业化还有较长的一段路要走，需要统筹考虑整个创新链条，依托相关的工程，促进科技创新与产业化的紧密结合，促进产、学、研、用各方的紧密结合。未来，可以通过组织实施若干重大产业创新发展工程的方式，依托优势企业、产业集聚区和重大项目，统筹技术开发、工程化、标准制定、应用示范等环节，支持商业模式创新和市场拓展，培育一批战略性新兴产业骨干企业和示范基地，加速产业规模化发展。

中 篇
典型案例篇

第四章 核心突破、协同创新与能力提升
——以沈阳机床集团为例

机床行业不仅是先进制造技术的载体,还是机械装备工业的基本生产手段和基石,更是关系到国民经济发展和国防事业的战略性产业。经过60年的发展,我国已经建立起一定规模且相对独立完整的机床工具工业制造体系,并形成了机床的综合制造和配套能力。国际金融危机的爆发给中国机床行业的发展带来了重大冲击,意味着中国机床行业面临着新的历史选择。一方面,机床行业大型化、高精化、高速化、智能化的进程刻不容缓;另一方面,核心技术问题已经成为中国机床行业不容回避的问题。

本章将采用"环境—战略—能力"的分析框架,并重点以沈阳机床集团为例,对机床行业企业的创新环境、创新战略定位和实施进行剖析,深刻揭示沈阳机床"核心突破、协同创新和能力提升"这一具有中国特色的企业自主创新战略模式,以期对其他企业有所借鉴。

一、中国机床行业企业的创新环境分析

在中国机床行业的发展历史上,从最初的起步发展,走过了技术模仿和技术引进的道路,又经历了21世纪初的快速发展,目前正处于创新发展的关键阶段。总体上,中国机床行业仍然处于世界机床产业链的低端,同世界

先进水平相比仍然存在着很大的差距。这种差距主要体现在以下几个方面：我国国内机床工具工业的生产效率同发达国家相比还比较低；机床的整体技术水平还比较落后，机床数控化水平不高；机床出口主要以低附加值产品为主，出口产品的竞争力不强，出口占产值的比重同世界机床生产强国相比差距还比较大。

我们将从行业技术范式的视角对中国机床行业企业的创新环境进行分析（见图4-1）。自Dosi（1982）提出"技术范式"的概念以来，Pavitt（1984）将技术范式的思想引入到具体的产业和企业活动层面上，并指出了技术变迁所具有的部门差异性，从而提出对创新部门和企业的分类方法。沿着Dosi，Pavitt 和 Winter 的思路，Malerba等进一步拓展了技术范式和技术体系的思想，提出用四个维度来刻画技术体系，即技术机会、技术可收益性、技术的累积性和相关知识基础的属性（Malerba 和 Orsenigo, 1993; Breschi 和 Malerba, 1997; Malerba 和 Orsenigo, 1997; Breschi 和 Malerba 等, 2000）。除了上述文献中提出四个分析维度之外，从后发国家赶超的现实出发，还引入了"国际市场竞争"这一维度，作为对中国现实问题分析的补充。

1. 机床行业的"知识基础"特征决定了企业间竞争的本质是"技术创新体系"的竞争

从"知识基础"的角度看，数控机床是机电一体化产品，数控机床技术集成了机械、液压、自动化、计算机、网络等技术，涉及跨学科、跨专业的综合知识。这些技术知识不仅具有专有性、缄默性强的特点，而且还体现出复杂性和系统性。同时，从世界范围内看，21世纪数控机床的发展一方面表现为"以科学为基础"（Science-based）的特征，也就是说，对"科学知识的掌握和应用"将是机床企业竞争力的根本；另一方面表现为在单个企业竞争的背后是国家"部门（或者行业）创新体系"（Sectoral System of Innovation）（Maleba, 2004）之间的竞争，也就是说，企业可以通过自身"技术创新体系"在"部门创新体系中"的嵌入,从而源源不断地获得"知识来源"。

通过模仿或者引进,企业并不能复制和掌握机床技术的所有信息,尤其是那些具有复杂性和系统性的专有、缄默知识。这一点,从20世纪80年代至20世纪末沈阳机床技术模仿和引进中就已经得到证明。这一问题的深层次原因就是企业必须要拥有自己的"技术创新体系",同时这个体系能够很好地嵌入到"部门创新体系"之中。而就中国机床行业的现状而言,企业"自身技术创新体系"和"部门创新体系"的不完善是中国机床企业同时面临的问题。因此,中国机床企业建立自身的"技术创新体系"就更具有现实性和迫切性。

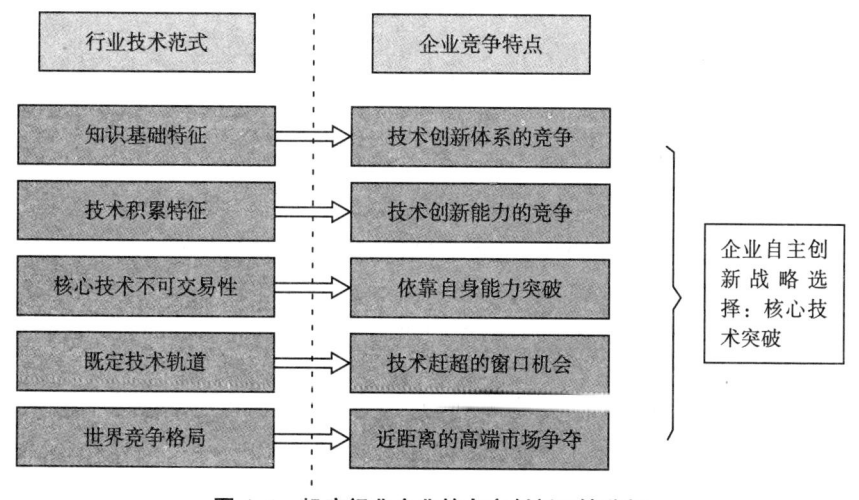

图4-1 机床行业企业的自主创新环境分析

2. 机床行业的"技术积累"特征决定了企业"技术创新能力"的建设过程是一个长期的协同过程

数控机床产品属于典型的复杂系统性产品(CoPS)(Hobday,1996;Hobday和Rushi等,2000),即各个功能部件之间不是完全的模块化,更具有一体化的特点。伴随着数控机床高速、高精、复合化和智能化的发展,在数控机床产品的复杂性提高的同时,产品的集成性和系统性也就越来越高。也就是说,整个数控机床产品的性能不仅依赖于各功能部件的性能,而且更依赖功能部件之间的协调,尤其是数控系统和加工部件之间的协调。实际上,这就对企业内部自身技术积累能力,以及系统整合能力提出了更高的要求,也就决定了企业"技术创新能力"的建设将是长期的。

同时,值得强调的是,由于数控机床产品是复杂系统性产品,企业在"技术积累"上就具有系统性和一体化的特点。因此,在企业"技术创新能力"的建设过程中,不仅涉及各类型技术之间的协同,而且还涉及企业层面的协同,更涉及行业内部各成员间(企业、大学、研究机构等)的协同。换言之,机床企业只有通过技术、企业和部门层面的长期的互动协同,才能够逐步进行"技术积累",形成具有自身特色的"技术创新能力"。

现实也表明,没有长期技术积累,想通过简单模仿或是单纯的技术引进,放弃自主研发或自主创新,去依赖国外核心技术,将始终处于受制于人的被动局面。目前,一个最直接的结果就是,由于缺乏"技术创新能力",国外厂商掌控数控系统等核心技术,数控机床的整体性能将难以提高。

3. 机床行业的"核心技术不可交易性"决定企业必须进行自主创新,培育自身的"技术创新能力"

技术交易的信息不对称性决定技术先进厂商必然采取"可控制下的技术转移";同时,由于核心技术关乎企业间竞争地位,乃至国家间的产业竞争地位,因此,无论从企业和行业利益出发,还是从国家利益出发,机床行业的核心技术具有不可交易性。

从20世纪90年代至今,沈阳机床曾试图通过技术引进、跨国并购,以及合作开发的方式,在机床"核心技术"方面取得突破,但是事实证明,这三条路都走不通。就技术引进而言,引进了产品和图纸并不等于真正获得技术,尤其是核心技术。在技术引进过程中,国外厂商基于对"双方技术差距"的准确把握,有效控制可能的"技术溢出"。通常能够引进的技术,一般都是十多年前的技术。就跨国并购而言,即使中国企业获得了国外企业的股权,但面对"技术跨境转移的制度障碍",同样不等于获得了"核心技术",更不等于获得了持续推动"核心技术进步"的创新能力。就合作开发而言,一旦在某些领域的合作成果,会对未来竞争产生影响的时候,国外相关政府组织、行业协会都会采取各种手段,阻止核心技术的跨境转移。

4. 机床行业的"既定技术轨道"决定企业具有较好的"技术赶超窗口机会"

就机床行业的技术发展而言,在未来一段时期内不会发生"革命性"的技术变化,会在"既定技术轨道"上稳定前行。因此,这就为企业提供了一个进行技术追赶的"窗口机会"。换言之,企业基于"既定技术轨道"的"技术投入"、"创新能力培育"与"技术突破",仍将会获得相应的收益,仍将会提升企业的竞争地位。

5. 机床行业的"竞争格局"决定企业将直面更加激烈的国外竞争

目前,沈阳机床正处于从"中低端市场"向"中高端市场"上攻,从"市场诱致型发展"向"市场诱致+技术引领发展"的关键阶段。未来的竞争对手将是国外一流的机床企业,所争夺的客户将是行业的高端客户,所制造的机床产品将是引领现代制造业发展的关键产品。实际上,沈阳机床"世界一流"的企业战略目标就决定了企业将同国外先进机床制造企业"近距离"比拼,分得它们的一块市场份额。可以预言,这是一场"刺刀见红"的战斗。

总体上讲,沈阳机床未来的发展既面临技术赶超的"窗口机会",又将直面更加激烈的国外竞争。未来的竞争也更加表现为"核心技术"的竞争、"技术创新体系"的竞争以及"技术创新能力"的竞争。

二、"核心技术突破"的自主创新战略目标定位

创新战略的本质是一个事关企业发展全局的方向性问题。"事关企业发展全局"意味着沈阳机床的创新战略必须同"努力成为世界一流的跨国公司"战略目标相一致。"方向性问题"又意味着企业创新的价值观选择,涉及"孰先孰后"、"孰重孰轻"的价值判断和定位。沈阳机床在"技术赶超"背景下进行创新战略定位,客观上决定了这一战略选择不可能是一个"自然演进"或者是"全面推进"的过程,必须选准突破的方向,选准首先必须做的事情,选准技术创新能力建设的手段和途径。同时,必须要提及的是,作为国有装备制造业领军企业,沈阳机床所承担的不仅是一个企业发展的使命,而且还承担着振兴机床行业乃至为中国先进制造业发展提供战略支撑的国家使命。

沈阳机床所面临的特定外部技术环境,以及自身所承担的战略使命,决定了企业在创新战略定位时必须要正确处理"阶段目标"和"长期目标"、"创新过程"和"创新结果"、"企业技术创新体系"和"部门(或行业)创新体系"、"技术创新与管理、服务创新"、"产品创新"与"工艺创新"五个方面的关系。

沈阳机床在深刻把握机床行业发展趋势、认真评价自身实力、权衡上述关系的基础上,将企业自主创新战略定位在"核心技术突破"上。

1. 从组织专业团队学习开始,准确识别"核心技术"

"核心技术是什么?"这是企业首先必须明确回答的问题。在沈阳机床长期的发展过程中,深深打上了传统生产制造企业的烙印。虽然说企业也有技术部门,但是技术部门更多是为生产制造环节服务,顶多进行了相关的产品

设计（Design），并没有真正意义上能够支撑企业发展的技术研究和开发（Research and Development）。因此，也就很难准确、清晰地定义出"企业核心技术是什么。"长期以来，大家都会回答是"数控系统"，这没有错，但是这个答案很模糊，并没有回答具体突破的方向、路径和手段是什么。

沈阳机床原有的技术队伍在知识基础、思维方式上都不足以支持沈阳机床以"核心技术"突破为目标的创新战略。因此，从2002年起，公司首先解散原来的技术部门，重新组织企业技术部门（中央研究院前身），从外界招收硕士以上学历、熟练掌握外语的30多名人员，组成专业技术研发团队。当时定的目标只有一个，就是学习和认识能够支撑企业未来发展的"核心技术"。这个专业团队在2年多的时间里，接受了国内外培训各半年，国外联合设计1年，初步形成了一定"知识和技术积累"，开阔了视野，提升了技术研发思维和理念。同时，沈阳机床也更加准确、清晰地认识到"运动控制技术"、"主轴传动技术"是机床行业的核心技术，这就为沈阳机床的研发进一步指明了方向。

2. 以商业化为导向，在开发和应用"核心技术"的过程中持续提升"技术创新能力"

技术研发工作本身具有"不确定性"，长期的投入有时未必就一定能够收获一个实实在在、有形的成果。但是，沈阳机床清晰地认识到，"核心技术"的开发和应用过程，会带来企业持续的"技术创新能力"提升。这种"技术创新能力"在初期可能不会以一个独立、有形的"成果"表现出来。但这种"技术创新能力"会进行横向和纵向的延伸。例如，"立式加工中心"的开发，点位数控技术在传统镗铣床的应用，就是通过技术横向延伸，使老产品性能提升；再如，"飞阳"数控系统，就是通过核心技术的纵向延伸，改进了产品性能。

同时，沈阳机床信奉"核心技术"都是"用出来的"。尤其对于机床行业而言，"核心技术突破"更是一个同高端客户紧密互动协同，持续不断进行

"商业化"验证的过程。正是在持续的"商业化"验证过程中,企业才能形成"核心技术突破"的良性循环,获得持续提升"技术创新能力"的机会。因此,公司加强了同高端制造企业的联系,例如奇瑞、上汽集团、成飞等。

3. 明确的"核心技术突破"战略定位,是企业技术创新体系建设和完善的方向

企业创新战略的定位决定了技术创新体系的组织架构,以及未来的建设方向。沈阳机床坚定不移地将"核心技术突破"作为目标,这就决定了企业技术创新体系必须要能够支撑企业在核心技术研究和开发上取得突破,使沈阳机床成为一个"核心技术"驱动的企业,而不仅仅是面向客户需求的"小改小革"与"产品设计"。基于此,沈阳机床从筹建集团中央研究院开始,建立了"面向未来(集团中央研究院)、面向客户(事业部技术分部)和面向内部(生产与制造技术)"的三层次企业技术创新体系。

同时,沈阳机床自身的企业技术创新体系还是一个开放的、社会化和国际化的自主技术创新体系。在企业自身技术创新体系的建设过程中,企业围绕"核心技术突破"这一战略目标,积极主动地同具有工艺技术优势的企业合作,积极同具有高端人才优势的大学和研究机构合作,积极同占据国际前沿的国外研究机构合作,客观上形成了企业主导的"产学研用"结合,既使企业技术创新体系很好地嵌入到部门(行业)技术创新体系之中,又促进了中国机床行业(部门)技术创新体系的建设。

4. 以"核心技术突破"为中心,促进技术、管理、服务创新的协同

企业的创新管理工作除了涉及技术创新之外,还涉及管理和服务创新。如何促进三者的协同,是许多企业都面临的问题。沈阳机床明确的"核心技术突破"战略定位,为三者的协同提出了共同目标,使企业各项工作都围绕

着这个中心展开。

就技术创新而言，主要是从产品和工艺方面去努力；就管理创新而言，主要是从研发组织管理、现场管理、供应链管理方面去努力，旨在提高效率，降低成本；就服务创新而言，主要是从客户服务方面去努力，旨在快速反应，强化客户参与，提升一揽子服务方案解决能力。

5. 基于"核心技术"进行产品创新，进而促进工艺创新

"工艺创新"问题是困扰中国机床企业技术引进、消化吸收再创新能力提升的核心问题。中国机床企业虽然通过技术引进掌握了基于特定产品的"制造工艺"，但是始终不具备"工艺创新能力"。究其原因，中国机床企业没有从核心技术研发角度出发，进行产品创新，通过产品创新促进工艺创新，并形成两者的良性互动。因此，企业也就失去了工艺创新的方向，只能限于"原地打转"的境地。

在面对"产品创新"和"工艺创新"两个同时存在的短板时，沈阳机床正是从"核心技术"的开发和应用入手，不断进行产品创新，既为工艺创新提出了要求，指明了方向，同时也通过工艺创新的支持，提高了产品创新的速度，形成了产品创新与工艺创新良性互动的格局。

总体上讲，沈阳机床形成了具有自身特色的创新战略逻辑：从学习和认识"核心技术"开始，在倡导"商业化导向"的"核心技术"开发和应用过程中形成"核心技术突破"的良性循环，提升"技术创新能力"，并以企业自身技术创新体系建设促进部门（行业）技术创新体系建设，以核心技术突破为中心促进技术、管理、服务创新协同，以产品创新促进工艺创新，通过持续的"技术创新"，最终形成自主的"核心技术"（见图4-2）。

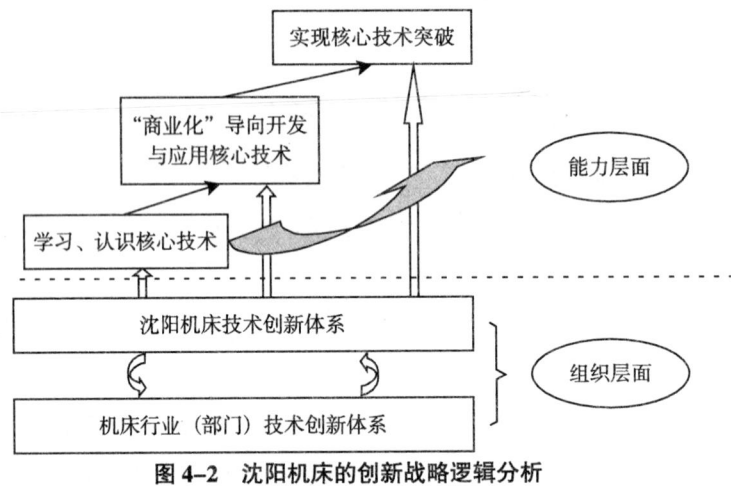

图 4-2 沈阳机床的创新战略逻辑分析

三、"协同创新"的战略实现模式

沈阳机床根据行业特征，对自主创新进行了新的诠释。"自主"的含义并非意味着每一件创新活动都由自己完成，而是一种对创新资源的控制力和协调力，一种利用有限内部资源和广泛外部资源为企业创新所用的能力。沈阳机床在加强自身创新能力建设，即做好"内部协同"的同时，更加注重各种内外部创新资源之间的协同，通过多种渠道提升企业能力，创造了以沈阳机床为核心，辐射企业内部、客户、大学、科研机构和产业链企业的"协同创新"战略实现模式。

1. 外部协同——成为行业领袖，主导产业链发展

目前，沈阳机床已经构建形成一个向上至数控技术开发、向下与用户企业技术改造同步运作，向左右同产业链其他企业形成联盟的外部协同创新网络。不仅如此，沈阳机床坚持提高对创新网络的掌控力，保持始终处于网络

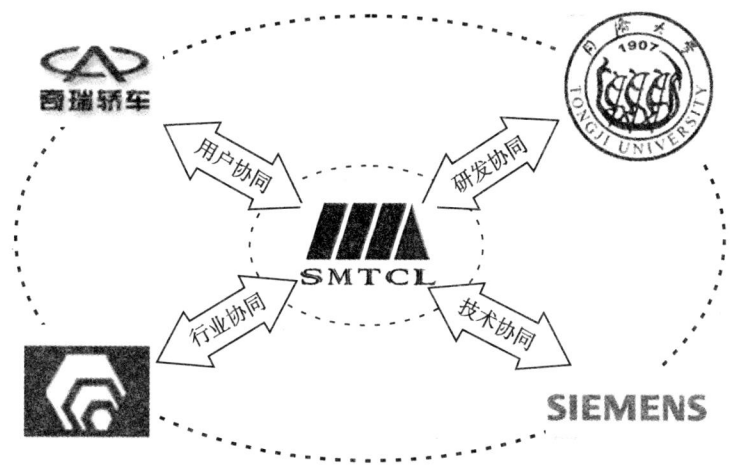

图 4-3 沈阳机床外部协同体系

的中心地位,从而有效利用外部资源促进企业创新活动,提高企业技术水平。

(1)用户协同:沈阳机床外部创新资源的第一股力量来自机床用户企业。沈阳机床为上海磁悬浮提供的轨道梁专用加工生产线,以及为奇瑞汽车提供的汽车发动机缸体缸盖加工生产线等产品,就是采取了和机床用户企业共同攻关的产品开发模式。我国制造类企业正处于转型期,新产品、新技术、新工艺层出不穷,对机床性能和精度也提出了新的需求。沈阳机床利用有利时机,在2006年推出"B计划",将同客户的联系从单一售后服务扩展到研发、制造、培训和售后服务的全过程。更重要的是,将用户企业纳入沈阳机床创新网络当中。用户企业不仅提供最直接的需求信息,还直接参与到新机床的研发当中。沈阳机床通过同高端客户的适时互动,深入了解了客户对制造工艺的要求,从而为机床产品研发指明方向。

(2)研发协同:第二股力量是国内外大学和科研机构。沈阳机床和同济、清华、东大、北航、吉大、德国波鸿鲁尔、德国柏林工大等多所国内外大学,以及中科院沈阳计算所、沈阳机电研究设计院等科研机构建立长期合作关系,定点资助这些大学、科研机构在专用机床设计开发、关键功能部件设计、数控系统优化等方面的研究活动。从近几年的合作过程看,沈阳机床从中获益匪浅,特别是共性技术在企业内部的普及上取得了很好的效果。

(3) 技术协同：目前，沈阳机床采用了包括西门子和 FIDIA 在内的数十家企业生产的各种型号的数控系统。这些数控企业正是沈阳机床外部创新协同体系的第三股力量。数控化是机床行业发展趋势。作为数控系统使用者的机床企业，一方面要积极参与到数控技术的研发当中，更重要的是要在价值链中保持主导地位。沈阳机床依靠全球领先的生产能力（如果实现全部产品数控化，将成为全球最大的数控系统代理商），通过广泛采用多家数控产品，通过下属的德国希斯公司完成数控优化，以及与 FIDIA 公司共同研制飞扬数控系统，不但没有被数控企业的技术锁定，反而充分发挥各家优势，为自身创新活动服务。

(4) 行业协同：由沈阳机床（集团）牵头，联合国内科研院所、大学院校和同行业企业，整合社会和行业优势资源和力量，通过组建数控机床产业技术创新联盟的方式，对一些竞争前的基础共性技术进行联合研究。目前，沈阳机床是数控机床高速精密化技术创新战略联盟的理事长单位，对产业技术创新联盟的运作方式也在进一步的探索中。

2. 内部协同——三层研发体系的构建

2002 年沈阳机床开始规划企业内部研发体系，逐步建立了"面向未来、面向客户、面向内部"的三层研发体系。

图 4-4　沈阳机床内部协同体系

(1) 研发体系组织架构。在面向未来这个层面，在集团内部成立了中央研究院。中央研究院的职能主要有两方面：一是面向未来的新产品开发，二是基础共性技术研究。中央研究院承担着未来三年以上产品储备的开发和设计。围绕中央研究院，建立产学研合作网络，成立了三个分中心，分别是德国分中心、北京分中心和上海分中心。

在面向客户这个层面，在各事业部成立了企业技术分部。企业技术分部的职能主要涉及三个方面：一是产品商业化开发；二是产品客户化设计；三是产品持续改进。

在面向内部这个层面，成立了企业内部制造技术部门，主要负责生产流程持续改进、制造技术进步、提升产品品质和降低制造成本四个方面。

(2) 三层研发部门的协同。由于构建了三层研发体系，各个层面研发部门之间的协同成为研发项目成功的关键。沈阳机床实施跨部门项目小组以及研发人员全程参与的方式，构建起三层研发部门之间的协同创新机制：第一种，双向参与的方式。中央研究院承担面向未来的产品设计和开发，最终是为了制造并商业化该产品。因此，沈阳机床组建了包括中央研究院研发人员、事业部技术人员、车间工艺人员，以及具有技术基础营销人员在内的跨部门项目小组，全程参与，相互协同。第二种，团队转移方式。对于自上而下的产品设计开发，在产品设计开发相对成熟的时候，研发团队将随着新产品开发过程向下转移，并在事业部层面进一步完善产品的设计和开发，最终实现产品的规模化、稳定生产。

3. 协同保障——研发支撑体系的建设

为了使企业"协同创新"的模式有效运转，沈阳机床构建了"四项协同保障制度支撑"：一是创新人才队伍建设保障；二是技术决策机制保障；三是激励机制保障；四是外部资助制度保障。

(1) 创新人才队伍建设保障。目前，沈阳机床已经培养了一支1500多人的研发队伍。在中央研究院层面，集结了最顶尖的人才，形成了总人数达

150多人的高端研发队伍。经过三年的国内外培训和海外联合设计,目前中央研究院研发队伍已经渡过"能力培训期",进入到研发队伍内部"能力建设期",研发队伍工作将在中央研究院和国家数控机床重点实验室等平台上稳步推进。同时,沈阳机床还加快了"工艺创新人才"队伍建设的步伐,促进工艺创新对产品创新的支撑。

(2) 技术决策机制保障。沈阳机床通过集成企业内部顶尖技术人才和聘请外部专家教授,在企业内部成立了技术委员会,作为技术研发的决策机构。技术委员会完全脱离原有行政管理体系,企业所有研发和技术决策完全交给技术委员会。技术委员会负责制定公司的中长期研发项目决策。由于经营管理层更多关注市场和短期的经营,而技术开发涉及企业技术积累和长期发展,所以,通过把研发决策权交给委员会的专家成员,能够保证研发的长期性和连续性。另外,技术委员会做出决策之后,根据研发任务性质和各机构主要职能,分别由三个层面的研发机构承担。对于每项研发任务,都会配备专门的人员来负责组织。

(3) 激励机制保障。沈阳机床技术队伍的薪酬体系独立于其他队伍的薪酬体系,具体分为三部分:第一部分,月基本薪酬,由基本工资和保险构成。第二部分,技术津贴,是企业内部专家体系成员的薪酬组成部分。在对技术员工的工作年限和贡献进行评价后,设置专家级别。技术津贴加上月基本薪酬,构成技术委员会成员和技术专家成员的薪酬。第三部分,科技项目奖励。通过企业内部的技术管理部门,每年立项进行项目管理。根据规定,在项目完成后会对项目组成员分配一个奖金额度。相反,如果项目完不成,则要进行相应惩罚。

(4) 外部资助制度保障。如何保证"产学研"合作的长期性和稳定性是企业外部协同面临的一个突出问题。在科研、教学机构现有的管理体制框架下,沈阳机床通过采取固定领域、固定专家资助的方式,避免了单纯以"课题合作"方式所带来的"短期化"行为,即课题结束之时就是团队解散之时,很难形成一种持续的创新能力。

概而言之,沈阳机床"协同创新"战略实现模式的本质,就是要形成以

"核心技术突破"为目标,企业自主创新的特定活动过程(Process)和惯例(Routine),并通过制度的形式固化下来。"内部协同"和"外部协同"正是沈阳机床具有自身特色的创新活动过程和惯例的表现,而"四项保障制度"又将这一自觉的过程和惯例固化在了企业内部。

四、沈阳机床创新能力提升的分析

能力是创新活动的基础,能力提升又是创新活动的结果。从沈阳机床能力提升中可以分析出企业已经取得的自主创新战略绩效和未来努力的方向。

1. 沈阳机床创新能力的动态解析

机床企业的能力按照能力的源泉、能力的体现和能力的动态化三个维度,可以分解为4个板块、3个阶段、12个部分。

从静态的角度看,可以从能力的源泉(技术、组织)和能力的表现(产品、过程)对企业的能力分解为产品能力、工艺能力、服务能力和管理能力四大板块(见表4-1):

表4-1 沈阳机床静态能力分解

能力类型	技术	组织
产品	产品能力	服务能力
过程	工艺能力	管理能力

产品能力是企业引进、研发新产品的能力和改进老产品的能力;工艺能力是企业制造合格产品、生产精度大小、生产效率高低的能力;服务能力是企业满足用户需求,提高用户满意度的能力;管理能力是企业有效组织研发和生产,保障企业健康运行和发展的能力。

随着企业的发展和创新活动的开展,四个板块的能力会得到提升,从而能力可以进一步分解为三个阶段：能力的萌芽、能力的成熟、能力的专业化，如图4-5所示：

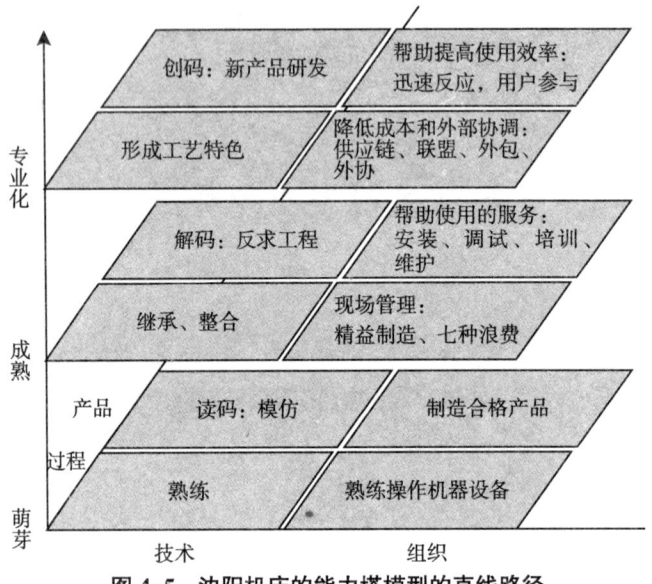

图4-5 沈阳机床的能力塔模型的直线路径

(1) 工艺板块能力提升的三个阶段：首先是培育熟练操作已有机器设备和购买引进机器设备的能力；其次是在不断的操作过程继承和整合，形成稳定的工艺水平，制造性能稳定的机床产品；最后是结合自身情况和目标市场特点形成具有自身特色的工艺，在机床的若干关键工艺流程上做到世界第一。

(2) 产品板块能力提升的三个阶段：首先是有效模仿的能力，能够使用国外机器设备，在外国专家的指导下，购买国外图纸，生产性能基本相似的机床产品；其次是能够通过反求工程等对外来技术进行理解，明确先进机床的各项特性指标，并进行有效的改进；最后是能够独立或组织社会资源开发全新机床产品。

(3) 服务板块能力提升的三个阶段：首先是制造合格产品的能力，没有合格的实物产品作为载体，机床产品的服务无从谈起；其次是帮助用户更好、更方便地购买和使用机床产品的能力，包括送货服务、安装调试服务、培训服务、维修服务等；最后是帮助用户更有效率使用机床的服务，例如，邀请用户企业参与新机床的研发过程，以生产最能适合某个企业需要的特种机床。

（4）管理板块能力提升的三个阶段：首先是关注生产合格产品的管理，主要是帮助一线工人熟练操作机器设备；其次是引入现场管理，包括精益制造、杜绝七种浪费等；最后是企业的管理能力将扩展到企业之外，包括供应链管理、建立企业战略联盟、实施外包外协制造等。

四个板块、三个层次的能力之间是相辅相成的关系，高层次的能力需要低层次能力的支持，否则能力的形成缺少连贯性。同时，不同层次之间的能力不存在替代关系，即高层次能力的形成并不能替代低层次的能力。

2. 沈阳机床创新能力的网络型提升路径

一种能力提升的路径是直线提升（见图4-6）。这是能力升级稳定而简单的模式，其特点是能力的提升限制在各个板块之内，新获得的能力均来自同一板块内部老旧能力的改善和突破，能力提升的过程不接受来自其他板块能力的辅助，也不存在向板块外的溢出。

沈阳机床作为历史悠久的大型国有企业，能力提升的直线路径已经有很长的历史，例如工艺技能通过师带徒的正式或非正式制度继承和传播，这在计划经济时代，甚至新中国成立以前就已经存在。

但是，这种直线型的能力提升存在两大弊端：首先，单线条的能力提升轨迹充满风险，链条一旦断裂，能力将很难跃迁到下一层次。例如，沈阳机床目前正面临工艺人员断代的问题，90年代行业衰退造成的一个严重后遗症是导致沈阳机床缺少一个年龄阶段的工艺人员，如果仅采用直线型的能力提升轨迹，那么沈阳机床的工艺能力提升速度将减缓。其次，能力提升限制在板块以内，将不能利用其他能力提升过程中溢出和带动作用，浪费企业资源。

另一种能力提升的路径是网络提升（见图4-7）。这是能力升级复杂而高效的模式，其特点是能力的提升突破板块的限制，各个板块的能力交互作用，共同促进企业整体能力的提高。这种突破能力板块限制的能力提升路径具有高效的特点,特别是对于处于技术赶超地位的企业尤为如此(节约了等待时间)。

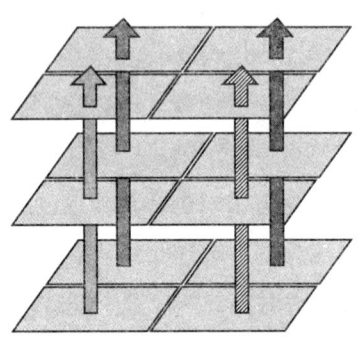

图 4-6　能力提升的直线路径

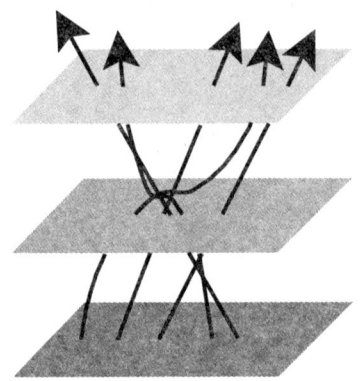

图 4-7　能力提升的网络路径

沈阳机床采取了网络型的能力提升路径,能力的突破很多时候依靠的是覆盖多个能力板块的专门项目。例如,沈阳机床参与上海磁悬浮工程,承担轨道梁数控机床的制造,新机床产品的生产是该项目的最终结果,但在其过程中,也伴随着生产工艺的改进、管理体制的科学化;又如,沈阳机床 CALL CENTER 的设立主要是提高对消费者的服务水平,但同时也对企业的管理能力,甚至通过用户反馈信息可以对企业的产品能力和工艺能力有提高的作用。还有一些项目,本身就针对整个能力体系,例如 ERP 的上线、企业信息化等对四个板块的能力提升都有拉动作用。

第四章 核心突破、协同创新与能力提升

3. 沈阳机床的产品与服务创新能力得到迅速提升

沈阳机床走的是一条网络型能力提升路径。在创新能力提升过程中，各个能力板块之间既表现出能力的非均衡性，又表现出相互促进和带动的特点。在自主创新战略实施之初，沈阳机床在工艺和管理方面具备了一定的能力基础，而产品和服务能力水平相对较弱。但是，伴随着自主创新战略的实施，沈阳机床产品和服务创新能力率先发展，得到迅速提升，已经基本上处于创新能力成熟阶段向专业化阶段过渡的状态，而工艺和管理创新能力略显滞后，正处于从萌芽阶段向成熟阶段过渡的状态。但是由于沈阳机床抓住了内在"核心技术"和外在"客户需求"这两个关键点，能够有效进行创新能力的溢出，反过来又会促进工艺和管理创新能力提升。

五、小　结

沈阳机床深刻认识到企业未来的竞争将是技术创新体系和能力的竞争，将是同世界一流跨国公司近距离的竞争，同时，"核心技术"问题将是企业不可回避又必须依靠自身能力急需解决的问题。经过多年的发展，沈阳机床具备了一定的资源基础，也面临着一个较好的技术赶超窗口期。在对外部环境和内部资源深刻认识的基础上，沈阳机床通过实践形成了"核心突破、协同创新和能力提升"这一具有中国特色的企业自主创新战略模式。

通过分析沈阳机床的自主创新战略模式，也给我们带来了以下启示：

第一，明确的"核心技术突破"战略目标，不仅是企业产品、工艺、管理和服务各项创新活动的中心指向，更是"崇尚技术"这一创新价值观的集中体现。

第二，企业"核心技术突破"的过程，不仅是技术创新体系不断完善的过程，更是技术创新能力持续提升的过程。

第三，"协同创新"的战略实现模式，不仅表现为企业对内、外部创新资源的有效协同，更是一种固化在企业具有"协同特质"的创新行为过程和习惯。

第四，对处于技术赶超背景下的企业，不可能走创新能力"全面推进"的路径，而网络型能力提升是创新能力提升的有效路径。

参考文献：

[1] 中国社会科学院工业经济研究所"创新与发展"研究小组：《沈阳机床跟踪研究案例记录》(No.2009001INT)，2009 年 7 月。

[2] Breschi, S. and F. Malerba, et al. Technological Regimes and Schumpeterian Patterns of Innovation. Economic Journal, 2000: 388–410.

[3] Dosi, G. Technological Paradigms and Technological Trajectories: A Suggested Interpretation of the Determinants and Directions of Technical Change. Research Policy, 1982, 11 (3): 147–162.

[4] Malerba, F. and L. Orsenigo. Technological Regimes and Firm Bebavior. Industrial and Corporate Change, 1993, 2 (1): 45–71.

[5] Malerba, F. and L. Orsenigo Technological Regimes and Sectoral Patterns of Innovative Activities. Industrial and Corporate Change, 1977, 6 (1): 83–118.

[6] Nelson, R. R. and S. G. Winter. In Search of Useful Theory of Innovation, 1977, 6 (1): 36–76.

[7] Pavitt, K. Sectoral Patterns of Technical Change: Towards a taxonomy and a theory. Research Policy, 1984, 13 (6): 343–373.

[8] Hobday, M. Complex System vs. Mass Production Industries: A New Innovation Research Agenda. CoPS Publication, 1996: 5.

[9] Hobday, M. and H. Rush, et al. Innovation in Complex Products and System. Research Policy, 2000, 29 (7–8): 793–804.

第五章 技术引进、跟踪模仿与自主创新
——以低压电器企业天水二一三公司为例

一、问题的提出

经过技术引进、消化、吸收以及国产化的我国企业（以下简称技术引进企业），为什么必须要从现在的跟踪模仿走向自主创新？技术引进企业走向自主创新是自己生存和发展的必然选择。20世纪八九十年代，发达国家为了进入、占领潜在、广阔的中国消费市场，比较先进的技术输入到中国，借此以获得经济利益，同时以了解、掌握、熟知中国同行业企业以及市场状况，这些技术虽说不是它们最先进的，但其技术水平可以说已远超过我们当时的最高技术水平。改革开放，引进国外先进技术，极大地提高了我国企业的技术水平，许多行业的产品技术等级发生了质的飞跃，短短几年的引进时间，使处在20年、30年产品不变时期的企业，快速步入了具有世界先进水平产品的行列，企业以比较优势参与国际竞争。但随着20世纪90年代跨国公司进入中国，技术引进企业面临着前所未有的竞争压力，因为跨国公司的目标，或以控股的形式与国内行业知名企业合资，以达到没有国内竞争对手的绝对优势占领国内市场，或以独资公司的形式，以比国内企业更先进的技术、低廉的国内制造成本与国内行业知名企业竞争。一方面，原国内行业知

名企业不得不沿着跨国公司的产品技术轨道发展；另一方面，跨国公司绝不可能将技术再有偿提供给原技术引进企业，因此，这些企业唯一的路径就是走向自主创新。

技术引进企业究竟如何走向自主创新？这个问题多年以来一直困扰着技术引进企业。技术引进使企业产品技术水平在引进时期上了一个引人注目的大台阶，企业内外无不为国外先进的技术和优良的产品所折服。事实证明，大多数技术引进企业引进了世界上一流的技术和产品，推动了我国各行业的产品技术升级，缩小了与发达国家的产品技术差距。但现在面对原技术输出公司的全面技术封锁，以及其产品内外严密的专利保护，引进企业怎样发挥技术引进累积的技术能力，在目前艰难地跟踪模仿过程中探索出自己的技术创新路径，走出自己的可持续发展道路，这就是本章所要研究回答的问题。

基于以上提出的问题，本章采用描述性案例研究的方法，分析研究经过技术引进企业，从现在跟踪模仿阶段必须走向自主创新，探索了走向自主创新的途径和方法。

本案例研究包括五部分内容：第一部分是问题提出，提出了要研究的问题；第二部分是相关研究的回顾和研究设计，对自主创新理论进行了回顾，并对研究方法进行了设计；第三部分是案例背景，对选择的企业案例的背景进行了详细阐述；第四部分是案例分析，详尽分析了企业案例；第五部分得出了研究结论，指出了不足。

二、研究回顾与设计

1. 研究回顾

熊彼特于1912年提出"创新理论"以后，又于1939年和1942年分别出版了《经济周期》与《资本主义、社会主义和民主主义》两部专著,对创新理论加以补充和完善,逐渐形成了以创新理论为基础的独特的创新经济学理论体系。在《经济发展理论》中,熊彼特提出"创新"是指新的生产函数的建立,即企业对生产要素新的组合,它包括五种类型:引入一种新的产品或提供一种产品的新质量;采用一种新的生产方法;开辟一个新的市场;获得一种原料或半成品的新的供给来源;采取一种新的组织方式。20 世纪五六十年代资本主义经济的高速增长,经济学家研究技术与经济发展的关系,形成了技术创新理论的三个流派:一是以经济学家索洛、阿罗为代表的技术创新新古典学派,认为增加资本、劳动的投入量不能保持经济持续增长,而技术创新才是经济增长的核心源泉。二是以曼斯菲尔德、卡曼为代表的技术创新新熊彼特学派,认为决定技术创新的因素是竞争程度、企业规模、垄断程度。市场竞争引起创新,竞争越激烈,创新越强烈,技术创新给企业带来比其他竞争者更多的利润;企业规模越大,创新能力越强,从而开拓的市场也越大;企业垄断程度越高,创新越不易被模仿,其创新发挥的作用越长。三是以弗里曼和纳尔逊为代表的国家创新系统学派,认为创新不仅是企业行为,而应由国家创新系统来推动(张风海、侯铁珊,2008;张荣峰、章利华,2006)。

陈劲(1994)对从技术引进到自主创新的三种学习模式进行了研究,认为"干中学"成为技术吸收中的主导学习模式,"用中学"指的是在使用产品或设备中可能导致渐进创新,应是技术改进阶段中的主导学习模式,只有通过研究与开发才能掌握技术的本质,因此,研究开发中学是自主技术创新过程中主导的学习模式。谢燮正(1995)认为自主创新是相对于技术引进的"他技术创新",这里的"他"就是外国的技术,自主创新是"以科技成果转化为基础的技术创新模式"。傅家骥、施培公(1996)研究了技术积累与技术创新的关系,认为技术积累支持着创新过程的每一个环节,而创新本身又为技术积累提供必需的环境,技术创新与技术积累间相互支持,关系密切,技术积累成为技术创新的内在基础。傅家骥(1998)认为自主创新是企业通过自身的努力或联合攻关探索技术的突破,并在此基础上推动创新的后续环节，完成技术的商品化，获得商业利润，以达到预期目标的一种创新活动。杨德林、陈春宝（1997）认为企业自主创新是指依靠自身力量独自研究开发、进行技术创新的活动。自主创新具有三个显著的特点：一是在核心技术上的自主突破；二是关键技术的领先开发；三是新市场的率先开拓。路风（2006）以汽车工业的"走向自主创新"、油泵油嘴行业的"技术依赖和自主开发的不同命运"、大型飞机发展的"在历史的沉重中起飞"、自主电信标准的"走出中国的主导技术轨道"以及激光视盘播放机工业的"本土创新、能力发展和竞争优势"为案例，论述了自主创新必须成为我国发展战略的基本出发点和核心内容，强调技术和技术能力之间的区别，批评了"比较优势论"；翔实地探讨了如何进行自主创新，论证了构建技术创新是后发国家自主创新的重要创新方式。

自主创新有三层含义：一是强调原始性创新，即努力获得新的科学发现、新的理论、新的方法和更多的技术发明；二是强调集成创新，使各种相关技术有机融合，形成具有市场竞争力的产品或产业；三是强调对引进先进技术的消化、吸收与再创新。自主创新，就是要把原始创新、集成创新和引进消化吸收再创新结合起来，在积极跟踪、关注和参与原始创新、集成创新的同时，高度重视对引进技术的消化吸收的再创新（梁三来，2006）。

2. 研究设计

本书选取的案例是天水二一三电器有限公司，该公司是20世纪80年代机床电器行业为数不多的进行技术引进的企业，经历了技术引进、跟踪模仿到自主创新各个阶段。本案例从该公司成立到技术引进、跟踪模仿、自主创新，进行了较为全面的研究。

三、案例背景

企业始建于1969年,是从沈阳二一三机床电器厂部分搬迁至天水的"三线企业",原属第一机械工业部,现为上市公司长城电工的全资控股子公司,是我国低压电器元件和成套装置的专业制造企业。公司现有员工830人,其中各类专业技术员271人,年生产低压电器元件250万件,各种交直流高低压成套装置5000余套。主要生产四个大类的电气产品:一是以接触器为代表的工业控制电器,二是以断路器为代表的配电电器,三是以高低压开关柜为代表的成套电气装置,四是以软起动和可编程序控制器为代表的智能化电子电器。产品广泛应用于机械、机床、电梯、电力、开关板、轻纺、石化、冶金、铁路、建筑、船舶、家电和通信等行业。公司经过"八五"、"九五"、"十五"时期的技术改造,整体工艺装备水平达到了20世纪90年代末国际先进水平。

企业在低压电器行业以生产优质的接触器、继电器而闻名。在20世纪80年代技术引进前,企业生产的接触器、继电器就已经在机床电器行业被用户所称赞,当时有许多用户说:"天水二一三的接触器、继电器装到机床不坏";20世纪80年代技术引进时,法国TE公司的接触器、继电器系列产品在国际当之无愧是一流的,在谈判时,法国人到天水二一三视察,参观了工厂生产条件后,认为在国内生产比较好,对双方的技术转让表示非常满意。

20世纪80年代初,企业作为当时机床电器行业(现属低压电器行业)的骨干企业,紧跟国家对外开放的形势,把握住历史赋予的机遇,积极主动地与法国TE公司(该公司20世纪90年代初被施耐德公司收购)洽谈技术引进项目,于1984年8月正式签订"专有技术转让及技术援助合同"。

回顾企业近40年的发展历程,可以说发生了巨大的变化,年产值从建厂的十几万增长到2007年的3亿多,产品从体积大、耗材多、性能单一、可靠性低发展到不但产品体积小、耗材少、功能多、可靠性高、环保型,而且朝着智能化方向发展。但是大部分产品的技术轨道还是沿着国际跨国公司的产品技术轨道,从第二代技术引进产品到第三代模仿开发的产品,直到现在还在研发阶段的第四代产品,确切地说还没有走出自己一条技术轨道。低压电器行业如何实现技术引进、模仿开发、自主创新,或者说该行业离走向自主开发还有多远,是值得我们深思的问题。下面以天水二一三为例来研究分析。

四、天水二一三自主创新战略分析

迄今为止,可将企业的产品发展划为四个阶段:

第一阶段,联合设计阶段(1969~1983年)。在这一阶段生产的产品以原机械工业部组织的联合设计产品(前苏联产品)为主,企业少量模仿设计为辅,主要的产品有:CJ0-10A/20A/40A,JZ7中间时间继电器,LA18、LA19、LA30按钮开关,JJDZ3小型中间继电器,JJSK2空气式时间继电器,JX6、D1系列接线端子,X2、JLXK1系列行程开关等。

第二阶段,引进、消化、吸收阶段(1984~1992年)。1984年引进法国遥控器械有限公司具有70年代末80年代初国际水平的小容量接触器、热继电器等产品专有制造技术,实现了产品的第一次更新换代;共引进7个系列、32个品种、64个规格的产品(D系列产品),引进产品具有性能优良、结构先进、体积小、能耗小且便于组合为多种功能等特点。

第三阶段,模仿开发阶段(1993~2001年)。以施耐德、西门子、ABB等为代表的国外著名低压电器制造公司大举进入中国,以浙江温州正泰、德力西等为代表的低压电器民营企业迅速崛起,市场竞争日趋激烈。面对复杂、多变和激烈的市场环境,公司在第二个阶段引进、消化、吸收产品进入成熟期时,果断决策模仿开发更新换代的d系列产品和配电电器,该系列产

第五章　技术引进、跟踪模仿与自主创新

品目前已是公司主导产品,引进产品以进入衰退期,使公司适应了市场的发展。

第四阶段,自主开发阶段(2002年至今)。紧跟国际低压电器产品发展方向,在国外著名低压电器制造公司产品的专利保护越来越严和不向我们转让技术的形势下,公司开发了从引进产品开始后的第三代产品,全面对d系列产品进行更新换代,并且加大进入配电电器力度。公司通过第二个阶段、第三个阶段的技术学习和技术能力积累,从产品开发能力、制造工艺能力、检验试验能力等都有了很大的提高,并且培养了一批产品设计、工艺研究、质量检验、生产技术工人等,以具备产品自主开发的能力。

天水二一三经过了四个产品发展阶段,在三代人的不懈努力下,走出了一条自主创新的发展之路,在每一个阶段都留下了历史的痕迹,都具有各自的特点,下面针对每一个阶段进行剖析。

1. 通过联合、自行设计制造,积累企业技术能力

公司由沈阳部分搬迁到天水,是从筹建到建厂,从试制到小批量生产、大批量生产阶段。该阶段的产品设计人员是由沈阳二一三及有关单位调来的60年代大学毕业生,他们在当时艰苦的工作、生活条件下,身处西北甘肃天水山区,为了响应国家号召,夜以继日、刻苦努力,用最短的时间把产品试制出来,很快转向了小批量、大批量生产。这个阶段处于计划经济时期以及向市场经济过渡时期,主导产品是由原机械部指定生产,并由其组织的联合设计产品,企业只少量模仿设计辅助产品。公司于1972年自行设计了D1系列接线端子,并投入批量生产,1973年试制了CJ0-10A/20A交流接触器,1975年试制生产了JJSB1晶体管时间继电器、JZ7中间继电器、CJ0-40A交流接触器,1979年试制了JLXK1系列行程开关并批量生产,1981年试制生产了LA30按钮开关,1982年仿制出了法国TE公司LC1-D的CJX2-16/25样品、仿制了日本产品的JX6接线端子并投入了生产。

在长达十几年的设计、试制、生产过程中,很多技术人员从刚毕业的年

轻人步入了不惑之年，他们也掌握了交流接触器、继电器等设计、制造技术。在产品技术方面，精通了国际电工委标准以及国家电工委标准，掌握了电磁系统、触头系统、弹簧系统以及壳体等的设计技术；在制造工艺方面，掌握了磁铁加工、触头焊接、弹簧绕制、线圈绕制、绝缘零件、冲压零件、金属件热处理、金属件电镀等工艺；在工装设计制造方面，掌握了简单塑料模、冲模以及简单工作台、检验台的设计制造技术。

2. 引进国外先进技术，提高企业技术能力

20世纪80年代初期，企业技术标准比较低，产品体积大、耗材多，产品性能指标低、功能少、可靠性差；工艺制造水平落后，用模压机压制绝缘件、用冲床冲制金属件，零部件生产是单工序、单工位的简单加工，成品生产主要是依靠手工来组装。

为了加快已生产多年产品的更新换代，以满足我国改革开放社会主义市场经济的需求，原机械工业部组织技术考察团到原西德的西门子公司、法国遥控器械有限公司进行技术考察，原企业技术副厂长随团前往。考察后，企业深知与国外先进技术的差距，有了技术引进的想法，在1981年6月上海"法国工业博览会"上，企业与法国遥控器械有限公司进行了深入相互了解。后来在原机械部的协调以及企业的积极努力下，经过历时两年多的时间，于1984年8月8日在兰州正式签署《专有技术转让及技术援助合同》，8月24日经国家有关部门批准生效，合同执行时间1984~1987年，共引进7个系列、32个品种、60个规格接触器、继电器、机械联锁、星三角启动器等控制电器，在1984~1990年进行了消化、吸收以及国产化工作，于1990年将全部引进产品推广批量鉴定，并开始批量生产销售。

在这一阶段，企业为了满足引进技术的要求，进行了较大规模的技术改造，首先是模具加工设备，包括当时最先进的进口铣床、镗床、电火花、线切割、摩尔磨床、三坐标测量仪等；其次是零部件加工设备，包括进口注射机、绕簧机、高速冲床、压力机等；再次是建立理化试验室，购买了金属材

料、塑料材料、外协零部件、外购件进厂检验仪器,开展了主要项目的检验;最后,对原产品试验站进行了改造,更新了试验仪器,按国家电工委的试验标准健全了试验项目,达到了国家试验室的水平。

按照合同,派各个方面的技术人员到法国 TE 公司学习,包括产品设计、模具设计、工作台设计、质量检验等技术人员,这些技术人员基本都是 60 年代末 70 年代初来到企业,经过了上述第一阶段的实践锻炼,已具备丰富的技术水平。因此,他们一到法国 TE 公司,就发现了企业与 TE 公司的差距,从产品的结构设计、模具设计、工作台设计、检具的设计、使用的原材料、原材料零部件检验,到零部件生产过程、成品生产过程的工艺、质量控制等方面都有不同的特点,他们依靠积累的技术经验,比较快地分析、研究出法国 TE 公司技术优势和企业技术上的不足。比如,在产品结构设计上,不仅技术引进的产品体积小、耗材小,而且,零部件之间配合精度要求高;在零部件设计上,要求精度高;壳体材料用增强阻燃塑料,而当时国内同类产品均用胶木粉;触点用银铜复合材料,国内触点用纯银加工;漆包线用耐温等级 155° 材料,国内使用 130° 材料;接线螺钉用高强度组合螺钉等,国内用一般螺钉、垫圈等。在学习过程中,他们逐渐知道了其中的原因,并且在后来的国产化过程中,也掌握了这些技术。

在引进、消化、吸收过程中,企业取得了以下收获:首先,提高了企业技术水平。在企业职工的积极努力下,技术人员分工负责,将过去积累的技术、到法国 TE 公司学到的技术以及引进的技术图纸、工艺文件与具体实际工作相结合,经过五六年的艰苦努力,最终将引进的产品全部实现了国产化,产品达到了国际 20 世纪 80 年代初的水平,其中包括:引进产品材料实现了国产化;成品由单人作业转变为生产线作业;塑料件由腔数少的液压模具、劳动强度大的模压机加工转变为腔数多注射模、注射机自动加工,关键金属件由简单冲模、冲床加工转变为多工位级进具模、高速冲床加工,线圈绕制由半自动改变为全自动绕制等;工作台设计制造从单工序转变为流水的多工序;质量检验由极少量使用检具转变为大量使用检具。

其次,提高企业技术能力。在将引进技术中的每一种材料转变为国产材料、每一套模具、检具、工作台、零部件、产品转变为由企业自己设计、制造时，设计人员、工艺人员、质量检验人员以及技术工人在每一项具体的实践中，经历了一次又一次失败，道路艰难坎坷，最终在失败中探索出了成功的经验。在这一时期，企业具备选用材料的技术能力，设计制造模具、检具、工作台、零部件、产品的技术能力。

3. 跟踪模仿，进一步提高企业技术能力

以施耐德（TE 被施耐德收购）为代表的跨国公司于 20 世纪 90 年代进入中国，在国内投资成立外资公司，与企业竞争。首先，以原装产品与市场上获得认可的企业已批量生产的引进产品开始竞争，当时引进产品与原装产品在质量上或多或少还是有一定的差距，原因有三个方面：一是材料国产化，引进产品所用的许多材料国内都没有或在性能上有差距，国内材料要满足产品质量要求还需进一步改进；二是工装模具加工水平不高，在模具设计、工艺、加工设备、人力资源上都存在很大的差距；三是生产设备精度还不高、自动化程度低。这一时期，原装产品质量好但价格高，国内产品质量相比低但具有价格优势，因此，互相竞争并不十分激烈。但很快外资公司又将企业原技术引进产品的更新换代产品推向市场，与正在生产技术引进产品的国内企业开始了激烈竞争。同国内企业相比，由于它们具备很强的产品开发、产品质量优势，加上国内低廉的成本（包括人工成本、原材料、外协件外购件成本）优势，以及国内很多大中型项目、重点项目在设计上就指定使用外资企业产品的特殊待遇。因此，它们很快占领了国内部分市场，并快速增长。从这一时期开始，企业明显感觉到了来自对手的竞争压力，从 20 世纪 80 年代末、90 年代初的产品在市场上供不应求、用户带着现金到企业等产品的状况，转变为走向市场推销产品的局面，企业真正体会到了市场竞争。

跨国公司的竞争优势主要来自于其公司总部的支持，生产控制电器的跨国公司依靠自己百年的发展历史，走过了控制电器发展的各个阶段，积累了丰富的产品开发、零部件制造经验，走出了自己的一条产品技术轨道，掌握

了从原材料检验到零部件、成品生产的各道工序的工艺。在产品发展的各个阶段，根据零部件的材料、结构、精度要求自己制造或委托专业公司制造工装模具，根据零部件生产的各道工序自己制造或委托制造工装设备并制定工艺，根据不同的产品委托制造专用的生产线（包括在线100%检验）。而企业刚完成引进技术，虽然经过引进、消化、吸收阶段，技术水平有了很大的提高，但无论从产品所用的原材料还是产品技术、工艺流程、零部件加工水平到产品装配水平等都与跨国公司相比还有很大的差距，与它们相比唯一的竞争优势就是价格。

面对严峻的市场环境，应该走怎样的产品发展战略已摆在企业的面前，按照行业产品生命周期计算，生产目前的技术引进产品能够使企业维持约10年的时间，而开发新产品到形成大批量生产约需要5年的时间。因此，企业必须做出战略决策，制订新产品开发计划。为了发挥技术引进优势，充分应用国产化过程积累的技术能力，企业开始跟踪模仿技术引进的跨国公司换代产品，这也是在当时技术引进企业面临原跨国公司进入国内后的必然选择。采取跟踪模仿的方式有以下优点：①技术引进企业可以在原引进的基础上，比较方便地跟踪行业发展的趋势，比较顺利地模仿开发成功新一带产品，提高独立跟踪模仿开发能力。②产品开发周期长，主要是产品构思设计、模具制造、型式试验、产品认证试验时间长，一般需要2~5年的时间。企业为了生存，必须缩短产品开发周期，只有跟踪模仿，才能快速参与市场竞争，占有市场一定份额。③国内大环境的影响，开放的经济环境使得各行各业对低压电器产品的需求量剧增，大量的跨国公司进入国内参与市场的竞争，不容许企业花费时间开发新产品。④产品开发成本高，低压电器产品体积虽小，但几乎所有的零部件都是模具加工出来的，一个系列产品少则100多套模具，多则几百套、上千套模具。在开发阶段，一个零部件投一套模具往往不可能一次成功，企业没有足够的资金投向这些模具，采取外协模具办法，但外协厂家在产品开发时期不愿冒产品技术、市场销量的风险投模具，他们大多愿意在产品批量生产后投模具。⑤企业被跨国公司优良的产品所折服，没有信心开发新产品。⑥当今产品开发集成化高，企业缺乏集成资源。⑦企业缺乏技术创新激励机制，不能有效调动技术人员产品创新的积极性，技术人员最主要的动机，就是以比较小的经营风险维持企业的生存。

在此阶段，第一代技术人员指导第二代技术人员，跟踪模仿换代产品，从产品设计、模具设计制造、工作台设计制造、零部件加工、成品装配到等，他们全面地将技术引进积累的能力通过传帮带、干中学方式传递下来。同时也针对原设计不合理的地方进行了改进。

20世纪90年代后期，外资公司在市场上推出了换代产品，企业在2000年以后也在市场上推出换代产品，此时国内企业与外资公司的产品质量已相差无几，但跨国公司在国内建厂的成本优势也充分显示出来，不仅人员国内化、零部件国内化，甚至材料也国产化，使得产品的成本大幅度降低，产品价格仅略高于企业的产品价格。企业经过引进、吸收、消化和跟踪、模仿设计制造阶段，技术能力有了很大的提高，完全掌握了产品、工装、工作台的设计制造技术以及零部件设计制造技术，并且培养了大批技术人员、技术工人。在这一时期，外资公司的优势是品牌优势，百年历史的跨国公司与国内30年历史的小企业相比，无疑品牌占有绝对优势，他们已被世界所公认和知晓。在产品性能、质量以及价格相差无几的情况下，会有哪些用户对企业的产品情有独钟？除非用户了解企业、使用过企业的产品。在20世纪90年代以前，在低压电器市场上还知道有一些国内企业，而现在只有工作时间长的人知道，年轻的一代恐怕只知道外资公司，因为他们一参加工作听到的、接触到的就是外资公司。其原因有三个方面：一是国内企业历史没有外资公司悠久，规模没有外资公司那么大；二是国内企业没有足够的资金与外资公司竞争做广告宣传；三是用户不了解国内低压电器产品的现状。

4. 面对技术和专利保护，走向自主创新

从技术引进到跟踪模仿，企业在取得了较好经营业绩的同时，也清楚地知道，企业在沿着别人的技术轨道在发展。在跨国公司对产品专利技术保护项目越来越多的情况下继续跟踪模仿，就时刻要避开专利保护。难道自己就

没有产品开发的能力吗？答案显然是否定的，因为以下四个方面证明了企业具备自主开发的能力：①企业在技术引进前就已经具备了产品自主开发的能力，只是没有形成系列的产品开发，但当时技术人员已具备了根据用户的使用条件按照自己的思路开发产品。②在20世纪80年代初技术引进过程中，老一代技术人员肩负着企业委托的历史使命，也充满着将自己的知识和才能回报企业的热情，为了将引进技术早日消化吸收，尽快使引进产品国产化，历经5年进行包括产品图纸、工作台图纸、模具图纸、检具图纸、工艺文件、材料标准、检验标准等在内的技术资料的转换。然后通过技术改造、模具制造、工作台制造、检具制造、零部件加工、产品试制、型式试验等，他们为此付出了辛勤的劳动，也取得了圆满的成功，同时也积累了丰富的技术经验，最后凝结成公司的实力。③在后来的跟踪模仿阶段，年轻的一代技术人员在老一代技术人员的指导下，在已取得技术经验的基础之上，分析研究生产过程中出现的问题、用户反馈的意见，在模仿开发的更新换代产品上进行了全面改进，很快得到了用户的认可和好评。同时，为了满足不同行业用户的特殊要求，对部分产品又成功自主开发了防护型、高原型、环保型等系列产品。④经过近几年较快速的发展，企业也有了一定的经济实力，再加上国家在新产品开发上的政策扶植，以及公司对产品开发的客观要求，都使得企业的自主开发能力大大增强。

公司走自主创新的必要性体现在以下几个方面：①目前面临外资公司和民营企业同质化产品竞争的巨大压力，外资公司产品国产化以后，其价格已从原来的高价位降到接近公司的产品价格，并且具有上乘的质量和良好的品牌，民营企业以低廉的价格和逐步提高的产品质量已占领了国内很大市场，所以公司仅赢得了国内具有一定影响力的部分知名公司的认可。②跟踪模仿开发的模式已面临着严峻的考验，外资公司将产品关键设计技术在国内申请了技术专利，或者说将能保护的都进行了专利保护，采取跟踪模仿开发就得时刻提防、回避专利。"照猫画虎"是自己没有找到虎而照着猫来画虎，起码自己的目的是很明确的，而跟踪模仿开发是有虎但虎的所有者设置合法规定不允许你画得一模一样，这样如果没有自主的创意，其结果就成了没有意图的"四不像",并且在今后也不可能产生可持续的发展轨迹。③其他行业的发展历史也证明了公司必须走自主创新的道路,从大飞机、动车组、汽车、电信到许多行业的中、小型企业都成功走向了自主创新的道路。

五、研究结论

1. 深刻领会和掌握引进技术

20世纪80年代技术引进,国际知名公司主要从经济利益的角度出发,与我国同行企业洽谈专项技术转让,由于所处的历史环境不同,客观地说他们基本上将技术转让产品的全部技术资料转让给技术引进企业。从现在技术保密的角度来看,在技术引进时,是否有由于保密而没有转让的技术,从当时或直到现在来看没有发现蛛丝马迹。因此,技术引进使企业由生产20年、30年不变的落后产品,迅速跨入了生产国际先进产品的行列。虽然国际知名公司没有将当时正在研发的产品或作为技术储备的产品转让,但其技术差距仅是一代产品。由此可见,技术引进产品是具有先进性的。那么,在引进、消化、吸收以及国产化的过程中,技术引进企业是否掌握了包括设计思想、设计原理、设计结构、材料选择、零部件设计、模具设计、工艺流程、工艺参数、检验方法等在内的全部技术呢?首先,应肯定、承认技术引进企业在引进过程付出的努力,但是,根据后来许多技术引进企业走向跟踪模仿的现实可以做出初步的判断,引进技术还没有完全被企业所掌握,企业只是学会了按照现成的产品图样、技术文件、工艺文件等复制生产,而没有学会应用这些技术自己研发新的产品。从另外一个角度观察,技术引进企业要完全掌握引进技术,或许后来的跟踪模仿是必经之路。因为在技术引进过程阶段,由于企业受经济利益的驱动,迫切需要将引进技术快速产业化,企业没有多余的时间深刻领会和掌握引进技术,只有经过后来的跟踪模仿阶段,企业才有比较充足的时间对引进技术深刻领会和掌握。

经过技术引进、跟踪模仿两个阶段,企业必须掌握引进技术,这里所说的"掌握"是将上面所说的从设计思想到检验方法,经过学习理解、融会贯通、灵活应用,自然转变为企业自己所拥有的经验和知识,这是以后企业自主创新的前提;如果企业没有掌握引进技术,或只是个别地、部分地、一知半解地掌握,那么企业就不可能自主创新出等同于或优于国际知名公司的产品,这时不要谈自主创新,企业还没有达到自主创新的基本平台,如果企业非要自主创新,就和闭门造车一样,则其产品肯定会被市场所遗弃。

2. 分析研究产品技术改进特征

在跟踪模仿阶段,识别出国际知名公司产品在原来产品的基础上的改进特征,以及研究清楚其改进的原因,就掌握了产品的发展趋势,如果及时将其产业化,就紧跟上了产品发展的技术水平。那么,怎样识别改进特征呢?由以上案例研究可以看出:①企业要明确跟踪模仿的目的。在技术引进的基础上,跟踪模仿是进一步的深层次的学习,而不是不管是什么原因,别人这样技术改进,我就这样技术改进,只要把产品模仿出来即可。②产品研发人员以研究技术改进特征为主要任务,而不是以模仿产品为主要任务。跟踪模仿是为了使研发人员继续学习,在进一步学习引进技术的同时,对国际知名公司产品的技术改进特征进行认真的分析研究。③采取比较法分析研究技术改进特征,即将技术改进产品与技术引进产品或原产品进行全面分析比较。从产品的外观形状、内部结构、零件材料、零件结构、零件尺寸变化,到性能变化、用途变化、使用环境等逐一仔细研究,识别不同之处,研究清楚技术改进的原因。④研发人员以将这些技术、经验转化为自己的知识、技术平台为主,而不是仅仅为了学习而学习,始终不能将技术、经验转化为自己的。

3. 持续积累技术能力

企业只有在技术引进、跟踪模仿阶段认真学习、分析研究，并不断进行总结，才能将国际知名公司先进的产品所具有的技术、经验、技巧转化为自己的技术能力，也就是企业自己所具有的技术平台。随着学习、分析研究的进行，技术能力将会逐步提高，企业的技术平台也将会逐步上升。需强调的一点是，企业应在各个技术人员对引进技术的学习以及对跟踪模仿的技术改进特征的分析进行研究的同时，将学习、分析研究的结果及时制订成技术文件、工艺文件，形成企业规范化的文件，这就是所谓的"总结"。否则，每个技术人员各自将学习、分析研究的结果只放在自己的头脑里、据为己有，就不可能成为企业的技术能力。

4. 树立自主创新的信心

企业既不能盲目地进行自主创新，也不能失去自主创新的信心。在没有对引进技术、跟踪模仿的学习、分析研究以及不断进行总结的基础上，盲目地迎合自主创新，将会成为闭门造车、空想主义。利用技术引进、跟踪模仿的方式，学习国际同行业的先进技术是两条便捷的途径，但也不能因为经过学习知道了别人的先进技术，就失去了创新的信心，认为自己不可能具备自主创新的能力，只能模仿跟踪别人的技术。党的十七大提出："提高自主创新能力，建设创新型国家"，是国家发展战略的核心，是提高综合国力的关键。要坚持走中国特色自主创新道路，把增强自主创新能力贯彻到现代化建设的各个方面。企业要树立自主创新的信心，在学习过程中持之以恒、坚忍不拔，努力使自己尽快达到自主创新的技术平台，从而投身到自主创新中去。

参考文献：

[1] 路风：《走向自主创新：寻找中国力量的源泉》，广西师范大学出版社 2006 年版。

[2] 张风海、侯铁珊:《技术创新理论述评》,《东北大学学报》,2008 年第 3 期。

[3] 张荣峰、章利华:《自主创新的理论、国际经验和模型构建》,《世界经济与政治论坛》,2006 年第 4 期。

[4] 梁三来:《关于自主创新问题研究观点综述》,《经济纵横》,2006 年第 11 期。

[5] 陈劲:《从技术引进到自主创新的学习模式》,《科研管理》,1994 年第 3 期。

[6] 傅家骥、施培公:《技术积累与技术创新》,《数量经济技术经济研究》,1996 年第 11 期。

[7] 刘国新、李兴文:《国内外关于自主创新的研究综述》,《科技进步与对策》,2007 年第 2 期。

[8] 杨德林、陈春宝:《沿技术轨道创新与高技术企业成长》,《当代经济科学》,1997 年第 5 期。

[9] 谢燮正:《科技进步、自主创新与经济增长》,《软件工程师》,1995 年第 5 期。

[10] 傅家骥:《企业重建与技术创新》,《科技潮》,1998 年第 8 期。

第六章 开放式系统创新模式研究
——以中药企业天士力集团为例

一、文献回顾与问题的提出

全球经济的快速发展及经济全球化进程的加快,使企业置身于更加激烈的市场竞争中,密集的技术创新活动逐渐成为企业生存和发展的关键。最初,企业大多采取"封闭式创新"模式,即企业主要依靠自身力量开展技术研发活动。然而,进入20世纪末期,外部创新环境的变迁促使企业的创新模式产生了新变化。首先,产品生命周期缩短加剧了技术创新的时间和成本压力,仅靠单独一家企业的资源和能力难以在竞争中取胜。其次,技术复杂度提高与知识更新速度加快要求专业化分工,大部分企业只能掌握某个特定技术领域的专业化知识。此外,知识流动更加广泛与频繁增强了技术创新活动的外部性,日益广泛的技术溢出使企业技术创新的可收益性大打折扣。最后,产业链的"短板"环节造成整个产业链创新的"木桶效应",只有产业链各个环节相互配合,才能保障技术创新的最终效果。在新的创新环境下,越来越多的企业开始寻求外部创新源,采取各种方式与外部主体开展交流与合作,其主要目的是获取创新资源、缩短创新周期、降低创新成本和风险等。这种现象引起了学术界的密切关注,并提出了与"封闭式创新"相对立的"开放式创新"(Open Innovation)概念,强调了创新的来源不仅包括企业内部，还包括企业外部，企业的技术创新过程是开放性的（Chesbrough，2003）。环境的改变打破了"封闭式创新"模式下的良性循环逻辑，使新技术商品化的范围从原来的同一个企业内拓展到新建企业中，使资金的来源也从原来同一个企业的内部研发投入拓展到外部风险投资资本，从而形成了一种开放式的新逻辑（范保群，2007）。一些大型跨国公司如宝洁公司、英特尔公司等在20世纪末纷纷大幅提高外部创新源的比例。并且，这一趋势正从高技术领域扩展到更广泛的领域，逐渐成为取代原有范式的主流创新模式（Chesbrough和Crowther，2006）。借助这一模式，企业可以实现内部知识与外部知识的整合，以及技术与市场的整合。

20世纪70~80年代，针对当时外部环境的变化给企业技术创新带来的挑战，一些学者探讨了企业技术、组织、制度、管理、文化等内部创新要素的集成，指出各种要素相互匹配能够产生协同作用，进而提高企业技术创新成效。他们的研究是"集成创新"（Integrative Innovation）思想的雏形。1998年，哈佛大学教授Marco Iansiti提出了"技术集成"（Technology Integration）的理念，被认为是集成创新概念的首次提出。他认为，通过组织过程把好的资源、工具和解决问题的方法进行应用称为技术集成，它对于技术研发的效果提升产生了巨大的推动力（Iansiti，1998）。这一观点引起了学者的广泛关注，讨论主要集中于两个层面：一方面，集成创新概念强调技术创新与市场需求的紧密结合，以解决技术资源与实际应用之间的脱节问题（Staudenmayer和Cusumano，1998；Tang，1998；慕玲、路风，2003）；另一方面，在创新管理领域中，更高层次的集成是指技术创新与组织、制度等由分化走向融合，集成创新的构成要素主要包括技术、知识、组织、战略和文化等（江辉、陈劲，2000；许庆瑞等，2002；陈劲，2002；余浩、陈劲，2004）。基于集成创新的第二种理解，本章提出"系统创新"（Systematic Innovation）的概念，即通过技术、组织、管理、机制和市场等各种创新要素的相互融合，能够提升整个创新系统的效率和效果，从而形成独特的创新能力和竞争优势。

理论分析和实践证明，开放式创新和系统创新是当前环境下企业技术创新的重要实现模式。然而，对于二者关系的研究却较为匮乏。目前有关开放式创新支撑体系的研究主要关注外部因素，如：技术系统、区域经济模式、制度环境和国际技术环境等（陈莞、谢富纪，2007）。为了企业更好地开展技术创新活动，讨论两种模式的相互结合与作用机制具有一定的理论和现实意义。

二、研究思路与方法

本书认为，开放式创新与系统创新是彼此依赖、相互促进的关系，企业技术创新的成功需要二者的有机结合。开放式创新拓展了企业创新要素的来源，通过内外部各种要素的整合，可以有效提升技术创新成效；而系统创新增强了各种创新要素的联系，依托系统性创新体系的建立，能够充分发挥多种要素的协同效应。兼具开放性和系统性的技术创新模式有利于企业技术创新活动的顺利开展。

一方面，开放式创新是系统创新的重要保障。一个完整的创新体系不仅包括技术研发体系，还包括来自各个方面的支撑体系。首先，要构建高效的技术研发体系，需要在组织结构中设立多个分工明确的技术研发部门，同时要投入大量的资金、设备、人才等资源，往往超过了单个企业所能承担的范畴。其次，要建立起庞大的技术创新支撑体系，需要与技术研发体系相适应的灵活的组织结构、科学的管理方法、有效的运行机制和有效的市场营销。这些都需要企业与外界的沟通与合作。总之，依靠某个企业"单打独斗"很难建立起完善的创新体系，必须依靠外部力量，走开放式创新之路。

另一方面，系统创新为开放式创新提供了平台。企业与外部创新源的开放合作需要一个与内部进行对接的平台，而系统的技术创新体系正好提供了这样一个平台。首先，企业内部拥有独立的研发部门、规范的研发组织及专门的研发人员是对外开放合作的资本。其次，企业内设立完整的研发组织并开展持续的研发活动，能够提升组织的知识学习能力与吸收能力，从而增强开放式创新的价值。综上，企业技术创新的开放性必须以内部的系统创新为基础，通过外部创新源与内部创新体系的对接与融合，才能最好地发挥开放式创新的效果。

基于以上分析，本章提出一种企业技术创新的新模式——"开放式系统创新"模式，其内涵是指：将企业的技术创新活动视为一个对外开放的大系统，企业可以从外部环境中获取所需的创新资源，或者与外部主体共同参与创新过程。与此同时，需要实现系统内技术、组织、管理、机制和市场等要素的融合，才能有效提升技术创新活动效果，并显著增强企业技术创新能力。

根据研究问题的特点，本章采用了探索型案例研究方法，旨在揭示开放式系统创新模式在企业技术创新实践中的具体运作方式，以及对企业创新效果和创新能力产生的作用。案例研究的对象选取了我国现代中药产业中技术创新较为成功的天士力集团。中药产业不仅是我国民族产业的典型代表，更是我国历经数千年沉淀下来的独有的文化宝藏。若想保持并最大限度地发挥这一比较优势，就必须在坚持传统中医理论指导的前提下，尽快实现中药产业的现代化和国际化。而这一切都要靠中药企业的技术创新来实现。天士力集团在15年的发展历程中，成功实践了开放式系统创新模式，大大加快了技术创新步伐，并显著提升了技术创新能力。剖析天士力集团创新模式的运作方式及效果，对其他企业有一定的借鉴意义。

三、模式作用机制：外生要素到内生能力的转化

开放式系统创新模式能够使企业内外部创新要素实现有机融合，从而使整个创新过程更加顺畅、高效。模式的作用机制实质是外生要素通过创新系统平台转化为内生能力的过程。企业对外生要素的吸收与转化过程主要表现

为三种类型：第一类是"过程参与型"，包括产学研合作研发活动以及用户组织参与的研发活动；第二类是"资源输入型"，包括来自企业外部的人才、技术和资金等要素输入；第三类是"双向反馈型"，包括用户需求信息的输入以及创新产出的市场化。外部主体利用不同的方式参与到企业技术创新过程中。在内外交互过程中，企业内部的研发体系、组织结构、管理方法、运作机制和市场营销等要素发挥协调作用，以提升内外交互的效率与效果。由此，企业技术创新过程集合内外部要素，形成一个对外开放的大系统。表6-1对三种转化机制进行了比较。

表6-1 外生要素到内生能力的三种转化机制比较

转化机制	过程参与型		资源输入型	双向反馈型
外部主体	产学研	用户组织	市场	终端用户
参与阶段	基础研究 应用研究	产品开发	创新资源投入	产品设计 产品试验 商业化
参与方式	股权合作 契约合作	信息交流 契约合作	市场交易 风险投资	市场调查 售后服务
要素输入	科学基础知识	产品应用知识	人才、技术、资金	需求信息
系统支撑	研发体系 项目管理 利益分配机制 知识产权保护机制	信息沟通机制 知识产权保护机制	灵活组织 激励机制 技术采购 融资管理	市场营销 客户服务
能力输出	学习与吸收能力 技术研究能力 创新活动管理能力	产品开发能力	创新投入能力	产品开发能力 商业化能力

资料来源：作者绘制。

1. 过程参与型转化机制

（1）产学研合作研发活动。在当前创新环境下，产学研结合逐渐成为技术创新的主流模式。产学研合作主要是在基础研究和应用研究阶段，按照合作双方关系的紧密程度，参与方式通常包括股权合作与契约合作两大类。除资源共享外，高校和研究机构等外部主体掌握了技术创新所必需的科学知识，它们向企业输入的关键创新要素是科学基础知识。尤其在"以科学知识为基础（Science-based）"的行业技术范式下，高校和研究机构是最主要的创新知识源，企业很难脱离他们独立开展技术研发活动（Marsili，2001）。制药行业就是一个典型代表，有关药效和药理的基础研究大都集中于医学院校和研究机构中，企业几乎不可能独立承担新药研发工作。为了更好地学习和吸收这些关键知识，企业内部创新系统必须从组织、管理和机制各方面予以支撑。首先，产学研合作需要企业在内部设立专门的研发部门并配备专门的研发人才，只有企业内部建立了系统的研发组织，才能更充分地进行合作，并吸收合作方掌握的知识。相反，兼并收购、共建研发机构等合作方式还会促使企业建立起新的研发体系。其次，项目制合作方式是产学研合作的常见方式，成功的合作需要企业具备丰富的项目管理经验、优秀的项目管理人才和较强的项目管理能力。最后，由于外部主体参与了研发过程，这就引发了创新产出环节中的收益分配与知识产权共享问题。实践表明，许多产学研合作最终走向失败，正是由于收益分配环节的矛盾所引发的。因此，企业建立公平、合理的收益分配机制和知识产权保护机制，是保障其享受最终创新成果的关键，同时也是维持长期合作关系的前提。通过产学研合作，企业的学习与吸收能力、技术研究能力和创新活动管理能力均会得到相应提升。

（2）用户组织参与的研发活动。用户组织也可以参与到企业的技术创新活动中，主要体现在产品开发环节，参与方式为紧密的信息交流或契约合作。用户组织将产品应用知识输入企业，并引导企业的产品开发活动。在行业技术范式的分类中，有一种范式表现出明显的"用户知识导向"，即用户作为技术创新的重要知识来源（Marsili，2001）。用户所掌握的行业知识对企业的创新活动非常重要，这些知识决定了产品的主要功能特性和未来发展方向。机床行业便是这种技术范式下的代表性行业。机床被誉为"装备制造业的工作母机"，机床制造企业生产的产品实质是一种技术装备，其功能特性取决于用户组织对制造产品的工具需求，机床产业的发展动力主要来自于下游产业的需求拉动。因此，处于这类行业中的企业必须建立与用户组织之间的长效信息沟通机制，从而深入了解用户组织所掌握的行业知识，必要时还要与用户组织派出的代表合作进行产品开发工作，才能确保最终产品满足用户的需求。由于企业在新产品功能设计等方面依赖于用户组织,因此必须有一套有效的知识产权保护机制来协调合作开发行为。企业通过与用户组织的信息交流与合作,能够更加清晰地掌握产品应用领域的知识,从而提升新产品开发能力。

2. 资源输入型转化机制

企业开展技术创新活动需要从外部获取人才、技术和资金等各种创新资源,获取方式主要为市场交易和风险投资等。首先,高素质的技术研发和创新管理人才已被公认为最关键的创新投入要素。然而,由于技术复杂程度提高、知识型人才流动加快等原因,一家企业很难囊括新技术或新产品开发所需的全部专业人才,于是越来越多的企业开始邀请外部创新人才的加盟。因此,开放、灵活的组织结构,有吸引力的人才引进,培养和激励机制的重要性开始凸显,同时要注意实现内、外部创新人才的目标统一与协调配合。其次,并不是所有的技术都需要企业亲自研发,对于一些通用性较强且较为成熟的共性技术,完全可以通过市场交易方式获得。这要求企业掌握所在行业的技术分类和发展现状,并实施良好的技术采购管理,使外购技术与企业内技术创新活动实现良好匹配。最后,企业的技术创新活动需要强大的资金支持,一些高技术行业中的企业甚至要投入巨额的研发费用。就制药行业而言,根据国际医药巨头的经验,一种新药从研发到上市大约需要 10~15 年的时间,花费 10 亿美元左右。面对这一漫长旅程和天文数字,仅依靠一家企业的自有资金和银行贷款并不现实。因此,采取多种融资手段从市场上成功筹集资金,是企业开展技术创新活动的必要条件。外部创新资源的输入使企业具备更强大的创新投入能力,为研发活动和创新产出奠定了坚实的基础。

3. 双向反馈型转化机制

终端用户与企业之间存在双向的互动关系。首先,终端用户是企业创新成果的使用者，企业最终创新成果必须接受用户的检验，创新产品或服务是否能够满足用户的需求，是整个创新活动成败的根本标准。因此，在产品设计阶段应充分考虑用户的需求，否则企业很可能对创新活动投入大量资源却做了无用功。其次，除去实验室中的产品试验外，用户参与新产品试验过程已经成为一种普遍做法。以制药行业为例，创新药物在医院进行一定时期的临床试验是行业规范的硬性要求。通过参与新产品试验环节，用户可以向企业及时反馈产品应用情况，并提出产品改进建议。由此，企业必须打造与用户之间的信息反馈通道，并采取灵活多样的信息反馈机制，例如：通过市场调查获取用户的需求信息、开通用户服务热线等。最后，对于一些非专用性的创新产品，企业需要主动将其推销给用户，从而实现产品的商业化并从中获取创新收益。目前绝大部分产品市场均为竞争性市场，企业需要制定并实施有效的营销策略，提供完备、快捷的售前和售后服务，才能在激烈的市场竞争中成功实现新产品的商业化，进而保证创新活动的可持续性。概况来讲，企业利用终端用户的需求信息反馈，可以及时对创新成果进行改进，使其更加符合用户的要求，从而提升产品开发能力。同时，目标明确的市场营销和及时周到的客户服务也加强了企业的商业化能力。

4. 吸收与转化的良性循环

以上分析表明，开放式系统创新模式能够将外生要素转化为内生能力，企业内部的创新系统在此过程中起到了重要的支撑作用。实际上，学习与吸收能力、产品开发能力、创新投入能力和市场化能力等内生能力的提升，反过来又可以使创新系统对外生要素具有更强的吸引力，从而形成要素吸收与转化的良性循环。

第六章 开放式系统创新模式研究

四、天士力集团的开放式系统创新模式实践

天士力集团（以下简称"天士力"）成立于2011年5月。自成立至今，天士力始终坚定不移地走自主创新之路。企业从主导产品"复方丹参滴丸"的研发和产业化入手，带动形成了一条联结药物研发、药材种植、中药提取、制剂生产和市场营销各环节的现代中药产业链，并实现了中药生产全过程的标准化和质量控制；通过自主开发、合作开发、委托开发等方式构建了一条完整的新药研发技术链，实现了从"工艺突破"到"产品研发"的跨越发展，从改剂型的"二次创新"向新组分的"原始创新"模式迈进。天士力在打造完整的技术研发体系的同时，从组织、管理、机制和市场全方位构建创新支撑体系，同时与外界积极、主动地开展联系与合作，保持了整个创新系统的开放性。

创办以来，天士力走出了一条独具特色的自主创新之路，取得了令人瞩目的创新成果，创新能力也逐步得到提升。本章按照"环境—战略—行为—绩效"的分析范式，深入剖析天士力的创新环境、创新战略、创新模式与能力提升过程，旨在揭示天士力的"开放式系统创新"模式实践过程与创新能力提升路径，以期对我国企业的自主创新活动有所启发。

1. 天士力的自主创新战略选择：市场环境与技术特征

企业自主创新战略的选择取决于外部客观环境和自身主观意志的共同作用。与大多数中国企业始于技术引进和模仿的路径不同，天士力从成立之日起便踏上了自主创新之路。天士力的自主创新战略选择，不仅体现了振兴民族医药的主观意志，更是面临客观环境的必然选择；不仅由严峻的中药市场竞争环境所决定，更是行业技术特征的必然要求。

从市场环境来看，国内中药产品同质化现象严重，陷入了低水平竞争的怪圈，而国外对中药的认可程度不高，中药药品尚未进入国际主流市场；反之，"洋中药"正大举入侵瓜分国内市场份额。面对内忧外患的市场竞争态势，天士力深刻体会到了技术创新及标准化建设的重要性和紧迫性。从技术特征来看，中药行业的"流程工业"属性决定了必须以核心工艺创新为突破口；中药技术的"科学基础"特征决定了产学研结合等"开放式创新"的必要性；中药产品严格的"质量控制"标准决定了产业链创新是企业保持技术领先地位的必然选择；中药行业正处于"技术范式跃迁"时期，这为企业创造了从改进产品剂型、改变有效组分的"二次创新"向突破传统配方、开发新配伍的"原始创新"的提升机会。

基于对自主创新环境的深入剖析，天士力确立了"以核心工艺突破实现技术领先"的自主创新战略，并采取了"开放式系统创新"的战略实现模式。其战略内涵和实现路径为：以"行业技术领先者"为战略目标，坚持"市场需求导向"，以"核心工艺创新"为突破口，紧密协调工艺创新和产品创新活动，在此过程中逐步实现能力提升，并延伸至整个产业链条的创新，同时注重组织、管理、机制和市场各要素与技术的协同推进，形成坚实的创新保障体系，确保创新的可持续性。

2. 天士力的自主创新体系构建：兼具开放性与系统性

天士力的成功并不取决于自身某一项技术或某一个环节的创新，而是源自其成功实践了兼具开放性与系统性的"开放式系统创新"模式，从而实现了在行业中的技术领先优势。天士力"开放式系统创新"模式具体表现在两个方面：一是与掌握中药研发关键知识与技术的高校、研究机构等建立合作关系，针对新药研发特点创建了完整的技术链；二是构建了系统的自主创新体系，包括起主要作用的技术研发体系和起辅助作用的创新支撑体系。

（1）以"开放式创新"模式构建完整的技术链。新药研发过程具有高投入、高风险、长周期等特点，企业的技术创新活动迫切需要来自外部主体的

第六章 开放式系统创新模式研究

配合。天士力根据中药新药研发的特点,采取"开放式创新"模式,与哈佛大学、浙江大学、天津大学、中国中医研究院、全欧中医药学会、中日友好医院等广泛开展长期合作关系,通过自主研发、合作研发、委托开发等方式,构建了一条完整的新药研发技术链,覆盖了从基础研究、加工工艺、质量控制到试验评价等各项技术,形成了"生产一代、储备一代、开发一代、研制一代"的新药开发体系。

天士力新药研发技术链的构建方法为:一是自主研发核心技术,持续提升优势技术。天士力根据自身条件,积极研究建立缺少的或薄弱的中药新药研发平台和相关技术,同时不断提升已有的优势技术,如中药提取分离、制剂和质量控制等,在新药研发的装备和技术上不断取得突破。二是合作研发前沿技术,联合组建研发平台。针对前沿技术开发投入大、周期长、风险高、与基础科学联系紧密等特点,天士力与高校、科研院所建立长期稳定、联系紧密的合作关系,通过共同建立新药研发技术平台,实现人才、设备和信息等要素的共享,企业能直接利用技术平台进行新药研发,如组分配伍、药效及机理研究等,缩短了研发周期,提高了攻破前沿技术的成功率。三是委托开发辅助技术,消化吸收成熟技术。天士力通过委托、外包等形式充分利用其他现有的新药研发技术平台和相关技术,如安全评价、药物发现等,在引进技术的同时,对技术进行消化吸收,实现技术真正地转移到企业,为企业所用。四是紧密跟踪技术发展,调整完善技术平台。天士力时刻关注中药新药研发技术的发展趋势,根据中药研发需求不断调整各个技术平台和相关技术,完善创新中药新药研发技术链,开发出"粉针剂"等中药新特制剂。

(2)以"系统创新"模式打造强大的创新体系。制药行业是典型的技术密集型行业,企业在长期的技术创新活动中,有必要构建系统、强大的创新体系,"系统创新"模式是企业的最佳选择。天士力的自主创新体系主要由两部分组成,以四层次的技术研发体系为核心,从组织、管理、机制和市场四方面构成强大的支撑体系,从而确保自主创新活动的顺利开展(见图6-1)。

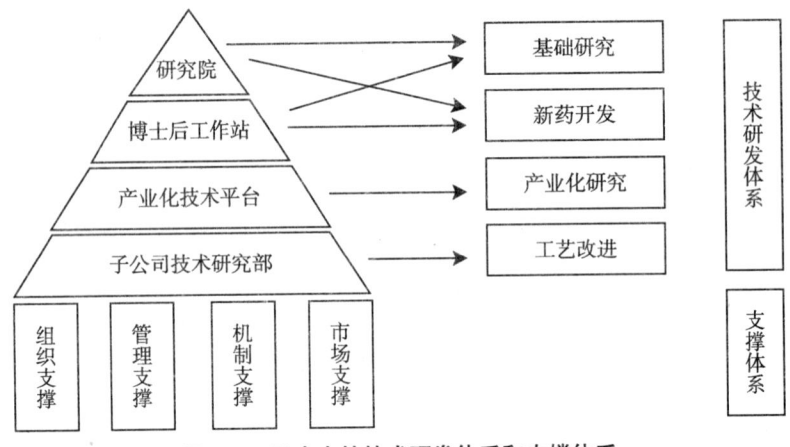

图 6-1 天士力的技术研发体系和支撑体系

天士力的技术研发体系由四股力量构成：天士力研究院中药研究所、天士力博士后工作站、产业化技术平台和子公司技术研究部。各个主体独立承担相应的创新任务，并且相互配合，产生协同作用，覆盖了"基础研究—新药开发—产业化研究—工艺改进"的各个环节。由研究院和博士后工作站构成的研发平台与产业化平台的密切结合，可促使基础研究成果尽快地转化为生产力，进一步提高了产品的品质和效益。而子公司技术研究部与两大平台的紧密沟通，有助于基础研究有的放矢，提高研发效率和效果。依托高效的技术研发体系，2002 年 12 月，天士力技术中心被正式认定为国家级企业技术中心。

天士力的自主创新过程是一个全面、系统的创新过程，在开展技术研发活动的同时，灵活开放的组织结构为创新活动提供了组织基础，"没有围墙的研究院"聚集了大批优秀的创新人才；高水平的项目管理能力保障了项目运行质量，先进管理方法的运用提升了创新效率；公平合理的人才培养和激励机制，能够最大限度地激发员工的创新热情，营造最有利于创新的企业文化氛围；定位清晰、方式多样的市场营销策略，保障了创新活动的可收益性。

在组织支撑方面，天士力自主创新的成功首先归功于灵活开放的组织结构设置：①天士力集团控股多家独立经营、自负盈亏的子公司，分别负责固体制剂研究、粉针剂研究、中间提取物研究等不同的技术创新领域，另外还有专门负责药材种植和产品营销的子公司，全面覆盖了中药产业链的各个环节。相对于其他竞争对手而言，处于下游的子公司能够优先获取上游子公司的研发信息并与之交易，如负责固体制剂研究的公司可将中间产物出售给负责中间提取物研究的公司。这种集团化运作方式加强了产业链各环节之间的联系，从而加速了技术创新步伐。②为增强企业技术创新能力，天士力以开放式思维建设了"没有围墙的研究院"，以天士力研究院为科技创新基础平台，按照"不求所在、但求所用、成果所有、利益共享"的原则，先后与国内外十几家科研机构合作，建立研发中心或开展专题项目研究，实现了对科研资源的优化、整合与合理布局。天士力灵活开放的组织结构拓展了企业人才利用范围，尽管其拥有的固定研发人才只有 200 多名，但是可调动的研发人才队伍却非常庞大，可达 500 多人。

在管理支撑方面，天士力是将现代管理融入传统中药行业的典范：①天士力一直倡导并推行项目化管理，目前已具备较强的项目管理能力，于 2006 年获得国际项目管理协会"IPMA 国际项目管理大奖银奖"，成为国内第一家获得此项殊荣的企业。②在日常生产经营中，天士力运用各种先进管理方法，不断提高企业的管理水平，例如：实施 BPR 和 CIMS 系统，打造现代中药生产制造技术平台；运用"丰田模式"的准时化（JIT）和精益（LEAN）生产方式及看板管理，打造先进物流管理配送平台；引入 6σ 质量管理思想，建立数字质控模型，确保质量恒久稳定。《福布斯》杂志曾给出这样的评价："天士力在小小的滴丸中滴进了丰田汽车、戴尔电脑和 IBM 的管理思想"。科学管理方法的运用优化了生产流程，提升了企业技术创新效率，也使其具备了与国际先进企业合作的谈判资本。

在机制支撑方面，天士力通过深刻的机制创新，一方面在内部积极培育良好的创新氛围和精干的创新人才，另一方面在外部广泛建立稳定的合作关系，并构筑有效的知识产权保护体系：①天士力允许员工自由组合成团队，向公司提出创新项目申请，通过评审后，由公司给予资金支持。项目无论成功与否，员工均可再次提出申请。这种自由、宽松的创新氛围极大地激发了员工的创新热情,是天士力创新成果不断涌现的重要保障。②采取全新的用人机制,公司只负责制订统一的科研计划、资金支持和薪资分配,其他不论国籍,不论工作地点,也不论工作方式,都本着"以成果为纽带"的精神,给予合作者充分自主权。③建立"以需求为导向的培训模式",实施公司发展、人才培养与本人意愿相结合的培训管理,组织形式多样的内训和外训活动。建立"专业导师管理制度",由高层管理者担任管理导师,对核心员工进行培养,为实现公司的发展战略提供了人才储备。④提出"知识参与分配"的原则,实行科技人员和高管人员持股计划,并且预留后入职的关键性人才的股份,保证机会均等。⑤以市场为导向,以天士力为技术投资、需求及应用主体,以资产为纽带,以攻克重大关键共性技术和重要标准为目标,发起建立产权明晰、职责分明、互利共赢的"创新药物产学研联合体",在科研管理过程中实施项目化管理,不同项目、不同技术根据实际需求采取不同的合作模式。⑥面对目前国内中药企业专利保护意识淡薄、发明专利申请成功率低、常被国外企业抢先申请专利的困境,天士力坚持实施知识产权保护战略,构筑了由"核心专利、外围专利、防御专利、竞争专利"构成的复合型、网状专利保护体系。

在市场支撑方面,天士力制定了清晰的营销战略,并通过多年努力探索出一条创新的服务营销之路:①天士力确立了"基础市场在国内、目标市场在国际"的营销战略。在国内市场,以市场需求为导向,在市场细分的基础上,提出城市医疗市场、OTC 市场、城乡市场三个运作板块,采取"立足城市,辐射乡村,区域管理,重点突破"的营销策略。在国际市场,形成国际贸易和国际直销两个业务板块、两个组织体系,确立了以直销为龙头、带动分销,从发展中国家向发达国家拓展的国际市场营销模式。1997 年 12 月,天士力的复方丹参滴丸正式通过美国 FDA 的新药临床研究审评(即 IND 审评),并直接进入Ⅱ、Ⅲ期临床试验,向进军国际市场的目标又迈进了一步。②2001 年以来,天士力在全国范围内广泛开展"健康之星天士力行"活动,邀请消费者观摩现代中药的科研、提取及生产的全过程,并与公司的相关负责人面对面地交流、沟通,搭建了一个企业与消费者真诚沟通的平台,消除

第六章 开放式系统创新模式研究

了消费者对现代中药的误解和疑虑。③天士力成立了"健康服务呼叫中心",支持电话呼叫、无纸传真、电子邮件等多种接入方式,具有快捷准确的数据记录和统计功能,不仅是公司与消费者共享信息的平台,还提高了售后服务的质量和时效性。

(3) 实现"开放性"与"系统性"的相互结合。天士力的自主创新模式具有开放性与系统性的双重特征,很好地实现了开放式创新和系统创新的结合:没有外部创新主体的参与,就无法建立覆盖整条技术链和产业链的创新体系;没有开放、灵活的组织结构,就不可能有如此强大的科技人才支撑;没有企业与消费者之间持续的沟通与交流,就难以顺利实现技术创新成果的商业化。反过来,没有系统的创新体系搭建的平台,就不能更好地吸收外部知识和资源投入;没有公平、合理的人才激励机制,就无法留住企业内、外的优秀创新人才;没有科学、有效的收益分配机制和知识产权保护机制,就无法确保企业在对外开放中获取应得的创新收益。坚持二者的协调统一,是天士力自主创新模式成功运行的必要条件。

3. 天士力创新模式的运行效果:企业发展与能力提升

天士力用短短十几年的时间,实现了企业规模的迅速扩张,截至2008年年底,集团资产总额达83.7亿元,累计利税44亿元,实现年销售额66亿元,在全国制药行业综合竞争力排名中列第二位。其主导产品复方丹参滴丸和养血清脑颗粒的市场占有率分别为10%和3%。其中,复方丹参滴丸的年销售额连续7年突破亿元大关,缔造了我国中药产品市场上的一个奇迹。

天士力的迅速崛起源于始终坚持不懈地开展自主创新活动,并在此过程中逐步完成了自主创新能力的积累与提升。综观天士力的自主创新历程,可以大致划分为五个阶段:单一产品的剂型创新阶段、单一产品的产业化阶段、系列产品的剂型创新阶段、主导产品的产业链创新阶段和新产品的配伍创新阶段。目前,天士力正处于从第四阶段到第五阶段的过渡时期。天士力从一个产品的剂型创新,到实现产业化生产,并拓展到系列产品的创新与生产,再到建立主导产品完整的产业链,最后向真正的原始创新药发起冲击。在这条充满艰辛的漫漫创新路上,天士力从简单的设备制造和改进能力,向提取和制剂等关键工艺能力跃迁,再向质量控制和标准化等高层次能力跃迁,最后在能力积累的基础上向组分制备和配伍能力发起冲击。每一个阶段的跨越都基于前一阶段创新能力的积累。

天士力的快速发展与能力提升,与其成功实施开放式系统创新模式密不可分。在良好的合作机制保障下,天士力通过长期、紧密的产学研结合,获取了行业技术领域内关键的科学基础知识,提升了技术研究能力;依托高水平的项目管理能力和项目管理人才,在长期的项目制合作过程中,形成了较强的创新活动管理能力;开放、灵活的组织结构和有效的激励机制吸引了大批优秀的创新人才,增强了企业的创新投入能力;对世界心脑血管疾病患者群的深入调查,目标清晰的市场营销战略,方式多样的消费者沟通反馈渠道,消费者利益至上的理念和及时周到的服务,提高了企业新药开发能力和商业化能力。而所有这些能力的形成与积累,又增强了企业对外生要素的吸引力,同时加速了外生要素到内生能力的下一轮转化过程,从而形成良性循环。

五、结论与思考

本书通过理论分析与案例研究,得出以下结论:"开放式系统创新"模式兼具开放性和系统性的双重特征,在拓展企业创新要素来源的同时,通过创新系统实现内外部要素的有机结合,能够发挥多种要素的协同效应,有效提升企业技术创新成效和技术创新能力。鉴于我国企业目前所处的特殊环境及实力状况,要实现我国建设创新型国家战略,仅靠封闭式的原始创新模式并不现实,必须以企业为技术创新的主体,对内构建系统的技术创新体系,对外借助开放的合作创新活动,才能更好、更快地实现这一宏伟目标,在最短的时间内、在关键技术领域内赶上甚至超过发达国家的研发水平。天士力集团的创新实践深刻印证了这一结论。因此，我国各级政府部门应极力创造良好的经济、制度条件，促使开放式系统创新模式在我国企业中的广泛应用。

同时，在开展此项研究过程中引发以下几点思考：

第一，产业链创新的一体化实现模式不具有可复制性。天士力主导产品复方丹参滴丸的创新取得了极大的成功，其中一个很重要的原因在于，天士力采取了产业链创新的一体化实现模式，即在企业集团内部实现了从药物研发、药材种植、中药提取、制剂生产到市场营销的产业链创新。但是，从现实来讲，这种方式尚不具有广泛的可复制性，即使天士力本身也很难将其复制到其他药品的创新过程中。以药材种植环节为例，科学化、污染少的GAP药材种植基地是药品质量安全的重要保障，也是天士力在激烈竞争中胜出的秘诀。但是，这不仅需要人才、资金和设备投入，还需要考察气候和土壤条件，争取当地政府部门的大力支持，与当地农民挨家挨户进行协商，并派出专业人员对其进行培训。天士力虽然成功建立了复方丹参滴丸三种主要成分的GAP药材种植基地，但要对所有药材实现这一目标并不现实。可以设想，通过药企之间的合作实现药品质量水平的整体提升，每家药企专门负责几种特定药材的标准化种植，相互之间通过协议或市场化方式达成资源共享。总之，产业链创新是发展的必然趋势，但需要多个创新主体的通力合作。

第二，开放式系统创新模式与企业技术创新战略的相互匹配。开放式系统创新是一种有助于企业技术创新的模式。但是，企业技术创新模式的选择必须与技术创新战略相匹配，采取不同战略的企业，运用这一模式的程度和方式应有所不同。对于采取"技术领先战略"的企业而言，其战略目标是掌握行业内最先进的技术，率先研发前沿技术并进行商业化。因此，通过开放式创新模式获取外部创新源至关重要，适合采用长期紧密型（如共建研发机构或长期项目合作等）的方式。同时，这类企业创新模式的系统性也非常重要，其要素主要包括技术、组织、管理、机制和市场；对于采取"技术赶超战略"的企业而言，其战略目标是盯住行业内标杆企业开展研发活动，最终实现赶上并超越标杆企业的技术水平。开放式创新对这类企业的重要性不亚于第一类企业，根据该项技术在企业创新过程中的定位，可以采用长期紧密型和长期松散型（如定期的人才和信息交流等）相结合的方式。保持创新模式的系统性对这类企业也很重要，但是，由于无须像技术领先者一样开拓新市场，市场要素被相对弱化，系统要素主要包括技术、组织、管理和机制；对于采取"技术追随战略"的企业，其战略目标是应用行业内已经成熟的技术，在新产品开发和商业化过程中进行技术改进，以期获得更好的创新成效和更高的创新效率。与前两类企业相比，这类企业投入技术研发的力度较小，因此只需要采取短期松散型（如短期项目合作与市场交易等）的方式即可。吸引和留住几个核心技术人才是这类企业生存和发展的关键，因此其要素主要体现在人才机制方面。由此，开放式系统创新尤其适合像天士力一样采取技术领先战略的企业。

第三，对我国区域创新系统建设及创新政策导向的思考。一方面，区域创新系统建设有助于开放式系统创新模式的运行。区域经济的发展、创新要素的集聚、基础设施与平台建设，以及地方政府的政策扶持，对企业的开放式系统创新活动具有显著促进作用，其效果往往较国家层面的支撑更为快速和显著。另一方面，创新政策应倾向于中小企业并促进合作创新的持续性。首先，从我国现状来看，积极开展技术创新活动并取得突出成效的一般都是大企业，它们都拥有至少一项盈利水平高且稳定的业务作为研发投入的坚强后盾，而这正是为数众多的中小企业所欠缺的，需要利用政策手段为他们创造适宜创新的条件。其次，合作创新的可持续性会影响创新效果和能力形成，一般来讲，长期、持续的合作创新比短期、离散的合作创新效果更好。这是因为，具有可持续性的合作可以增进彼此的信任，提高技术创新的成功率，创造更高的投入产出比，并在企业内实现能力的积累与接续。但是，就我国目前的状况而言，大部分企业的合作创新活动尚不具有连续性，多为临时性的项目合作形式，造成很多有价值的研究半途而废，企业难以完成创新能力的接续。政府部门应大力倡导产学研在某一技术领域中的长期、深入的合作行为，重点是研究一套可行、高效、灵活的合作机制，尤其是处理好利益分配和知识产权问题,开放式创新的效果将会更加明显。此外,还需要对国家教育和科研体制实施相应的改革,给予合作创新主体更大的自主权,充分调用各方的合作积极性。

最后需要指出,本章通过一项单案例研究得出的结论,其普遍适用性有待进一步加以验证。但不可否认的是,从"环境—战略—行为—绩效"的分析范式出发,选择典型行业的典型企业进行深入剖析,是揭示我国企业技术创新现状和问题的最佳研究方式,其实践意义高于基于数据的统计分析工作。今后,应侧重跨案例研究方法在创新管理领域的应用,以便考察行业和区域背景、企业基本特征等因素对企业技术创新活动的影响。

参考文献:

[1] Chesbrough, H. Open Innovation: The New Imperative for Creating and Profiting from Technology Boston: Harvard Business School Press, 2003.

[2] Chesbrough, H., Vanhaverbeke, W., West, J. Open Innovation: Researching A New Paradigm New York: Oxford University Press, 2006.

[3] Chesbrough, H. Open Business Models: How to Thrive in the New Innovation Landscape Boston: Harvard Business School Press, 2006.

[4] Chesbrough, H., Crowther, A.K. Beyond High Tech: Early Adopters of Open Innovation in Other Industries R&D Management, 2006 (3).

[5] Iansiti, M. Technology Integration: Making Critical Choices in a Dynamic World. Boston: Harvard Business School Press, 1998.

[6] Staudenmayer, N.A., Cusumano M.A. Alternative Designs for Product Component Integration. Working Paper of Sloan School of Management, MIT, 1998.

[7] Tang, H.K. An Integrative Model of Innovation in Organizations. Technovation, 1998 (5).

[8] Marsili, O. The Anatomy and Evolution of Industries: Technological Change and Industrial Dynamics. Cheltenham, UK; Northampton, MA: E. Elgar, 2001.

[9] 范保群:《开放式创新——美国高技术公司创新管理新动向》,《中国制造业信息化》,2007年第10期。

[10] 慕玲、路风:《集成创新的要素》,《中国软科学》,2003年第11期。

[11] 江辉、陈劲:《集成创新:一类新的创新模式》,《科研管理》,2000年第5期。

[12] 许庆瑞、刘景江、赵晓庆:《技术创新的组合及其与组织、文化的集成》,《科研管理》,2002年第6期。

[13] 陈劲:《集成创新的理论模式》,《中国软科学》,2002年第12期。

[14] 余浩、陈劲:《基于知识创造的技术集成研究》,《科学学与科学技术管理》,2004年第8期。

[15] 陈莞、谢富纪:《开放式自主创新与其支撑体系互动机制研究》,《科学学与科学技术管理》,2007年第3期。

第七章　需求识别、能力集成与文化驱动
——以卫星通信企业南京中网为例

南京中网通信股份有限公司（以下简称中网公司或中网通信）创建于2000年6月，是一家从事卫星通信设备、卫星网络工程和卫星营运服务的高新技术企业。公司承担了投资总额为1.94亿元人民币的"微机卫星接收系统核心部件产业化项目"，该项目被列为原国家计委首个网络产品产业化示范项目、国家科技部重点支持的科技示范项目、江苏省八大信息化示范工程。中网公司是国内首家引进世界领先的DVB-RCS标准的VSAT卫星主站，该主站系统具有强大的网络管理功能，可以使用户以较低的投入实现卫星双向宽带通信，2005年已投入商业化运营。

中网公司作为国内一流卫星通信设备和服务供应商，曾经为"奥运火炬珠峰登顶"、"汶川地震救援"、"奥运会和残奥会举办"、"神七"载人航天飞行等重大活动，提供了优质的卫星通信和气象保障服务，并得到有关部门的嘉奖。现有客户主要分布在政府、气象、消防、武警、环保、民防（人防）、军工科研、勘测、教育、广电、电信、酒店等行业，分布在江苏、安徽、浙江、吉林、内蒙古、新疆、甘肃、四川、贵州、广东、湖北、宁夏、山东、北京、云南15个省、自治区、直辖市。中网公司非常注重与国内外科技界广泛合作，已与法国阿尔卡特建立广泛合作，并联合共建卫星应用研发中心；与中国亚洲卫星公司形成产业联盟；与南京信息工程大学、解放军理工大学合作建立产学研基地。

中网公司作为一家战略性先导产业的高科技公司，经过不到10年的发

展，走出了一条具有中国特色的集成创新之路，实现了从产品研发到产业化的转变，实现从单一产品向系列化产品的转变，实现了从设备提供商向系统服务提供商的转变。"快速成长"和"创新成长"应该是中网公司最典型的写照。2007年，中网通信公司实现销售收入1.1亿元，完成计划的130%，同2006年相比，增长幅度超过50%，同2003年相比增长了4.91倍。其中，拥有自主知识产权卫星通信产品（不含广电）占了20%。2007年11月，中网通信被评为国内"优秀VSAT卫星运营商"五强名列第二。2008年通过了国家组织的首批高新技术企业再认定。

实际上，中网公司不仅是一个新兴行业高科技企业快速成长的缩影，同时还是一个成功进行集成创新实践的典范。透过中网公司的集成创新实践，我们将更加清楚地认识到企业是如何选择集成方向的、集成创新的要素是什么以及如何做到持续集成等一系列问题。

一、企业集成创新的三维（DCC）分析框架

"动态的外部环境"不仅对企业的持续创新和成长提出了挑战，同时还是"集成创新"产生的一个特定背景。一方面是技术本身的快速发展和技术生命周期的不断缩短；另一方面是顾客需求也在迅速的变化和提升。面对这一挑战，Dillon，Utterback等分别从创新要素集成的视角探讨了企业技术、组织、管理、文化的综合性创新，提出上述要素的协同和匹配对企业创新成败的具有重要的影响。可以说，"集成"、"综合"、"一体化"的思想已经在企业创新研究中有所体现。但是，大多数学者认为，"集成创新"概念是由哈佛大学教授Marco Iansiti 较为系统提出的。Iansiti通过对芯片制造业公司的研究，从技术集成（Technology Integration）角度很好地阐明了在企业内部是如何进行集成创新的，并认为集成创新为提高R&D的性能提供了巨大的推动力。围绕着集成创新的作用、要素、机制，以及影响集成创新成功的要

素等问题,国内外相关学者进行了大量的理论研究。

中网公司在卫星通信应用领域的自主创新过程中,选择了集成创新模式,进行了大量集成创新实践,积累了宝贵的经验。这些经验不仅值得其他企业进行借鉴,同时还丰富了集成创新理论。对于中网公司集成创新的分析,我们主要从需求(Demand)、能力(Capability)和文化(Culture)三个维度展开,揭示中网公司集成创新的要素和内在机制。

1. 企业集成创新的需求维度

"需求识别"强调的是"技术"和"市场"两个要素的融合、互动和升华,是在一定的技术知识基础上,主动地对市场需求进行深度认知。它是对市场需求概念进行具体化的能力。对于企业从事集成创新活动而言,要解决的第一个问题就是"需求识别",可以说,没有"需求识别"就无从谈起集成创新的方向和目标。换言之,只有在"需求识别"的基础上,才能够进一步组织和协调企业内外部的技术和组织资源,进行有明确目标指向的集成创新活动。

"需求识别"对集成创新活动的目标指向作用具体体现在三个方面:首先,体现在由"概念"向"实物"的转化过程中,也就是从一个"概念化的产品",到形成"产品设计",再到"具体产品的生产和服务的提供"。通过这种转化的过程,通过产品概念的具体化,企业将会发现进行技术集成的"关键起点",将更加清楚所需要的技术以及如何进行技术活动的集成。其次,体现在对"需求概念"理解的层层渗透过程中,也就是"需求概念"从企业的前端传导到企业的每一个层面,传导到相关部门和员工。通过这种层层渗透的过程,能够实现各项组织要素和组织活动的集成。最后,体现在对"需求识别"的检验上,也就是寻找到有效的工作方法保证,企业能够根据实际情况不断调整和修正对客户需求的识别。

2. 企业集成创新的能力维度

企业集成创新不应该只是一个"片断性"的活动,更应该是一个"连续性"、"持续性"的创新活动。同时,在各项"技术要素和活动"、"组织要素和活动"集成的背后,更为核心的是"能力的集成"。"能力集成"强调的是将"技术集成"和"组织集成"结合与升华,形成固化和沉淀在企业内部的惯例,而这种内部的惯例本身就是企业综合能力的一种表现。

集成创新过程本身就是一个各种矛盾不断升华的过程,是一个把握创新方向、速度和深度之间相互协同的过程,是一个将"直接经验"和"现有知识"相结合,不断积累形成企业特有"暗默知识"的过程。实际上,"能力集成"具体表现在三个方面:一是"主客合一",就是企业与客户合一,具有持续进行"需求识别"的能力。二是"内外合一",就是企业内部和外部技术资源合一,能够持续进行"技术活动集成",能够持续进行"知识创新"。三是"知行合一",就是企业内部理念和行动合一,能够持续进行"组织活动集成"。

中网公司在集成创新过程中实现了技术集成和组织集成的结合与升华。就技术集成而言,公司基于产品层面的架构,实现了以核心技术开发为基础,对各类相关技术的集成应用。公司在组织集成实践中,创造了特有的"总调度制"、"项目小组制"等。在实践中,中网公司倡导"实证管理"理念,就是用"事实"来检验各项集成创新实践,用"事实"来引导创新不断改进和完善。实际上,这种管理理念作为无形的内在行动连接体,促成了技术集成和组织集成的不断碰撞和升华,形成了公司特有的内部集成创新惯例。

3. 企业集成创新的文化维度

企业文化对于集成创新而言,就像一种特殊的"场"。无论是企业内部的员工、股东,还是外部的供应商、客户,以及其他利益相关者都被覆盖其中。同时，在这个"场"中企业所有的利益相关者的行为都受到特定价值观的影响。在这里我们重点分析的是"文化驱动"对于企业集成创新的作用机制，换句话讲，就是企业文化是如何驱动技术集成活动和组织集成活动完成的，又是如何上升为能力集成的。

企业文化对集成创新的驱动作用具体体现在三个层面上：一是价值观的战略引导作用，特定的价值观决定了企业集成创新资源配置的优先选择和配置的方式。二是对内的凝聚力作用，特定的价值观构建了企业内部集成创新合作的基础。三是对外的传播作用，特定的价值观认同为企业集成内外部资源提供了切入点和保障。

在中网公司的集成创新过程中，"森林论"得到不断发展完善，并在公司内外得到传播。"森林论"企业文化，不仅从战略层面上依托"强价值观"引导并推动了集成创新实践活动，而且还对内形成了集成创新所必需的团队凝聚力，对外形成了"价值观传播"，成为整合各种外部资源的接入点和价值共识基础。

二、需求识别：寻找企业集成创新的目标

中网公司对于市场需求的识别，经历了一个从卫星应用产业到应用卫星通信的应急产业，到气象、消防、城市应急管理等"领先客户"的发现，再到"定制化"产品模型出现这样一个从宽泛到具体、从模糊到清晰的过程。这些"定制化"产品模型的出现，不仅使中网公司明确了所要选择的技术、技术的来源，以及技术集成的目标和方向，而且还通过这种"定制化"产品模型的层层渗透，企业中相关部门和相关员工都对集成创新的目标和方向有所了解，从而保持组织内部行为高度的一致性。同时，"现场、现物和现实"的"三现"工作原则也保证了"需求识别"的有效性（见表7-1）。

表7-1 中网通信"需求识别"情况一览表

	分类	内容
需求识别	需求识别的三个层面	行业
		领先客户
		产品模型
	需求识别的传导层次	决策层
		相关部门
		员工
	需求识别的检验	现场
		现物
		现实

1. 需求识别的三个层面：行业、领先客户和产品模型

需求识别的第一个层面是"行业"识别。中网公司管理层较早地关注了卫星应用产业，对行业的特征和发展阶段具有了较深刻的认识，并从2000年开始从事"微机卫星接收系统核心部件产业化项目"。公司管理层经过讨论达成共识，中国卫星应用产业不仅具有"一广三重要"的典型特征，而且还处于关键的"转型发展期"（见表7-2、表7-3）。

表7-2 卫星应用行业的"一广三重要"特征

特征	含义
应用领域广	将卫星技术的成果及其开发的太空资源在经济建设、国家安全、科技发展、社会进步等诸多方面的应用。
战略地位重要	卫星应用技术与卫星制造技术具有同样重要的战略地位。
行业地位重要	卫星应用产业是航天产业化的最重要组成部分，不仅经济效益大于卫星制造和发射，而且还是航天产业化发展的不可替代部分。2006年，全球卫星产业销售收入已超过1000亿美元，占航天产业销售收入的比例已超过86%，预计到2010年全球卫星产业的总收入超过2000亿美元。其中卫星产业这个"大蛋糕"的85%的份额，是属于卫星应用产业的。因此，加快卫星产业向商业应用的转变，将卫星技术优势转化为经济发展优势，已成为卫星产业乃至航天产业可持续发展的战略问题，也是我国高技术产业发展一项战略任务。
手段重要	卫星应用是信息化的重要手段。"任何人在任何时间、任何地点以任何方式与任何人"（简称5A）进行通信成为通信行业的新目标和消费者追求的新要求。

资料来源：课题组整理。

第七章 需求识别、能力集成与文化驱动

表 7-3 卫星应用行业的五大转变

特征	含义
正在从"试验应用型"向"业务服务型"转变	以卫星通信广播、卫星导航、卫星遥感应用为核心的卫星应用产业加速发展,建立完整的卫星运营服务、地面设备与用户终端制造、系统集成及信息综合服务产业链,促使卫星应用产业为经济社会发展更好服务。到 2020 年,完成应用卫星从试验应用型向业务服务型转变,地面设备国产化率达 80%,建立比较完善的卫星应用产业体系,促进卫星应用综合业务的发展。
正在从"独立发展"向"融合发展"转变	除了航天领域本身之外,要更加重视卫星产业与计算机信息、应急管理、新材料业、广电、农业、气象、环保、森林、水利、矿业、交通运输、文化娱乐等在技术与产业发展方面的有机联系,促进卫星应用产业及其关联高技术产业的发展。
正在从"市场培育期"向"爆发式增长期"转变	与美欧已进入行业稳定增长期不同,中国对卫星的消费需求正在进入一个高速增长时期。2006 年,全球地面设备制造和卫星运营的增长率分别为 14.3%、18.3%(数据来源:SIA),是全球经济增速的几倍。预计我国卫星应用产业增长将远高于国际平均水平,甚至有可能达到 25%~50%。
正在从"供给驱动"向"需求驱动"转变	长期以来,卫星产业发展都依靠政府投资,依靠资金供给驱动产业发展。当前,要以需求拉动产业发展,不能光靠国家投资;要在技术上过关,研制出适合用户需要的终端产品。具体讲,只有针对客户需求的卫星应用技术创新,才能推动卫星应用产业的发展。
正在从"点式发展"向"集群发展、产业链发展"转变	卫星应用产业本身具有多学科交叉、多产业融合、产品复杂性强的特征。因此,需要运用"集群发展和产业链发展"的思路,形成卫星应用产业体系和创新体系,形成卫星应用企业集群和产业链,形成具有国内外市场竞争力的卫星应用产业。

资料来源:作者整理。

需求识别的第二个层面是"领先客户"的识别。中网公司在对卫星应用产业的发展特征有了清楚认识的基础上,需要进一步对行业的"领先客户"进行识别,找准公司业务发展的突破口。经过对客户需求的差异分析,以及卫星通信技术的本身的优势分析,中网公司进一步将卫星应急通信领域作为业务突破的领域,并在该领域内去寻找"领先客户"。可以说,卫星应急通信需求和卫星通信技术之间具有较高的匹配度。卫星通信技术能够协同各种通信网络和技术手段,使应急人员无论在何时何地、采用何种接入方式,都可优先利用残存的通信资源建立呼叫或会话、保持应急情况下通信的畅通。这一特点决定了卫星通信在该领域的技术功能和商业价值。虽然固定电话网络和移动通信费用较低、容量较大,但是固定网络和移动网络的覆盖范围毕竟有限,而应急通信事件却经常会发生在没有或不可能建立固定通信网络和

移动通信网络的地方,这时候就需要使用卫星通信手段。卫星通信距离远,且不受地面条件的限制,其灵活机动的独特优势能够以优异的性能和迅捷的速度实现地面传输手段无法满足的地点之间的通信,非常适合应急通信的需求。

另一方面,近年来紧急事件的频发使应急通信的需求更加凸显。人们逐步意识到必须在平时完善通信体系,使其达到应急通信保障的要求,才能在紧要关头有效应对突发公共事件,例如,"SARS"、南部雪灾及四川汶川地震等,既考验了我国政府的应急响应能力,也考验了我国通信网络的应急通信保障能力。同时,国家政策的出台也有效激发了应急通信需求的进一步"显性化"、"现实化"。2006年1月8日,国务院正式发布了《国家突发公共事件总体应急预案》;2006年1月24日,国务院又专门发布了《国家通信保障应急预案》。此后,国家还将城市应急联动系统建设纳入"十一五"发展规划。

需求识别的第三个层面是"产品模型"的识别。针对政府、气象、消防、武警、环保、民防(人防)、军工科研等应急通信领域的"领先客户"的需求特点,在公司和客户之间经历了无数次的相互知识交流、相互碰撞过程之后,中网公司提出了在"产品模型"设计上的"小型化"、"柔性化"的要求。经过多年的发展,中网通信形成了以满足应急产业"领先客户"需求为目标的系列产品。其中,最具代表性的产品是卫星柔性地球站、车载式小站、箱式便携小站(微纳Ⅰ型和微纳Ⅱ型)、可移动站、地面固定小站、动中通等硬件产品及相应的软件产品服务。例如,基于"小型化"的原则,公司开发出了便携式产品,目前的"第三代"便携式产品包括天线箱、通信箱、单兵包和摄像包四部分,重量仅40公斤左右,该产品携带较为方便,信号覆盖面广,便于简单快捷展开部署。另外,基于"柔性化"的原则,公司开发出了卫星柔性地球站,该产品是在拥有的DVB-RCS标准的卫星地球主站基础上,具有星状、网状、点对点三种网络拓扑结构合一的卫星地球站,能够满足国内绝大部分卫星应急通信的需求。

第七章 需求识别、能力集成与文化驱动

2. 需求识别的层层渗透：决策层、相关部门和员工

对于需求识别而言，不应仅仅停留在公司决策层层面，同时还应渗透到相关部门和员工层面。另外，对需求识别的渗透而言，不应仅仅是从决策层到相关部门，再到员工这样一个"自上而下"的过程，同时还应是一个"自下而上"的过程。

中网公司所采取的"强矩阵式"的组织结构、"项目主导"的管理模式，以及"总调度制"和"营运通报"等一系列制度安排，都保证了对"客户需求"在公司内部的"自上而下"和"自下而上"的无障碍、快速、准确的传递。

以中网公司的"项目主导"管理模式为例，整体上管理过程分为启动过程、规划过程、执行过程、结束过程和监控过程五个组成部分。透过这五个过程我们可以清楚地看到，"客户需求"在公司内部"自上而下"和"自下而上"地无障碍、快速、准确地传递。在启动阶段，一旦一个新的客户需求确立，就需要进一步核实用户和项目的真伪、项目的进度表、资金的落实情况，并且根据产品所需的技术情况，确立由营销、技术、财务、制造部门人员组成项目小组，共同讨论确立企业的投标方案。进入规划阶段后，一个具体客户需求任务就转化为一系列由具体部门和员工承担的进度计划、资源供应计划、费用计划以及采购规划等。紧接着就又进入了任务执行和结束过程，实际上就是由各相关部门和员工按计划承担和完成各项工作。最后，值得强调的就是监控过程，实际上这一过程贯穿于上述四个过程。中网公司强调"实时监控"，随时进行纠偏，最终以满足客户需求、实现客户成功为目标。

3. 需求识别的检验：现场、现物和现实

什么保证公司总能够识别"有效需求"？实际上，也就是如何对"需求

· 141 ·

识别"进行检验?"实证管理"的理念是中网公司所一贯倡导的,基于"实证管理"的理念,公司提出对需求识别检验的"现场"、"现物"和"现实"的"三现"工作原则(见图7-1)。

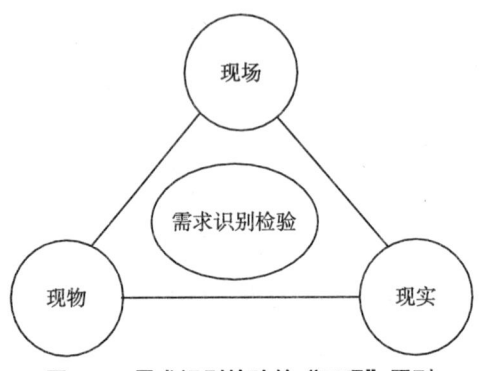

图7-1 需求识别检验的"三现"原则

需求识别的检验不是在公司的会议室而是在"现场"。"现场"环境是一个包含多种信息来源的特定环境,客户需求只有在这种环境下才能够真正出现。换言之,只有在"现场"环境下公司和客户之间采购产生的真正的共鸣,才能够识别真实的需求。

需求识别的检验不是针对一个产品的构想或者图纸而是针对"现物"。在"现物"的基础上,针对具体的产品不断进行改进。例如,车载式小站、箱式便携小站等产品,都是在"现物"基础上,不断增加功能,减轻重量。实际上,这一针对"现物"的改进过程,既是对原来需求识别的检验,同时还是一个"客户需求"再识别、进一步精准化的过程。

需求识别的检验不是来自"主观臆断",而是来自于"现实情况"和"现实结果"。就是由实际结果、现实情况作为对"有效需求"判断的事实依据。同时,值得强调的是,现实也在不断发生变化,实际上这也就构成了"需求识别"的"动态性"特征。

三、能力集成：实现企业技术与组织集成的升华

对于中网公司而言，能力集成是企业集成创新实践最典型的特征。中网公司在集成创新实践过程中，实现了从活动集成向能力集成的转变，并具体表现为"主客合一"、"内外合一"和"知行合一"（见表7-4）。因此，透过中网公司的各项集成创新活动，能力集成不仅是企业创新实践的最大特征，而且还是其保持持续创新和可持续发展的基础。

表7-4 中网通信"能力集成"一览

	表现维度	内涵	典型事例
能力集成	主客合一	企业能力和客户需求的集成（从"关注内部改进"向"为顾客创造价值"转变，从"主客分离"向"主客合一"转变，从关注"自己成功"向"客户成功"进行转变）	1. "客户成功"的理念 2. "汶川"地震的通信保障 3. "奥运火炬珠峰登顶"、"奥运场馆"、"神七"的气象保障
	内外合一	企业内外技术资源的集成（有助于满足了复杂性产品对技术的要求，有助于技术能力的连续性发展和跳跃式发展）	1. "自给外取"、"开放式创新"的模式 2. 与法国Alcatel建立DVB-RCS卫星通信研究中心 3. 同南京信息工程大学、解放军理工大学、江苏大学等院校建立了产学研基地
	知行合一	企业各项组织活动的集成（从职能分散向职能集中转变，从部门分割向整体协同转变，从单一作战向横向联合转变）	1. "项目导向"的组织管理模式 2. 总调度制度、营运通报制度、"刘长印项目财务管理软件" 3. 中网卫星移动气象台的开发和应用

1. 主客合一：企业能力和客户需求的集成

"客户成功"理念驱动了中网公司"主客合一"的实践，驱动了企业能

力和客户需求的深度集成。中网公司在集成创新实践中强调"客户成功"的理念，通过关注顾客价值，依靠整合营销和全员营销，通过为顾客提供定制化的服务，实现客户成功。实际上，"客户成功"的理念就是强调企业能力和客户需求的深度集成，并以"客户成功"为终极目标。公司气象、消防等领域的客户在应用中网产品以及同中网合作的过程中，都取得了极大的成功，并得到了社会各界广泛的认可。无论是奥运火炬的珠峰登顶和奥运会的气象保障，还是汶川地震的通信保障和"神七"航天飞行的气象支持，这些活动都得到了相关部门的高度评价和认可。实际上，这也正是中网所追求的"客户成功"。

"主客合一"实践的核心是"为顾客创造价值"。中网通信非常关注顾客价值在企业新产品设计和研发过程中的作用，并认识到卫星通信消费者市场已经逐步形成了买方主导的格局，而这种格局必然会导致企业与客户主客体关系的重新调整和建立。换言之，只有在实现企业能力和客户需求的深度集成，实现"主客合一"，实现客户成功的前提下，公司才有可能实现成功。这也就要求企业须从以前"关注内部改进"向"为顾客创造价值"转变，从"主客分离"向"主客合一"转变，从关注"自己成功"向"客户成功"进行转变。中网通信通过关注顾客价值，深入理解顾客价值判断标准的形成和内容，保证新产品的设计和开发决策过程中始终围绕"顾客价值为中心"展开，更大程度地降低新产品设计成本和决策风险。

内部部门和利益相关者整合是"主客合一"的组织保证。为了能够有效满足客户需求，中网公司还进行了内部部门能力整合。例如，公司的销售中心聚焦订单，制造中心聚焦交单，技术中心聚焦市场开发及销售和生产的技术支持，管理中心聚焦知识产权及上市基础管理建设。正是由于部门的整合，以及同客户的密切联系，使得中网公司实现了产品销售、方案销售和运营销售的三合一。另外，除了公司内部部门整合和功能的整合，中网通信正在谋求从供应商—生产商—分销商—顾客整条价值链的最优化。经过整合，可以对企业的价值链进行优化，为产品和服务的各个环节提供质量保证，更好地促进中网通信系统集成的价值链管理，实现满足客户需求和成本最低两个目标的统一。

2. 内外合一：企业内外技术资源的集成

中网公司所从事的卫星通信业务具有涉及领域广、复杂程度高、定制化和柔性化的特点。中网公司目前主营的卫星通信和卫星广播两个子行业所涉及的核心、上下游和关联技术领域多达百余个。仅就应急卫星通信设备而言，它就是一个典型的具有高度复杂性的组装型产品，一套完整的应急通信方案涉及大量的元器件技术、元器件间的接口技术、汽车改装技术，以及相关应用领域（例如气象、环保等）的技术知识。

概括起来讲，卫星通信设备既包括若干元件，也包括把这些元件连接为整体的架构（Architecture）。开发一套可以完整解决客户需求的卫星通信系统需要两方面的知识：一种是元器件知识或关于元器件核心设计概念的知识；另一种是架构知识，即把各个元器件整合并连接成为一个整体的知识。在产品开发过程中，元器件知识更多地关系到技术供给方面（专门领域知识的内部积累和外部供应），而架构知识则更多地关系到技术需求方面（公司和客户对市场需求深层次识别）。实际上，卫星通信设备和服务的集成创新就是在产品的市场概念和产品的可供技术资源之间通过选择和集成创造匹配性。因此，"自给外取"和"开放式创新"就成为中网公司从产品模型出发实现技术资源集成的重要手段。换言之，技术资源和能力的累积除了独立自主研发之外，还要求企业能够积极地利用竞争对手、上下游企业、科研机构和其他创新主体积累的知识。

公司自主研发的卫星应急通信车，集卫星通信、微波传输、超短波通信、无线局域网、地面互联网、移动公网及视音频压缩传输等技术于一体，可以在到达突发事件现场后3~5分钟内快速建立起双向卫星通信网络，实现了对现场实时图像、声音、数据等多媒体信息的采集与传输，保障了指挥中心对事发现场的远程监控与双向互动。同时，公司非常注重与国内外科技界广泛合作，已与世界500强企业之一——法国阿尔卡特公司共建卫星通信研发中心，共同推动具有基于国际领先水平 DVB-RCS 标准的柔性主站卫星通信产品开发和应用；与欧洲最大的海事卫星通信公司 TSS 建立了合作关系，共同在国内率先提供全球卫星定位和卫星通信服务与应用；与具有卫星转发器资源的中国卫星通信公司建立了产业联盟，共同开拓国内卫星应急通信服务，并提供完整的应急通信指挥系统解决方案；与美国 iDirect 公司共建卫星通信行业运用研发基地，共同就柔性主站关键技术进行研发，并对该公司产品进行本地化生产；公司还与其他多家国内国际具备雄厚卫星通信或 IT 技术研发能力的公司建立了良好合作关系。另外，公司还同南京信息工程大学、解放军理工大学、江苏大学等院校建立了产学研基地。

总体而言，中网公司通过"自给外取"方式，实现公司内外技术资源的高度集成。这种集成创新的方式不仅满足了复杂性产品对技术的要求，而且有助于技术能力的连续性发展和跳跃式发展。

3. 知行合一：企业各项组织活动的集成

集成从管理角度来说是一种创造性的融合过程，即在各要素的结合过程中注入创造性的思维。也就是说，要素仅仅是一般性地结合在一起并不能称为集成，只有当要素经过主动的优化，选择搭配，相互之间以最合理的结构形式结合在一起，形成一个由适宜要素组成的、相互优势互补、匹配的有机体，这样的过程才称为集成。中网公司的"集成创新"实践本质上就要求公司的组织管理模式要具备柔性、灵活性和协作性的特点。同时，公司所处的特定发展阶段又要求企业必须能比竞争对手更快地捕捉市场机会、顺应市场变化，这就对企业组织管理模式的灵活性、快捷性提出了更高要求。从实际出发，中网公司选择的"项目主导型"组织管理模式恰恰具备了上述要求，为企业集成创新提供了组织行动的保障。

"项目主导型"管理模式使公司能够更快、更好、更优地满足顾客和市场需求，并且帮助公司实现自身经营稳定性和发展动态性的完美融合。具体而言，就是公司在发现市场机会后，能够迅速地根据客户的需求，以项目为纽带组织企业的优势资源,"毕其功于一役",提供客户所需的产品和服务,最终实现企业立足市场、服务客户、与客户共同成功的企业使命和目标。目前,中网公司所采用的这种强矩阵结构是以原有的按职能部门划分的组织结构为基础,以不同的项目为目标,把各个职能部门的人员横向联系起来,组成不同的项目小组。通过项目小组这一纽带加强了各个职能部门之间的沟通,实现了各个职能部门之间的协调,所组成的项目小组比传统的组织管理模式能更敏锐地感受外部环境的变化,以客户的需求为导向,在资源共享的条件下有效地实现了项目目标,使企业能够在竞争激烈的市场环境中更好地适应生存和发展的要求。同时,公司强矩阵结构中的项目经理的职权由总裁授予,直接对总裁负责,可以超越各个职能部门的界限,有权联合各个职能部门的力量并协调各个部门的关系,有效地支配和控制整个公司的资源,去实施一个项目以达到项目的整体目标。每个项目都是一个潜在的利润中心,各个项目经理的权限由总裁授予,对总裁负责,项目经理对项目负有全部责任;各个职能部门负责为项目提供各方面专业的技术支持。为了在项目管理过程中对不同职能部门进行更加有效的协调,南京中网通信有限公司还设立了"总调度制度",通过对"总调度"充分授权,使之专门承担协调和调配资源的职责,从而使整个企业项目管理制度体系得以完善,更加有利于企业的项目管理的运行。另外,公司还通过信息化手段保证"项目导向型"管理模式更加有效运作,"刘长印项目财务管理软件"就是从财务上保证了项目管理的有效运行。此外,项目专题会、营运通报制度等制度形式也有效保证了项目管理过程中的信息沟通。

以中网公司卫星移动气象台的开发为例,该气象台是以车辆为载体,由移动气象应急系统提供了多点视音频采集、视频会商、数据传输、远程指挥、集群指挥通信、环境探测与气象预报等各种专业设备,形成了完整的应急通信与指挥功能。这样一个集数据、图像、声音等资料的分析和决策于一体的产品,在它的研制过程中需要多个专业技术人员、生产部门和销售部门的共同配合,采用项目管理的方式,既使各个专业技术人员明确自己的任务,又能保持与团队内的其他人员保持实时地沟通,避免了传统管理模式中出现各职能部门人员各自为政，缺乏沟通与协作，造成信息孤岛，致使生产的产品不符合顾客和市场需求而无法售出的问题。

总体而言，"项目主导型"的组织管理模式，实现了从职能分散向职能集中的转变，实现了从部门分割向整体协同的转变，实现了从单一作战向横向联合的转变，并且内生了一种在组织内部"化解矛盾的力量"，使公司能够通过组织活动集成进行"大规模的知识管理"。

四、文化驱动：奠定企业集成创新的价值观基础

作为企业价值观和使命宣言的企业文化，反映了企业全体成员的理想、信念、价值导向、行为准则和道德规范等方面的内容。一般而言，因为企业文化具有激励性、凝聚性和感召性，所以企业文化对员工的思想意识和行为方式有着重要作用。中网公司的"森林论"强调在团结起来做大事中，员工与企业共同成长，企业与社会和谐发展。集成创新本身就要求企业能够处理好各方面的关系，"森林论"奠定了企业集成创新的价值观基础。这具体表现在三个方面：一是"主体的参与性"方面；二是"团队导向"方面；三是"和谐发展"方面。

1. 强调"主体参与"的森林论

对于公司的集成创新而言，其本身就是一个企业知识的创造过程，"员工主体参与"是这一创造过程的关键。换言之，没有员工主体的参与，将不能够形成一个完整的知识创造过程。中网公司"森林论"提出的"要乘凉，先种树"实际上就反映了企业依靠自主创新不断成长并提高核心竞争力的战略思维引导，反映了企业要自主创新，就需要员工"学习创新，创新学习"的本质内涵。在创新理念指引下，企业要求员工要善于学习，善于创新，不

断改革创新。从基本内核到员工行为规范的延伸，使"创新"融入了中网的企业精神，成为一种基本的价值导向。

"森林论"所强调的"员工参与创新"意识集中体现在知识产权文化方面。以"员工知识化、知识成果化、成果产权化、产权资本化、资本人本化"为核心内容的知识产权战略，是中网的文化创新，其核心是在企业内部创造有利于创新的氛围和机制。知识产权文化的重要意义在于使"森林论"所倡导的创新理念进一步转化为创新机制，使文化观念转化为价值创造过程。围绕知识产权"五化"策略，中网进行了一系列制度创新，使创新文化逐步落地生根，如通过立体培训体系提高员工技能和知识水平；通过战略联盟和引进、吸收基础上的集成创新，创造具有自主知识产权的科技成果；通过申请专利和产权经营，实现创新投入的最大化；通过知识产权奖励实现智力资本的人本化收益。这一系列制度安排都是以"森林论"中强调的"员工主体参与创新"的内涵为起点，以企业精神和员工行为规范为保障的。

2. 强调"团队导向"的森林论

"森林论"是比较典型的团队导向型文化，是集成创新的价值观保障。在这样的文化体系中，团队成功是个人成功的前提。对应于中网的发展阶段和运行模式，团队意识是非常必要的。无团队合作，难以创业成功；非团队合作，无以形成项目制。从行业特点来看，中网处于"以创新求生存"的产业，中网需要创新，这种创新又必须建立在团队合作的基础上。

中网公司已形成了"项目导向"的强矩阵组织结构，项目小组是企业的基本工作单位，信息的平面化网络交流保证了"柔性组团"模式的成功。在团队合作模式中，各成员"都是同人，没有他们，只有我们"。在职能划分和岗位设置柔性化的前提下，员工才能做到如"森林论"倡导的"不忙的时候主动帮助别人"，并认识到"知识不应该据为己有，越与人分享越丰富"；鼓励员工在平面网络结构中相互帮助，实际上也是在倡导一种大团队意识。

在高度扁平化的组织结构中，中网公司内部领导与被领导的职务划分也是弹性的。在随机的项目小组和总调度团队中,领导者与被领导者的身份并不是固定的,在职能管理权限划分中担任领导的人员在项目小组和总调度体系下,可能只是普通的团队成员,在弹性小组中,他们服从于特定的任务安排,对工作目标负责。在团队导向的企业文化中,知识型员工较多地依赖自我评价和自主管理,企业注重充分发挥员工的自主性,为其提供较自由的发展空间。在没有等级差序的组织中,成员的团队合作更容易达成。

3. 强调"和谐发展"的森林论

中网以"森林论"为核心的企业文化,强调"和谐发展"。实际上,"森林论"的和谐共赢成长观念既涵盖了企业伦理责任的范畴,又超越了社会责任的层次,而成为一种基本经营理念。它不是一种可有可无的道德规范,而是一种经营思维。或者说,中网所从事的事业本身已经同社会责任融合到一起,企业自身的发展就是对社会最大的贡献,企业的点滴成长都带来社会福利的倍增。具体而言,"森林论"中所强调的和谐发展理念,在企业处理同利益相关者的关系上又集中体现为企业与员工共赢、企业与客户共赢、企业与战略伙伴共赢、企业与社会共赢企业与股东共赢五个方面。

另外,"和谐发展"还有一层含义就是强调"森林论"是一个开放体系,随着企业发展和员工实践的深入,"森林论"又会吸收实践中有益、积极的成分,并影响到企业家的治理理念的发展。当然,企业家也可能根据自己的学习、观察、判断和总结,提炼新的文化元素,这种主动修正与企业文化自发的社会适应交织在一起,成为企业文化发展与再造的动力。全新的文化体系形成以后,又会有一个内部传播的过程。如此循环往复,则文化就表现出历久弥新的生命力。

总体来看,需求识别、能力集成和文化驱动构成了中网公司集成创新实践的重要特征。需求识别是公司集成创新的目标和方向,能力集成是公司持续集成创新的重要保证,文化驱动则是公司持续集成创新的动力源。同时,三者之间也在不断进行相互作用,协同推进公司集成创新进入新阶段。

第八章 复杂产品系统创新的组织突破
——以北控磁浮为例

一、引 言

复杂产品系统（CoPS）是构成现代经济和社会的重要组成部分，在现代产业和经济进步中扮演着重要角色，同时也是新技术融入经济系统的关键点。由于复杂产品系统本身的特殊性，常规的创新理论模型并不适合运用于对复杂产品系统的分析，因此需要运用新的概念和新的模型来理解和阐述复杂产品的创新过程及其关键特征。

20世纪90年代，复杂产品系统研究开始提上议程。Hobday于1996年对复杂产品系统和规模化产品的特征进行了比较，提出了针对复杂产品系统的创新过程进行专门研究的必要性和紧迫性（Hobday，1996）。随后，学者们从复杂产品系统和规模化产品的差异性出发，进一步对复杂产品系统的生产特征、市场结构特征、创新过程、创新管理等方面进行了广泛研究。

本章首先阐述复杂产品系统的概念及其关键特征，并提出基于组织突破的复杂产品系统创新研究的理论分析框架，最后以北控磁浮为例，运用该分析框架对其进行案例分析。

二、复杂产品系统的概念及其关键特征

按照 Hobday 等对复杂产品系统进行的界定,复杂产品系统是由定制化、相互联系的要素构成,包括控制单元、子系统和组件,最终以层级的方式组成的一个复杂的产品系统(Hobday,1996;Hobday,1998;Hobday 和 Rush 等,2000)。复杂产品系统具有高成本、技术密集、定制化、资本品、系统、网络、控制单元、软件包、工程建设和服务等特征。

复杂产品系统属于高技术资本品,是现代经济的"技术脊梁",构成制造业和服务业的基础。从产品的角度看,远程通信交换设备系统、飞行模拟器、飞机引擎、航空系统、电子商务网络、高速列车及引擎、空中交通管制系统、电力网格系统、零售网络、R&D 设备、生物信息学系统、智能建筑和蜂窝电话网络设备系统等都是典型的复杂产品系统。从技术的角度,复杂产品系统都整合了多种技术,是一个庞大的技术体系,由各种不同的组件、子系统等复杂程度不同的技术体系构成。此外,从创新动态性的角度,复杂产品系统生命周期的动态性同规模化产品的生命周期也不同。复杂产品系统的这些特殊性决定了其创新模型也必然与规模化产品有所差异。

按照常规的规模化产品创新模型,产品和技术经历一个从不成熟到成熟阶段的生命周期阶段,随着主导设计的定型,产品生命周期的成熟,将遵循从产品创新到工艺创新转变的过程。而复杂产品系统中,系统层级相对较高,产品架构极其严密,其产品生命周期可以延长至数十年甚至几十年,其创新过程并不严格遵循产品创新到工艺创新转变的过程。尽管在产品架构创新完成之后,其架构基本上不会发生大的变动,但是复杂产品系统的产品创新依然持续进行;架构创新完成后的下一个阶段,主要是组件和子系统创新,并涉及产品设计和制造,项目开发和工程实施等方面的进一步完善。

复杂产品的"复杂"性来源有两个:技术本身的复杂和组织的复杂。复

第八章 复杂产品系统创新的组织突破

杂产品可以看做是物理组件的列阵。复杂产品系统本身嵌入了一系列的特殊组件、技能、知识投入,导致产品层面的复杂性。产品层面复杂性的维度包括组件数量、系统和组件的定制化程度、可能的设计路线的数量、系统架构的复杂程度、材料和投入组件的多样性。产品层面的复杂性源于投入技术的复杂性,而同时,产品不同维度的复杂性又导致了创新过程中任务的复杂性和非惯例化行为,也带来了组织结构的复杂性。

技术是构成复杂产品特点的第一个原因。复杂产品研制和生产所需的技术是一系列的知识。可以从技术的深度和广度去理解技术。复杂产品系统内在的技术所包含的绝不是一种或几种技术,而是有一定深度和广度的技术综合体系,以及渗透了不同深度和广度的知识和技能。另外,现代的复杂产品系统通常嵌入了软件和信息技术,导致设计和生产中的不确定性和风险水平相应增加。软件系统带来的影响使得重点转向更加不精确的、隐性的和设计密集的开发过程,从而增加了技术的复杂性。

在技术之外,组织应该是构成复杂产品创新活动的主体。大量相关企业和机构通常在创新过程中相互合作,从而在组织层面增加了复杂性。复杂产品系统通常是基于项目的活动,涉及不同的供应商、机构、用户和其他参与者等,从而形成复杂的合作创新网络。

按照复杂性的来源,可以将复杂产品行业分为三类(见表 8-1)。

表 8-1 复杂类产品分类

复杂产品分类	特点	举例
技术复杂类产品	对所涉及的所有技术的要求非常高,但对组织的要求较低,一个或几个具有很强研发能力实验室往往就能够完成产品的研制	生化
组织复杂类产品	分解的单个技术都已经很成熟,或只需要突破一两个关键(连接)技术点就可以完成新产品的研发。复杂反映在组织上,由于涉及的专业方向多,需要很多参与者参加,如果缺少强有力的组织核心,产品难以研发成功	磁悬浮
技术组织复杂类产品	兼有前两种特点	航天飞机

三、以组织为特点的复杂产品系统创新

自改革开放以来,在引进技术的基础上,我国技术研发水平进步迅速,在诸多零星领域取得重大突破,达到甚至超过国际先进水平。特别是在具有未来发展潜力的环保节能、电子信息、生物和新材料等方面,局部的研究实力和技术水平提高非常快,非量产的单品、样品、实验品的性能和品质基本和世界一流水平相当,如表8-2所示。但是,相对于取得显著进步的科研环节,我国复杂类产品的产业化进程却相对滞后,发展的主要"瓶颈"是技术的零散分布,导致很难形成聚集力而为复杂产品实现量产提供成套的技术,其具体表现有:

(1)新技术的产业化、商业化进度缓慢。我国大量技术和专利掌握在非经济导向的大学和科研机构手中,这些机构研究开发活动的主要目的是完成各种立项工作,创新的成果并不反映在实物产品上。很多先进的技术随着项目结束便束之高阁,使得国内产业发展所需的已经被攻克的技术仍然不得不从国外购买,被搁置的研发成果本身也随着技术的不断进步逐渐失去其经济价值,造成极大的浪费。

(2)军用技术缺乏向民用领域渗透的途径。从发达国家技术在信息技术革命中演进的规律看,国防技术是很多民用新产品的技术源头。例如计算机技术最早是用在计算弹道的工作中。而我国,军、民产业之间割裂较为严重,军用技术的研发和国防产品的生产自成体系,军转民受到严格的体制限制。

(3)大量低水平的重复研究浪费大。科研院所、大学和大型国有企业掌握了我国相当大一部分研究开发资源,而行政性的分割局面使得这部分资源很难在一个统一的平台上进行合作和攻关,几乎所有的重点实验室均有自己的一套体系,从事大量低水平、初级的重复研究活动。

第八章 复杂产品系统创新的组织突破

表 8-2 近期我国取得的重大科技突破

技术领域	近期达到国际先进水平的技术突破
环保节能	超导输电；750 千瓦风电机组；大功率高压电变频技术
电子信息	能够提供全系列数据通信设备；10G 以太网路由交换机；自主无线网络技术标准 WAPI；安全芯片"恒智"；"银河"、"曙光"、"神威"系列大型计算机；"织女星"网格计划；SoC、众志等纳米级微电子集成系统
生物	成功分离出水稻分蘖控制基因，完成水稻基因组工作框架图；完成钩端螺旋体、表皮葡萄球菌和黄单胞菌三种重要的人类和植物病原体全基因组惊喜测序；干细胞定向培育系列产品
新材料	纳米工艺显著提升，成功制备出四吡啶基锌卟啉的一维纳米结构，成功制备出场效应晶体管；"8"硅单晶、晶片已成熟

资料来源：《中国技术前瞻报告 2006~2007》。

技术的零散分布使得与某个复杂产品研制相关的研发力量不能在一个统一的平台上进行合作，即便是结成研发或生产联盟，也会由于各自利益目标的不同不能实现协同的效果。因此，我国复杂产品的发展一方面需要坚持技术的研究开发，另一方面更要在各个已经取得突破的技术之间建立起沟通途径，以建立复杂产品生产所需的成套技术平台。

有效的组织能将割裂在各个科研机构、大学和企业的技术资源整合在一起，完成复杂产品的研制和生产，作用机制如图 8-1 所示：

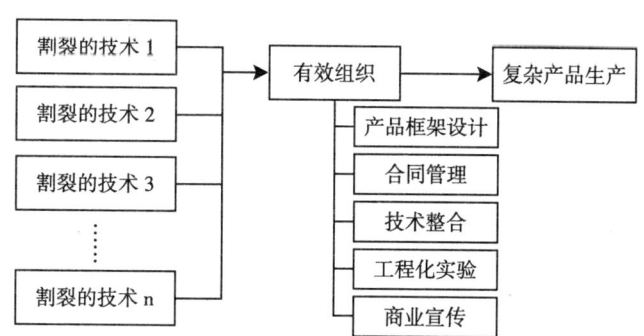

图 8-1 有效组织在复杂产品生产中的作用

组织的作用是整合资源，而组织的有效性来自五个方面：

第一，组织要负责复杂产品构架的设计。复杂产品所涉及的技术类别多，组织要创建有利于技术融合的平台。具体的内容包括形成复杂产品的概念，甄选或树立新的技术标准，选择目标市场和制定行业的长期发展规划。

第二，组织要负责编制和管理各类合同。复杂产品的生产需要诸多部门之间的配合，参与者既包括从事商业经营的企业，也包括非营利性质的科研机构和大学。组织要通过合同一方面保障参与各方获得相应的利益，另一方面也防止不利于行业发展的问题出现。具体内容包括形成排他性的联盟协调和分配利益保证联盟的稳定性等。

第三，组织要负责相关技术的整合和短板技术的突破。由于复杂产品制造所需的技术来源多，各个技术拥有者之间往往采取不同标准，同时，一些技术是重合的，而另一些技术却存在缺位。组织要协调各种技术之间的关系，实现各种技术之间的融合，同时对缺位的短板技术集中力量攻破。具体内容包括根据复杂产品的特点选择技术和工艺提供组织，组织对连接性技术的突破。

第四，组织要负责工程化试验的实施。复杂产品的研制和生产存在反复性，不断地试验可以提高产品的稳定性和可靠性，而进行工程化试验应该主要由组织来承担。具体内容包括寻找工程化实验的场所和搜集掌握实验数据。

第五，组织还要负责复杂产品的商业宣传。特别是市场发育还不成熟的新兴复杂类产品，组织系统的广告等宣传活动能够有效地消除公众的疑虑，树立品牌忠诚度。

四、组织创新的具体方式——系统集成者牵头的复杂产品

组织在复杂产品创新中起到关键的作用，而组织创新的一种有效的操作方式是系统集成者牵头的发展产品组织模式。

系统集成者即复杂产品研制和生产所需的各种关键技术和生产工艺提供

第八章 复杂产品系统创新的组织突破

者不可替代的联系人。系统集成者自身不需要掌握技术,但是是技术的管理者。集成效果好坏的关键是各个技术或工艺提供者之间是否建立有稳定而合理的合同关系。集成复杂产品系统的竞争力来自于知识产权、关系纽带、产业化能力、商业化能力和品牌。

1. 系统集成者处于合作创新网络的核心

规模化产品市场中,企业的边界是明确界定的,但是在复杂产品系统中,通常是由多企业组成基于项目的组织(PBO)来提供复杂产品系统(Hobday,1998;Hobday,2000)。项目代表了一个集中解决研发和生产过程中问题的手段。复杂产品系统的创新过程通常是基于项目的创新活动,涉及不同的供应商、机构和其他参与者。由于创新过程的复杂性,为了控制不确定性和达到事前协定的要求,建立自适应组织网络是必需的。Hobday认为,在使用者要求不断变化和存在各种不确定性的情况下,从单一企业内部的角度,一个非职能型的基于项目的组织结构(PBO)将更有利于管理复杂产品系统的活动。

作为复杂产品系统的组织结构,项目通常涉及不同类型的主供应商、系统集成商、科研机构、用户、顾客、其他供应商和政府机构等(见图8-2)。尤其是当复杂产品系统涉及公共安全或国家安全时,政府需要参与其中,如能源系统、军事、航空和远程通信产品系统等。

一般来说,复杂产品系统中项目的类型有涉及研究开发的项目和成熟产品线项目。研究开发项目涉及研发和设计新的或改进的技术或产品,而成熟产品线项目是使用已知的或存在的技术来执行项目。多数复杂产品系统项目涉及研发和执行活动,但在本章中,为了突出复杂产品系统的创新活动,主要针对研究开发项目以及项目的工程化、产业化、商业化过程。

在复杂产品系统合作创新网络中,系统集成商与主供应商的关系通常不是简单的合同外包关系,而更类似于长期合作伙伴,是介于市场和层级之间的一种协调关系。合伙和外包在内涵上是不一样的。合伙是要对整体目标负

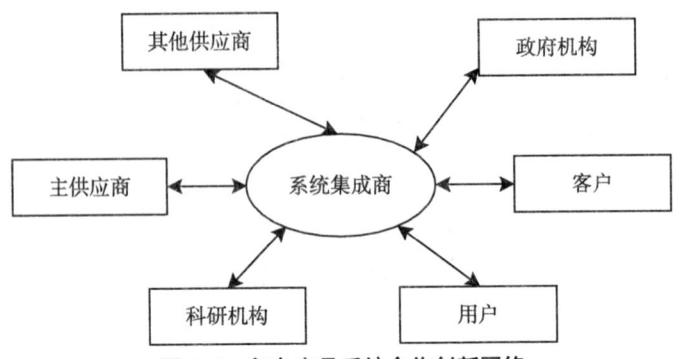

图 8-2　复杂产品系统合作创新网络

责,更强调收益共享、风险共担的共存模式。而外包更适合规模化产品和模块化的生产方式。

2. 系统集成能力

对于复杂产品系统提供商而言,关键的能力是系统设计、项目管理、系统工程和集成,而不是大批量的制造过程。系统提供商要求有较强的系统集成能力,能够理解和按照规范要求来设计一个主要的系统,并对多种相关部件之间的相互作用和性能有清晰的理解,能够提供各种子系统中的技术,然后,通过制造过程和生产设备来完成整个系统的设计和制造。

系统提供商必须能够理解基础技术学科,并因此有能力整合这些技术,能通过相关参数理解整个系统的行为,能设计整个系统和大部分子系统中的关键组件,能集合组件界面或接口。系统集成能力强调理解主体知识及随后的系统性行为,而不是装配活动本身。系统提供商必须保持对主体知识和系统行为的理解,并且能够组合被分解的部分。

第八章　复杂产品系统创新的组织突破

五、案例分析——北控磁浮

北京控股磁悬浮技术发展有限公司（简称北控磁浮）是北京控股集团为中低速磁悬浮系统的研制和生产专门成立的从事相关技术组织集成的企业。在 10 年的发展历程中，北控磁浮与国防科学技术大学合作，组织联合国内铁路、航空、汽车等相关领域最具优势的研究、设计、生产和建设单位，逐步实现了自主知识产权、国产化和世界领先的中低速磁悬浮交通产业化的目标。北控磁浮的成功不仅使得我国在中低速磁悬浮技术和产业化上实现了国际领先，同时还为我国复杂类产品产业的发展提出了一条以组织创新为特色的道路。

1. 磁悬浮相关技术背景

中低速磁悬浮交通系统除具有其他轨道交通系统的特点外，还具有运行平稳、舒适、环保和低噪声、线路适应性强、安全可靠性高、建设及运营成本低等特点，适用于城市内、近距离城市间和旅游景区的交通连接。

磁悬浮是以列车（悬浮控制）为核心，向下包容的完整的技术体系。除悬浮控制技术外，中低速磁悬浮交通系统 80% 以上是成熟技术的继承和改进，从而保障中低速磁悬浮列车不会出现大问题，具有较高的可靠性。磁悬浮交通系统包括悬浮控制、牵引、轻量化车体、轨道、运行控制技术、桥梁设计施工等。

2. 北控磁浮创新过程

1999 年以前，我国磁悬浮相关领域的研究主要集中在国防科技大学等大学和科研机构，研究的重点是悬浮控制等零散的技术点，没有进行任何工程化试验。1999年以后，随着北控磁浮的进入，才开始了磁悬浮工程化研发的道路。

如图8-3所示，1999年初，以建设八达岭旅游线为初始目标，北京控股有限公司与国防科技大学合作，联合国内相关单位合作进行中低速磁悬浮列车项目的工程化研发。为建立一个长期的研发平台和技术载体，北控磁浮于2001年和2008年分别在长沙和唐山建成两条用于工程试验的轨道线路，并在2001年、2005年和2009年分别研制成功试验车、工程化车和实用型车。

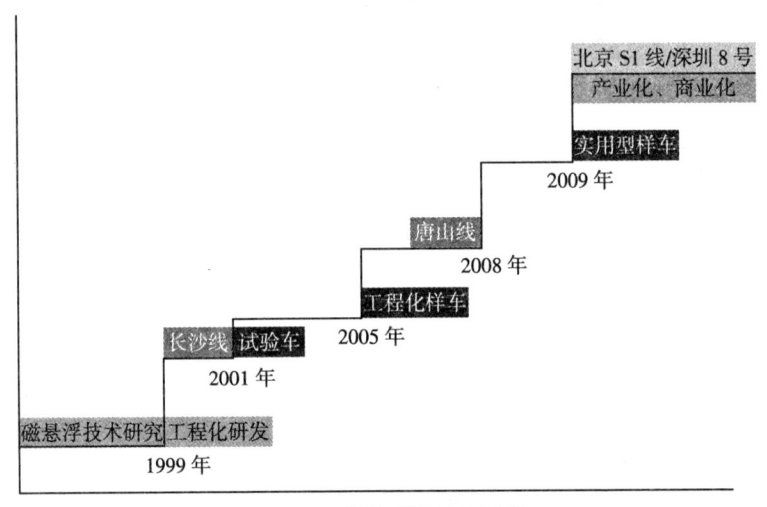

图8-3 北控磁浮发展历程

通过"两条线三代车"进行磁悬浮工程化试验，北控磁浮推动了磁悬浮轨道交通系统的技术进步。磁悬浮轨道交通系统的核心技术是悬浮导向控制技术，而关键技术包括列车轻量化技术、轨排轧制成型技术、列车运行控制技术等。1999~2009年的10年间，北控磁浮联合国内相关单位，在"两条线三代车"的基础上，逐步掌握了磁悬浮轨道交通系统的核心技术和关键技术。

2001年4月北控磁浮联合国防科技大学建设了第一条磁悬浮列车试验线，2001年7月完成全尺寸试验车生产制造，2001年9月整车系统开始进行运行试验。建设长沙试验线和研制试验车的最初目标,就是掌握磁悬浮控制技术。在长沙线试验线上,进行了悬浮控制、列车控制、启动、加速、制动、停车、供电、通信、运行控制、承载等系统试验。长沙试验线和 CMS-03 车辆系统的设计、建造及试验,使得北控磁浮和国防科技大学联合体基本上掌握了中低速磁悬浮列车的核心和关键技术。磁悬浮控制、中低速磁浮列车网络控制系统(MTCS)等具有先进技术水平的控制设备完成试验研究,初步实现设备定型。

另外,试验线工程也充分考虑中低速磁悬浮列车在城市轨道交通中的应用特点,执行为工程实施桥梁采用了连续梁、简支梁、直线梁、曲线梁、门型梁等多种形式结构的设计研究,还研究了轨排的设计、加工、安装方式和定位基准等,并对专用道岔、DC750V 和 DC1500V 供电方式、列车控制系统、通信系统以及检修停留库进行了研究与实施。不过,当时轨排的生产并没有考虑工程化的问题,而是先用钢板焊接,然后车削,最后进行后处理,工程化要求轨排必须是直接轧制成型的。

北控磁浮为实现磁悬浮列车标准化,进行工厂化、规模化和工程化生产,于 2003 年开始组织工程化生产体系中的相关单位,按照实用型的标准生产中低速磁浮列车工程化样车。2005 年,中低速磁浮列车工程化样车在唐山机车车辆厂下线,中低速磁浮列车初步完成设计定型、工艺定型和生产组织模式定型。

2008 年,北控磁浮在唐山机车车辆厂内建成一条约 2km 的试验示范线,试验示范线正线长约 1.6km,侧线长约 0.4km。通过建设长线试验示范线,用以模拟实际中低速磁浮列车轨道交通系统。在唐山的长线试验示范线上,完全以工程化应用为目标。例如,轨排和转向架的研制生产,都考虑了批量化和降低成本的需要。轨排使用直接轧制成型工艺,转向架使用铸铝的结构。莱钢在 3 年多的时间里进行了 13 次试验,最终才成功轧制了磁悬浮轨道用 F 型钢轨。

2009 年,在试验车和工程化样车的基础上,北控磁浮进一步总结经验,研制完成一列实用型磁悬浮列车,逐步开始了产业化和商业化过程。

3. 北控磁浮合作创新网络和工程化体系

北控磁浮组建了工程化体系，建立工程化体系是进行研发的一个前提，包括研发和合作平台。完善工程化体系也是产业化的一个基础，是不可缺少的一个环节。磁悬浮轨道交通系统是一个庞大的系统，以磁悬浮列车为核心，上上下下包含多个方面，北控磁浮和国防科技大学的合作不足以完成整个系统。所以，北控磁浮依托国内现有的资源条件，联合国内铁路、航空和汽车等单位，构建了网络化的工程化体系（见图8-4）。

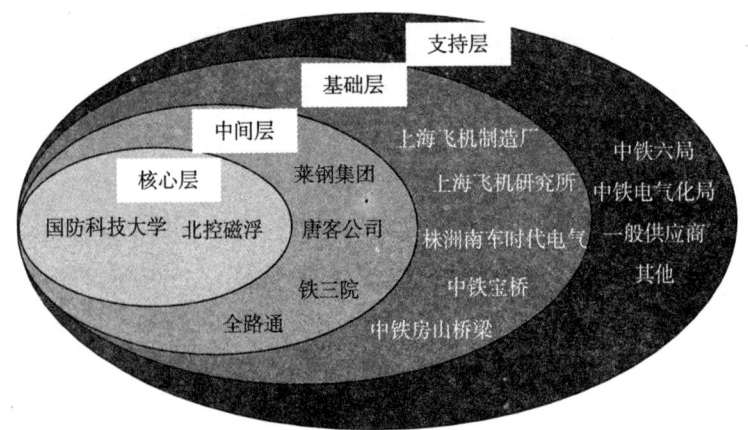

图8-4 北控磁浮合作创新网络

北控磁浮的主要合作体系和单位以及职能分工如表8-3所示。

工程化体系中的各个单位均为国内该领域中的领先企业或科研机构，在零散技术和工艺上有国内一流的水平。北控磁浮在合作过程中确立了四项合作原则：共同投入、知识产权共有、长期排他性合作和产业化收益共享。

（1）共同投入。共同投入是选择合作伙伴时的第一原则。由于北控磁浮自身也缺乏资金来源，而磁悬浮轨道交通系统投入大，且具有长期性，共同投入原则可以解决资金的问题，同时用来判断合作伙伴对磁悬浮轨道交通系统的认知程度和诚意。目前，资金投入比较多的是莱钢、唐山客车和中国铁

第八章 复杂产品系统创新的组织突破

表 8-3 工程化体系单位

工程化体系单位	职能	层次
北控磁浮	投资、组织和实施主体	核心层
国防科技大学	技术集成和核心技术攻关	核心层
唐山轨道客车有限责任公司	车体制造、工艺、组装和总成	中间层
铁道第三勘察设计院集团有限公司	轨道交通设计	中间层
莱芜钢铁集团公司	轨排	中间层
中国铁道通信信号集团公司	运行控制	中间层
上海飞机制造厂	转向架制造	基础层
上海飞机研究所	转向架研究	基础层
株洲南车时代电气股份有限公司	直流电机、电气、车载电器	基础层
中铁宝桥股份有限公司	道岔	基础层
北京中铁房山桥梁有限公司	桥梁、预制梁	基础层
中铁六局集团有限公司	施工	支持层
中铁电气化局集团公司	外部电气系统	支持层
南京华士电子科技有限公司	直流电源、个别电气	支持层
青岛四方车辆研究所	制动控制系统、检测	支持层
天津机辆轨道交通装备有限公司	制动器硬件研制、工程试验	支持层

资料来源：北控磁浮公司材料。

道通信信号集团公司（北京全路通设计院）。

（2）知识产权共有。在合同中做出规定，同时运用专利等知识产权制度安排。目前，北控磁浮和国防科技大学共同拥有核心技术，磁悬浮列车的专利为北控磁浮、唐山客车和国防科技大学共同拥有。专利构成维系合作体系的一种策略，只具有象征性意义，主要是为防范未来的专利陷阱，其作用远大于专利本身。

（3）长期排他性合作。长期合作单位承诺在保证质量和降低成本的前提下，不与第三方合作。

（4）产业化收益共享。长期合作的条件是互相制约的，北控磁浮通过让渡远期产业化收益，设立收益和风险共担机制，来保证和维持合作的长期性和稳定性。

北控磁浮的模式很好地解决了中国复杂类产品自主创新面临的一个核心的问题——零散技术无法形成复杂产品研制和生产的系统技术。在四大合作原则的基础上，北控磁浮通过建立工程化合作体系，构建了"企业主体，市场导向，产学研结合"的自主创新模式，该工程化合作体系解决了共同目标、远期目标、持续动力、低成本、高效率，从而实现整体合力、抗衡外部竞争的一个格局。通过联合相关领域最具实力的单位，构建完整、专业化、工程化研发和产业实施链条，建立板块化运作模式，北控磁浮得以迅速扩大产业化实施规模。目前，北控磁浮通过10余年的技术工程化研发，初步完成了中低速磁悬浮轨道交通的工程化目标，掌握了自主知识产权，并朝着实现世界领先的中低速磁悬浮交通产业化和商业化的目标迈进。

参考文献：

[1] Hobday, M. Complex system vs. mass production industries: a new innovation research agenda. CoPS Publication, 1996: 5.

[2] Hobday, M. Product complexity, innovation and industrial organization. Research Policy, 1998, 26 (6): 689-710.

[3] Hobday, M. and H. Rush, et al. Innovation in complex products and system. Research Policy, 2000, 29 (7-8): 793-804.

第九章 中国制造性物流企业的演进路径与创新能力升级
——以海金物流为例

一、问题的提出

物流企业在中国的发展过程较系统和清晰地反映了物流业演进的一般过程,但同时也体现了中国从计划经济向市场经济转轨过程中宏观经济环境变化对这个行业的冲击,即企业外部环境给这个行业的企业带来的机会和威胁。对于生存在这个相对动荡的外部环境中的物流行业的公司来说,如何顺应外部环境的变化,结合自身的资源情况和发展水平,在不同的时期培育独特的能力,获取差别的竞争优势就变得非常的重要。所以,如果能够对这个行业的企业在中国这个相对特殊的经济环境下的演进路径进行分析,即对这个行业的企业在发展过程中所表现出的阶段性特征、各阶段核心能力的内涵、阶段跃进的条件等内容进行深入研究就变得非常有意义。因为它不但可以给这个行业中的企业提供借鉴作用,让企业少走弯路,在不同时期将资源集中在应该集中的位置,减少浪费;同时也能够为这些企业的未来的发展阶段指明方向,甚至可以为生存在类似环境下的其他行业提供一些有价值的参考。

过去的研究多数集中在宏观层次上对企业的演进过程进行研究,或者站在更一般的角度对企业的演进进行研究，这些研究无疑是有价值的，它为我们研究企业的研究过程提供了更宏观的指导。但是，如果我们能够从更微观的角度考察企业在动荡的环境下如何感知、应对这种变化，并创造性地利用外部环境的机会使企业获得快速发展就能够让我们更加深刻地理解企业应对环境的机制，也能够让我们更加细致地观察到在相同环境下不同企业的显著性差异，特别是成功企业的独特之处。所以，本章的研究目的就是以海金物流这家从无到有、从小到大，经历过不同环境，具有代表性的物流公司为案例，分析中国环境下物流公司的演进过程，试图寻找一个成功物流公司的一般演进模式，以及剖析在各演进阶段中，海金物流公司是如何培育创新能力，并在不同阶段取得创新能力升级的。下面的安排如下，第二部分进行相关文献的回顾和本章的研究设计；第三部分是本章案例的背景情况介绍；第四部分是本章的重点部分，即对海金物流的发展过程进行深入剖析；第五部分在总结上文的基础上提出了制造性物流业演进路径的一个总体性框架；第六部分是对本章案例研究的进一步引申，即提出本章的启示和政策建议。

二、文献回顾与研究设计

1. 相关研究的回顾

孙龙建和王述英（2005）对欧美第三方物流的发展、整合、并购和联盟的情况进行了介绍。李光辉和王丹（2006）总结了主要发达国家的物流模式的发展演变情况，即企业自营模式、初级企业物流联盟、第三方物流和第四方物流，并从宏观的角度提出中国应该发展双层物流体系。余真翰和陈柳钦（2002）运用经济学的方法通过公式推导的方式证明了第三方物流必须出现的专业化物流，即只有专业化物流得到充分发展并达到一定程度后，第三方物流才具备了产生的前提条件。张宏斌（2008）认为第三方物流企业的发展具有一定规律，最初只是普通的储运企业，提供以运输和仓储为主的传统物流服务，与客户一般是短期的交易关系；后来逐渐发展成为第三方物流企业，提供综合物流服务，与客户一般是中短期的合约关系；之后又发展成为领先物流企业，不仅提供物流服务，而且为客户管理所有的物流服务、物流服务商和物流流程，与客户一般是中长期的合约关系，双方共担风险；最后发展成为第四方物流企业，成为客户的供应链管理者，与客户之间是长期的合作伙伴关系。

傅俊元和丁慧平（2008）从内部和外部两个角度对物流企业成长的决定性因素进行了论述。董千里（2005）认为物流企业应在提升企业资源整合能力、全程动态监控能力和物流方案设计能力等方面确立相对优势，指出应将企业竞争力与物流要素资源、企业能力等与组织文化、技术、制度、机制等有机结合起来，形成物流企业核心竞争力以维持长久的竞争优势。刘莉等人（2009）利用探索性和验证性因子分析，开发制造企业物流能力的量表，得出物流能力的三个维度，即物流流程能力、物流柔性能力和物流信息整合能力。利用 LISREL 对研究假设进行检验，得出了制造企业物流能力与竞争优势和企业绩效之间的因果关系。刘亚峰（2006）则对信息化条件下的物流运行方式、产业组织市场格局进行了探讨，提出了物流企业在信息化条件下若干可能的特征。

从以上的文献回顾可以看出，目前对于物流企业成长的影响因素及其演进路径的研究多数还是一般性的运作模式的分析，或者基于经济学的较宏观层次的分析，或者停留在理论层次的探索研究。而较少从企业的角度出发，分析物流企业具体的发展过程和发展阶段、各阶段的特征和核心能力，以及各阶段演进的特点、条件和规律。本章将以海金物流为例，具体分析物流企业的演进路径和创新能力升级的一般性规律。

2. 本案例研究的设计

本章的研究是以海金物流为例按照单一案例研究的模式进行设计的。通过案例的方法对中国制造性物流企业的演进路径和创新能力升级进行研究是合适的，因为通过案例研究可以提供更加丰富的线索和情境，更生动地刻画物流企业发展过程中那些容易被忽视但是却发挥着重要作用的细节。另外，由于海金物流从小到大、从弱到强的过程正好对应了中国物流行业整个行业形态的转变过程，所以海金物流具有很好的行业典型性。

本章案例研究使用的资料有多种信息来源，主要包括公开渠道收集的资料、一般性的访谈资料和深度访谈的资料等。其中公开渠道收集的资料主要是行业性和背景性的资料；一般性的访谈资料主要包括企业总体概况、发展历程、影响公司发展的重要事件等；深度访谈的资料包括研究者认为需要取得对关键性人物进行重点访谈的关键事件、需要重新确认和澄清的关键资料等。

三、案例相关的背景情况

1. 中国物流业及其发展过程

（1）制造性企业的内部物流的发展。改革开放以来，伴随着中国整体经济规模，特别是制造业规模的扩大，企业的内部物流得到了快速增长。2000年，中国物流费用支出为2000亿美元，在GDP中的比重超过20%（孙龙建、王述英，2005）。

（2）第三方物流业的出现和兴起。从世界范围看，第三方物流起源于20世纪80年代的英国，20世纪90年代在美国得到了迅速发展。中国的第三方物流在20世纪末才开始出现和兴起，第三方物流在物流总费用中的比重还很低，2000年第三方物流在物流总费用中的比重不超过3%（孙龙建、王述英，2005）。

在第三方物流业出现和兴起的研究中，最重要的一个问题是如何理解第三方物流出现的原因和作用。因为物流对于多数行业，特别是制造业来说是不可缺少的业务组成部分，它的运作效率甚至是一些企业获得优势的来源之一。

从一般意义上来说，第三方物流出现是社会进一步分工的需要和产物，因为根据经济学的原理，分工和协作可以提高整体社会的效率。但是，物流业作为一个单独行业兴起和快速发展还取决于物流在制造业中所起的作用的特点：①物流运作复杂性随着制造业规模变化而呈几何级数增长是第三方物流出现的必然性。②巨大的物流效率提升空间是第三方物流出现的可能性。③物流运作和制造过程的相对可剥离性为第三方物流出现提供了可行性。

（3）第三方物流业的快速发展。尽管第三方物流在中国起步较晚，但是由于市场需求大，所以呈现高速的发展态势。截至2005年，中国已有大约1.6万家物流服务公司，行业产值超过390亿元，根据预测，2010年中国物流行业的产值将达到12000亿元人民币（新华网，2005）。

2. 中国物流业的关键影响因素

物流业作为一个行业，其发展过程是受到多种力量的共同作用，既包括外部的力量，也包括内部的力量。就单个企业而言不能改变外部的环境，但可以通过发展内部能力，充分利用外部环境的阶段性特点来发展壮大。这种内外部共同力量的结果可能导致物流企业发展呈现出一定的演进路径。决定演进路径模式的这些力量中应当至少包括如下几个关键性的影响因素。

（1）具有高速成长机会的外部环境。任何企业的生存和发展的最重要影响因素之一是它所处的环境。中国物流企业的发展过程面对的环境主要特征包括：庞大的制造业物流费用总量、国家产业支持和信息技术的广泛运用等。庞大的制造业物流费用总量为物流的发展提供了广阔的发展空间，国家产业支持为物流企业发展创造了良好的环境。信息技术的广泛运用为物流企业发展提供了机会，同时也是一种挑战。

（2）物流企业自身的发展和成长能力。起点低和起步晚：中国制造性物流企业的发展具有起点低和起步晚的特点，这个特点决定了中国物流企业需要经历一个从小到大的较长时间的演进过程。

市场机会捕捉能力：市场机会捕捉能力是物流企业，特别是初创阶段最重要的一种能力，这种能力在不同阶段的重要程度应该会有所不同。

资源获取能力：资源获取能力也是物流企业的重要能力，因为获得关键性资源的能力决定了物流企业扩张的能力。

学习能力：学习能力对于第三方物流企业的发展有着决定性的关系。这种学习能力不但体现在本企业自身的内部运作的改进上，更体现在对本企业所服务的客户方的业务流程的学习、适应和改进的能力。影响学习能力的重要方面是学习的意愿和学习的意识，而一个企业学习意识的最早来源是企业的创始人或高层管理者，之后需要建立相应的组织制度和文化氛围来保障这种意识。与客户之间的互动学习过程是第三方物流企业学习和能力提升的关键性因素。

创新能力：第三方物流在中国是一个刚刚独立并发展起来的新兴的行业。无论是在物流操作还是客户服务模式上都有待提升，特别是在信息技术广泛运用的信息时代，这种创新显得更加的重要。

第九章　中国制造性物流企业的演进路径与创新能力升级

四、案例分析：海金物流的发展过程及其剖析

海金物流成立于1995年，提供原材料供应链管理、产成品库存及运输管理、国内公路运输、产成品包装、物流过程质量评估、IPO项目管理等为主要内容的综合物流服务，是物流行业内一家比较成功的具有代表性的企业。后文将结合海金物流发展过程中的关键事件对海金物流的发展过程进行详细的分析。这样，一方面有助于理解中国物流企业由小到大的发展过程的一般演进路径；另一方面可以揭示物流企业在各阶段演进中的"能力陷阱"，以及海金物流是如何克服这些"能力陷阱"的。

如果将海金物流的整个发展过程中的关键性事件进行整理分析可以发现，其发展过程经历了三个阶段，分别是：货代阶段、外库阶段和厂内物流阶段，如图9-1所示。下面就每个阶段进行详细的分析。

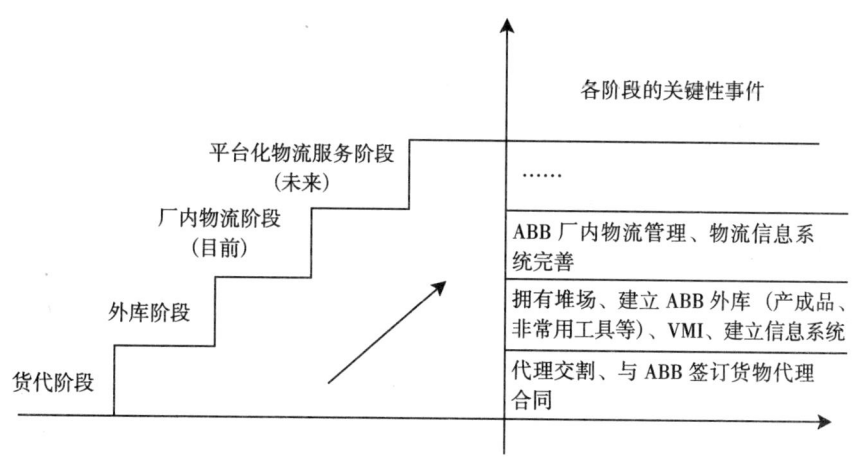

图9-1　海金物流演进路径

1. 货代阶段（1995年2月至1999年11月）

海金物流成立之初虽然和物流业务有一定的关系，但是并不是完全意义上的物流公司。成立之初，它的主营业务是期货市场的交割代理，公司的原名为北京海金商品交割有限公司，是我国首家实物交割服务公司。公司初期的发展与中国早期期货市场的繁荣有着密切的关系。由于当时我国的期货市场投机行为较多，价格上下起伏很大，导致我国期货市场的实物交割比例较大。而实物交割要求卖方（空头）必须及时把货物运到指定仓库，这样，期货市场就产生了实际的"物流"需求。而当时我国物流设施非常的匮乏，物流服务供给不足。海金物流抓住了这个时期的市场机会，代理客户进行实物的交割，取得了快速的发展。

后来由于中国期货市场投机过度，国家开始整顿期货市场，期货交易所从15家减少到3家，同时加强了监管，遏制恶性炒作。另外由于大宗物资储存是在仓库，运输主要依赖铁路，此时铁路运输能力不断扩大，海金物流的交割服务的市场业务不断萎缩，被迫转变经营模式，尝试进入真正意义上的物流业务。1998年，"物流"一词在国外开始出现并流行，互联网上也有很多关于物流的讨论（英文）。公司通过查询国外网站的方式学习国外物流公司的经验，并开始着手进行简单的产成品运输代理业务，主要的客户对象就是工业企业。

在业务的开展过程中，海金物流逐渐和ABB公司建立了良好的合作关系。1998年6月，海金物流与北京ABB高压开关设备有限公司开始了物流运输代理的试运营。由于ABB对服务的质量非常满意，于1998年9月15日与海金物流签订了第一份运输代理合同，由海金物流负责ABB产成品的外运，而且这种合作模式一直持续到了1999年11月。

这个阶段是海金物流的业务探索阶段，通过不断尝试，成功地将主营业务转向为工业企业提供外部物流业务，即货代业务。海金物流通过多种方式接触并获得ABB公司的货运代理业务是这个时期成功的一个关键点，这也

第九章 中国制造性物流企业的演进路径与创新能力升级

从一个侧面说明了货代阶段的关键性资源和能力是市场机会捕捉能力、公关谈判能力和灵活的商务活动能力。

2. 外库阶段（1999年12月至2007年6月）

随着海金物流与ABB的合作的深入，以及企业发展壮大，企业有进一步掌握物流业关键性资源的需要。因为掌握关键性资源，一方面可以提高企业服务客户的能力，即提高物流服务的及时性、可靠性和准确性；另一方面，可以增强企业的盈利能力。物流企业的关键性资源之一是堆场，即客户的外库。海金物流在外库功能的发挥上有很多独特之处，它的发展经历了以下三个步骤：

第一步，建立外库，为产成品提供的仓储服务（1999年12月至2001年12月）。

在合作过程中，海金物流逐渐发现了几个问题，一是随着生产规模的扩张，ABB的仓库凸显紧张，没有空间存放大量产成品；二是ABB难以对生产进度进行准确掌控，只能提前三四个小时下达发货单，而其以销（单）定产的生产模式又需要将产成品快速送达客户，这就给双方带来了很多麻烦，海金物流寻找实际承运人，组织运输的时间就显得非常紧张，而且由于ABB距离货运站较远，往往需要工人加班保证货物装卸作业的完成，这无形中也增加了ABB的物流成本。

海金创业者意识到业务中的问题服务提升很好的机会，也是自身的发展机会，于是建议ABB将产成品放进海金的仓库，这也就形成了ABB的外库。设立外库是海金物流服务模式的一次创新。海金物流建立外库以后，同时在较短的时间内完成了库存管理软件的开发和配备，并及时将ABB的产成品运进外库。这样，ABB在工厂里就不必再设立产成品仓库和堆场，大大减缓了工厂的空间压力。由于外库空间充裕，租金便宜，向公路、铁路转移货物也比较容易，不仅提高了ABB物流运作的效率，而且降低了物流成本。对于海金物流来说，由于及时获得了ABB所有的产成品，可以解决不同种类产成品的组装问题，因而更有效地控制了 ABB 的货物外运，使物流运作更加有序和高效。总之，外库的设立使合作双方取得了双赢。

第二步，拓展外库，为设备和原材料提供仓储服务（2001 年 12 月至 2004 年 10 月）。

随着外库服务模式的不断实践，双方对外库的潜能有了更深入的认识。为了进一步节约工厂内的空间，自 2001 年年底开始，ABB 陆续将一些不常用的工具、设备放入外库，交由海金物流进行管理。2002 年，ABB 又增加了外库中原材料的存放。随着企业回收物流和废弃物物流日益受到关注，ABB 的逆向物流业务也开始交由海金物流来进行管理。总之，设立外库以来，在这一阶段海金物流从事了 ABB 除生产物流以外的全部物流活动（解进强、付丽如，2010）。

第三步，VMI 模式下的外库管理（2004 年 10 月至 2007 年 6 月）。

2004 年以前，ABB 的物料采购主要采用买断形式，所以存放在海金仓库中的原材料从产权归属上归 ABB 所用。2004 年 10 月，ABB 在向新库区搬迁的过程中开始使用 VMI 模式（即供应商管理库存）采购原材料。供应商管理库存是近几年才出现的一种先进的物流运作模式，它是一种在客户和供应商之间的深度合作性策略。VMI 不仅加快了整个供应链面对市场的反应时间，而且可以最大化地降低整个供应链的物流运作成本，即降低供应商与生产企业以及零售商因市场变化带来的不必要的库存，达到挖潜增效，开源节流的目的。

在 VMI 执行过程中，往往要将准时制、供应链延迟、快速反应和有效客户反应等技术进行有效地融合。这对实施 VMI 赋予更高的要求，单靠供应链上游企业自身的设施和运作水平往往不能达到预期的效果。第三方物流参与到供应链库存管理模式是 VMI 的必然选择。海金物流敏锐地认识到了这种需求，从 ABB 最初实施 VMI 就参与其中，作为联系下游制造商与上游供应商的桥梁，在信息和资源方面与供应商和制造商高度共享，代理供应商完成管理客户库存的工作，使整个供应链达到无缝链接。

由此，海金外库的功能范围扩展到了供应链管理，显示了其强大的物流配送和库存控制能力以及公共信息平台的建设和运营能力。不仅如此，在VMI模式下海金外库和ABB之间往返的运输量大大增加，从而使往返车辆的空载率降到了最低，消除了不合理运输。

经过前三个步骤，外库的功能和模式进一步完善，ABB工厂的空间要求减少到了最低，工厂就发挥着一个通道功能，原材料的配送、分拣、初加工、包装等都在外库完成。

在外库阶段，外库资源（规模和区位优势）的获取能力和外库资源的运作效率是这个阶段的关键性能力。海金物流通过学习国外物流企业的先进的经验和理念，在与ABB和ABB供应商的合作中，通过不断的探索、学习和尝试建立起了高效的外库运作模式。它的外库运作模式对于中国物流企业来说无疑是一种完全意义上的创新性实践（解进强、付丽如，2010）。

3. 厂内物流阶段（2007年6月至今）

海金物流在外库阶段的创新性的实践不但提高了外库的运作效率，而且与ABB公司建立了良好的合作伙伴关系，也赢得了ABB公司的信任和赞誉。ABB公司开始意识到内外部物流之间的衔接和流畅性对制造过程的影响作用，有意提高内外部物流的协调性。经过海金物流的努力和争取，ABB公司最终将厂内的物流也交由海金管理。2007年6月ABB搬入亦庄的新工厂，在紧邻ABB组配车间的地方，海金物流利用10000平米的区域为ABB提供厂区内部的物流服务，这种物流服务是与ABB整个生产工艺过程伴生的，实际上已构成生产工艺的一部分，包括原材料数量配比供应以及包装、分割、分拣、刷标志、贴标签、组装等流通加工作业。自此，ABB的生产物流服务也全部由海金物流负责。这种物流业务模式再次开创了中国制造性物流业的新模式。在这种模式下，制造商ABB公司可以专注于制造流程，而物流企业海金公司可以专注于研究和提升物流运作。在新模式下，一方面各自专业化分工明确，发挥了专业化的优势，同时又消除了原来内外部物流之间，以及物流和制造工艺流程之间的衔接问题，提高了内外部物流和制造工艺的流畅性和统一性。

　　厂内物流服务看似简单，但是却是物流业发展过程中具有里程碑意义的演进。因为厂内物流已经跨越了企业的边界，物流提供商介入了制造商的内部运作。这样，一方面制造商的许多"内部"商业信息，甚至是商业秘密需要和物流提供商共享，另一方面二者在运作中的控制和决策权也进行了共享。这都已经超越了市场交易的运行机制，对于物流提供商来说，这是一种创新性的融入。

　　创新性融入不能仅停留在把厂里物流从制造商转移到物流提供商，而应以这个转移作为开端，通过制造商和物流提供商之间的相互学习和配合，以及物流提供商的不断改进，甚至是创新式的服务过程改造，提高物流运作的效率。海金物流当前也开始致力于以下方面的工作：

　　①进一步完善物流信息系统。实现全部业务的信息化，包括物料管理的信息化以及看板管理信息的网络化，完成外库、主库信息的全部对接和联动。通过条码技术和信息识别技术实现信息录入和识别的快捷化，减少人工作业，使信息传递更加准确；②增加物流节点数量，完善节点功能。在业务比较集中的物流节点建立配送中心，提高配送的效率和质量；③进一步完善公路营运网络。海金物流以前的运输业务都是通过代理制实现的，共有近40家运输企业为海金提供服务。为了保证几个干线运输的质量，海金成立了北京海金盛华运输有限公司，在几个重要的交通枢纽建立专线运输网，从事专线运输业务。

4. 海金物流未来之路：平台化物流服务体系

　　从上文的分析可以看出，经过10多年的发展，海金物流已经进入"创新性融入"的阶段，即通过和客户ABB公司进行的深度合作，已经能够完整承担客户的内外部整体物流的运作。不仅提高了整体物流的效率，而且使物流服务和客户生产制造过程无缝对接。海金物流作为制造性企业的第三方物流提供商在物流服务方面所进行的成功探索为中国物流企业的发展和阶段跃进提供了有益的经验。

尽管如此，如上文所述，海金物流目前还需要不断完善"创新性融入阶段"所应该具备的能力和效率。除此之外，通过对物流企业演进路径模型的考察，海金物流目前所处的阶段仍然不是物流企业演化的最终阶段，物流企业的下一个演进阶段应当是"平台化物流服务阶段"。即海金物流应该在总结原有的融入式物流服务体系的基础上，将整个公司的物流服务体系进行重新构造和升级，以去除创新性融入阶段服务的专用性特点（即客户 ABB 及其所对应的按单装配的生产类型制造业），从而创造出能够迅速适应并融入其他行业的内外部物流服务体系。从而提高模式的可复制性和可转移性，创造一个平台化的物流服务体系。

五、研究总结：制造性物流业演进路径的一个总体性框架

物流企业作为一种组织，其生存和发展过程也是在一定的环境中进行的，也和其他生物体一样遵循一定的演化规则。所以，其发展过程也是一种演进的过程，会呈现出一定的阶段性和规律性。根据生物演化理论，生物体所处的复杂环境和生物体本身所具备的能力决定了具备什么能力的生物体才能生存下来（蒋德鹏、盛昭瀚，2001）。在演化的过程中，前一个阶段的环境和生物体的特征共同决定了该种生物体下一个阶段的特征和状态。

中国第三方物流企业的演进过程也是在中国提供高速成长机会的外部环境和企业自身能力和特征的共同作用下进行的，从而呈现出一定的阶段性。中国物流企业由小到大的发展过程呈现四个阶段，即货代阶段、外库阶段、创新性融入阶段和平台化物流服务阶段。每个阶段所具有的特征、具备的关键资源和能力，企业的盈利能力和抗风险的能力都会有很大的差异。

就一般意义上来说，随着每个阶段的演进，企业的盈利能力和抗风险能

力在不断的增强，但是必须具备的相关关键资源和能力也更难取得。可以这么说，物流企业每个阶段的演进都一定伴随着某个大的问题或者"一束"小问题的解决而发展的，而每个阶段所解决的问题也就构成了该阶段的关键能力，也成为企业竞争优势的主要来源。这个演进的路径如图9-2所示。

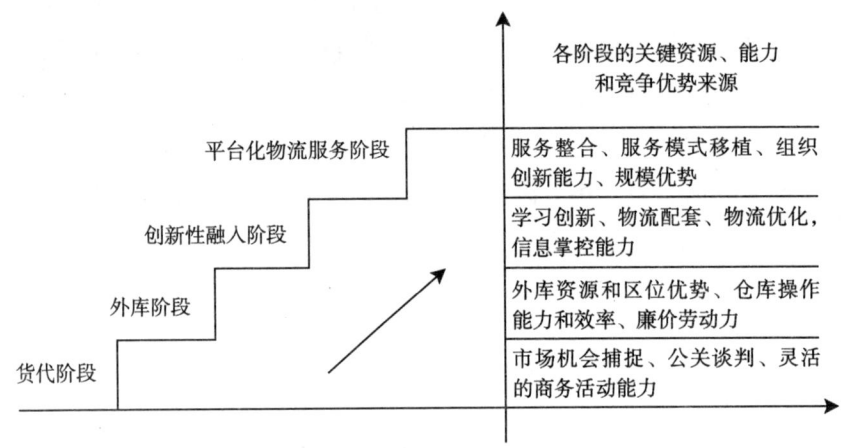

图9-2 物流企业的一般演进路径

1. 货代阶段

从外部环境来看，改革开放后，中国逐渐成为制造业大国，规模庞大的制造业伴随着规模庞大的物流作业，这为中国物流业的发展提供了广阔的市场空间。但是，直到20世纪末，中国的制造性企业的公司大多通过内部作业的方式来规划和解决物流问题，还极少采用外包的方式，独立的第三方物流公司才开始出现。由于缺少运作的经验，第三方物流企业的运作能力还是非常弱小。在这种巨大外部市场机会诱惑和服务能力弱小的共同作用下，第三方物流企业只能采取简单的货运代理的方式介入物流业。

这个阶段物流企业特点非常明显：资本规模小、设备资源有限、缺乏运作经验。主要通过揽货、委托货运或少量自主货运的方式来经营业务。这个阶段物流企业的关键资源和能力是：企业在市场机会的捕捉能力、公关谈判能力、灵活的商务活动能力上。

2. 外库阶段

具备货代阶段关键资源和能力的货代公司经过5~10年的长期经营后，积累了大量的资源，主要包括财务资源、客户资源、人才资源和人际关系资源后，开始逐渐占领基本物流业的关键性资源，主要包括仓储空间和运输设备。这些资源可以提高物流企业的仓储能力和运送能力。我们称这个阶段为外库阶段，即把获得的仓储空间作为客户的"外部仓库"，来满足客户存储和中转的需求。

这个阶段物流企业的关键资源和能力是：拥有的外库资源的数量和外库的区位优势、仓库操作的能力和效率以及廉价的劳动力等。目前国内多数物流企业演进到这个阶段。

3. 创新性融入阶段

对于处于外库阶段的物流企业来说，外库相关资源获取越多，那么企业的储运能力就会越强，运作的效率也有可能更高（如配货效率提高），所以这个阶段的物流企业会不断扩展这方面的能力。但是，如果物流企业仅仅是获取这方面的资源，那么无论这种资源获取的规模多大，物流企业也只是停留在第二阶段，没有办法向更高的阶段演进。因为，外库阶段的关键资源仅能解决客户外部物流的问题，如果第三方物流企业要进一步跨越式地提高运作能力，需要着眼于客户的内部物流问题。企业内部物流问题的独特性在于，这种问题已经跨越了企业的边界，同时它又是操作层面的问题。所以，这个问题不是可交易的市场资源可以解决的，它更多地依赖于物流企业对客户的内部运作过程的了解、学习和介入，从而将外部物流服务和内部物流服务融为一体，提供更高效率的无缝物流服务。我们把这个阶段称为创新性融入阶段。

如前面所述，第三方制造性物流业出现的可行性是物流运作的可剥离性，但是这种可剥离性是相对的，因为物流过程和制造流程是伴生性的。这种相对可剥离性决定了第三方物流企业的发展的必然趋势是创新性融入，因为制造商将物流外包，其目的是将复杂的物流操作专业化，制造商可以专注于制造业务，这样可以提高物流效率；但是，由于这种可剥离性是相对的，制造业将物流外包在带来外部物流效率提升的同时会带来内部物流和外部物流之间联结的流畅性下降，从而带来额外的损失（较制造商自己运作物流的模式）。创新性融入正好可以解决这个问题，它可以带来专业化的效率同时，又可以克服因为内外部物流不畅带来的损失。

这个阶段物流企业的关键资源和能力是：学习创新、物流配套、物流优化、信息掌控能力等。国内已有物流企业开始进入这个阶段的探索。

4. 平台化物流服务阶段

经历过创新性融入阶段的物流企业，会通过对客户业务过程持续的学习，并针对客户的业务模式不断优化服务的方式来提高内部物流的运作能力和运作效率。这种服务是高效率的，而且对客户具备有锁定效应。尽管如此，这种服务仍然存在缺陷，主要表现在服务能力的专用性和单一性特征上。专用性特征的主要风险表现在两个方面，第一，如果物流企业和客户在综合实力上没有对等性，即，物流企业远比客户明显弱小时，那么客户有侵占物流企业盈利的能力。第二，客户出现财务困难和破产的风险会直接传递给物流企业。所以，这个阶段存在专用性特征带来的风险，这种风险会促使物流企业向更高的阶段演进，即平台化物流服务阶段。

在平台化物流服务阶段，物流企业在总结原有的融入式物流服务体系的基础上，将整个公司的物流服务体系进行重新构造和升级，以去除创新性融入阶段的服务的专用性特点，从而创造出能够适应其他行业，同时又具有迅速融入其他行业特点的内外部物流服务体系，也就是说，使服务的模式具有可复制性和可转移性。

第九章 中国制造性物流企业的演进路径与创新能力升级

这个阶段物流企业的关键资源和能力是：服务整合、服务模式移植、组织创新能力、规模优势等。目前国内还没有企业演进到这个阶段，它是未来中国制造性物流企业发展的方向和目标。

六、案例研究引申：启示和政策建议

1. 中国物流企业的四阶段演进路径模型和各阶段创新能力特点

中国物流企业的演进路径是中国物流业发展的外部环境——巨大存量和高速增长的制造业物流业务，制造性物流业本身特点——相对可剥离性，以及物流企业自身特点——低起点、高成长性所决定和演化的结果，并呈现出本书所提出的四阶段的演进模型。从这个模型和海金物流的具体的演进过程，可以发现在中国物流企业的演进过程中，企业的创新能力在物流企业的演进中扮演了重要的角色，可以说，每个阶段的关键能力的培育过程都是企业创新能力的提升过程。

但是，每个阶段的创新能力又具有不同的特点，使创新能力呈现出阶段性的特点。第一阶段的"货代阶段"，企业核心能力表现在企业的市场机会捕捉能力、公关谈判能力和灵活的商务活动能力上。所以，这个阶段的创新能力更多地体现在企业对外部环境和市场的学习和适应能力上，具有"市场性"的特点。在第二个阶段的"外库阶段"，核心能力体现在仓库操作、物流设计的能力和效率上，这个阶段的创新能力主要体现在内部操作的优化上，包括仓库的区位设计、布局设计、物流工具运用、各种具体物流操作、信息系统构建等，所以这个阶段具有"内部性"的特点。第三个阶段的"创新性融入阶段"，核心能力体现在学习创新、物流配套、物流优化、信息掌控能力等方面，所以，这个阶段的创新能力更多体现在对客户业务的学习并提供配套服务的能力上，这个阶段的创新能力具有"交互性"特点。第四个阶段的"平台化物流服务阶段"的核心能力体现在服务整合、服务模式移植和组织创新能力上。所以，这个阶段的创新能力更多体现在对物流体系去行业性特征上，具有"共享性"特点。

2. 海金物流的发展建议

根据海金物流所处的发展阶段和物流的演进路径，结合目前海金物流的管理现状，提供如下几点发展建议：

（1）配套制度的建立和完善，从而提升企业的管理基础。中国的物流企业发展经历的时间并不是很长，管理基础薄弱，管理过程相对比较粗放，而且创业的痕迹非常明显，对企业家过度依赖的现象比较严重。这种情况在海金物流也很明显。但是在物流阶段演进过程中，随着演化升级，特别是到第三和第四阶段，企业物流不管是规模上还是管理的复杂程度上都变得更加的复杂，企业应该逐步建立和完善配套的规章制度，变企业家依赖为制度保障。

（2）进行组织结构调整，强化分权管理思想。与对企业家过度依赖相对应的是企业过度的集权。集权对于企业发展初期，具有很多的优势，但是随着企业的发展，企业应该鼓励分权管理。特别是对于物流企业，学习和创新的能力在第三和第四阶段的重要性会凸显出来。企业应该通过组织结构的调整，强化分权管理思想。

（3）改造包括企业信息系统在内的配套物流体系，消除行业特征，进行行业间共享和快速融入。物流企业从第三阶段向第四阶段演进过程中，核心能力体现在对物流配套系统的去行业性特点，实现行业间的可移植性和可复制性。物流体系的支撑体系包括流畅的信息系统和高效的物流流转系统，所以消除这些系统的行业性特征，实现平台化应用对于海金物流实现阶段跨越显得意义重大。

（4）组织文化建设，使企业家精神能够内化到企业文化中。海金物流的发展还得益于海金物流创始人的包括锐意进取、"干中学"的创新意识在内的企业家精神,但是随着企业的发展和演进,这种过分依赖企业家个人的方式将不能适应发展的需要。企业应该通过加强组织文化建设的方式,把企业家精神内化到企业文化中,通过文化的建设和塑造,使得这些精神得到传承和发扬。

(5)择机选择另外一家长期的合作伙伴,进入另外一个行业。从第三阶段演进到第四阶段是海金物流未来发展的方向,这个阶段演进过程的创新能力的特点是"共享性"。完成这个阶段的创新能力升级的途径是在"创新性融入"不同行业的基础上,总结出不同行业的共性和个性,从而达到"去行业特征",形成一个平台化的物流服务体系。所以这个阶段的能力仍然需要通过与不同客户进行"交互"学习来实现。为了达到"交互"学习的目的,企业应该择机选择另外一家长期的合作伙伴作为服务的客户。选择另外一家客户的原则是要与原来客户不在同一个行业,因为这样可以避免和原来企业的关系受到影响,另外也才能达到"去行业特征"的目的。

3. 物流企业的核心竞争力根源于创新能力,而创新能力又有赖于创新意识和组织学习能力

从上面的分析可以看出,物流企业的各个阶段的核心竞争力都根源于企业的创新能力,它一方面体现在各个阶段的能力培育上,更体现在从一个阶段向下一个阶段的演进过程中,即企业对演进到下一个阶段进行能力调整的意识上。另外,企业的创新能力有赖于创新意识和组织学习能力,尽管这一点对于多数企业来说是类似的,但是对于物流企业来说尤为明显。因为,物流企业属于典型的服务业,是通过运用物流设施,与客户不断交互过程中满足客户的需求。一方面由于客户对物流的需求变化很快,另外物流设施更新换代速度很快,这就决定了物流企业需要不断了解掌握客户的需求变化,学习掌握物流设施的特性,并通过创新式的运用满足这种需求的变化。

参考文献：

[1] 孙龙建、王述英：《欧美第三方物流产业的演进与启示》，《物流技术》，2005年第5期。

[2] 李光辉、王丹：《世界物流模式演进规律与中国物流模式的选择》，《北京农业职业学院学报》，2006年第3期。

[3] 余真翰、陈柳钦：《第三方物流形态演进的经济学分析》，《物流技术与应用》，2002年第6期。

[4] 张宏斌：《第三方物流企业演进及其经济学含义——以宝供物流企业集团为例》，《中国流通经济》，2008年第5期。

[5] 傅俊元、丁慧平：《物流企业成长能力的逻辑演进研究》，《物流技术》，2008年第8期。

[6] 董千里：《物流企业竞争优势及竞争力体系的构建》，《物流技术》，2005年第9期。

[7] 刘莉、杨建平、刘正军：《制造企业物流能力及其对竞争优势和企业绩效的影响研究》，《中国地质大学学报（社会科学版）》，2009年第4期。

[8] 刘亚峰：《论物流在信息化条件下的演进》，《电子商务》，2006年第4期。

[9] 新华网：《我国物流行业年产值已达390亿元》，http://news.xinhuanet.com/newscenter/2005-05/12/content_2948286.htm。

[10] 解进强、付丽如：《海金物流战略发展历程及启示》，《企业管理》，2010年第7期。

[11] 蒋德鹏、盛昭瀚：《社会经济分析中的演化理论研究》，《江苏社会科学》，2001年第5期。

下 篇
专题研究篇

第十章 中国工业企业技术标准战略研究

自 20 世纪中叶计算机发明以来，信息革命带动了网络型产业的兴起。这种以网络外部性实现其最大产业效益的新的组织形式需要具备一个能够贯穿行业内外、实现生产者和消费者对产品达成统一认识的条件，而这种条件就是技术标准。网络型产业的兴起不仅使得技术标准产生的动因增强（Brynjolfsson，1996），并使得技术标准称为产业发展的必需制度（Antonelli，1994）。因此，在信息时代，技术标准对于一个企业生存力和竞争力的提高、垄断势力的增强具有至关重要的作用。

技术标准的重要性已经得到学术界的普遍支持和诸多案例的证实：Shapiro 和 Varian（2000）指出，当两种新的不兼容技术相互争斗都想成为事实上的标准，从而获取垄断利润时，它们之间就将进行标准战争。Shapiro 和 Varian 的论断后来被诸多学者所引用，成为标准竞争最权威的论述。20 世纪 80 年代以来的很多企业发展都证明了技术标准对于企业战略成败的关键作用：众所周知的浏览器大战在微软和网景公司之间展开，微软公司利用与操作系统捆绑出售的战略击败了在技术上并不落后的网景，确定了在浏览器市场的绝对垄断地位，这种依靠标准战略击败竞争对手的例子还出现在调制解调器（3com 与洛克威尔—朗讯之间）、录像带（三菱和索尼之间）、数字录影带（飞利浦和索尼之间）等行业。胜出的公司无不是在技术水平相当的情况下实施了比竞争对手更为有效的技术标准战略措施，从而确定了在该领域的垄断地位和在相当长时期内的超额利润。

自 Farrell 和 Salnoer（1986）对网络外部性条件下，企业通过用户基础

(Installed base) 实现其战略价值开始，对企业技术标准战略的研究就丰富起来。其中，进行产品预告（Besen 和 Farrell，1994）、设置进入壁垒（Church 和 Gandal，1996）的战略是从传统经济学和战略管理中延伸而来，而专利联盟（Shapiro，2000）则主要是从网络型产业的特点出发进行的研究。专利联盟（Patent Pool）是指多个专利拥有主体为了共同目的组成的联盟组织。专利联盟可以是正式的，也可以是非正式的，专利联盟的成立不仅能够促进成员之间的技术交流，降低购买专利成本，同时，成员采取统一对外的专利许可政策，加强联盟的竞争力（Shapiro，2001）。专利联盟如果集结了产业中研发能力最强的企业，那么将对产业标准形成很大的影响（Besen 和 Farrell，1994），联盟技术一旦成为产业标准，联盟成员将获得丰厚的技术垄断利润。例如，全球10家顶尖跨国公司联合发起的 DVD 论坛（DVD Forum）已经成为数字影音播放设备标准的最终裁决者。

标准的战略研究是标准的经济学研究最新的领域，包括博弈论等比较新的思想在其中得到广泛的使用（David 和 Monroe，1994），但是国外学者的研究背景均为发达的工业化国家，在发展中国家如何通过合适的标准战略实现技术的赶超、标准的赶超方面存在较大的研究空白，这也使得国外研究成果在我国的具体应用上存在困难。对于我国来讲，工业现代化和信息化是同步进行的，企业实施标准战略的环境和条件与发达国家跨国公司存在很多显著的差别。本章从我国企业涉及标准战略的几次重要历史案例入手，探讨中国特殊的标准战略背景和适合中国企业的战略行动方向。

一、技术标准的定义和使用范围

Blind（2004）从标准的经济影响角度出发，将标准分为兼容性/接口标准、最低限度标准/安全标准、品种简化标准和信息标准四大类。但 Blind 的分类研究背景是西方发达工业国家，是从标准已经产生之后入手的，因此四种类型的标准能够很好地区分出标准对经济运行产生的不同影响。但是，对于发展中国家来说，很多标准还处于形成过程中，研究的重点首先应该是标准的形成机制，而非标准产生后对经济的影响，因此，适合后起国家标准分类的方法应该从演化路径的角度出发。

如图10-1所示，当后起国家企业通过引进或自主研发获得某项技术之后，通常有两条路径实现新技术的标准化：当企业获得的新技术与已有技术或其他新出现的具有替代关系的新技术之间不存在排他关系，或者说各种技术可以同时使用时，往往会形成工艺标准；当新技术与已有技术和其他新出现的技术之间存在排他关系，或者说不同技术之间不具备兼容性，不能同时使用时，往往会形成技术标准。

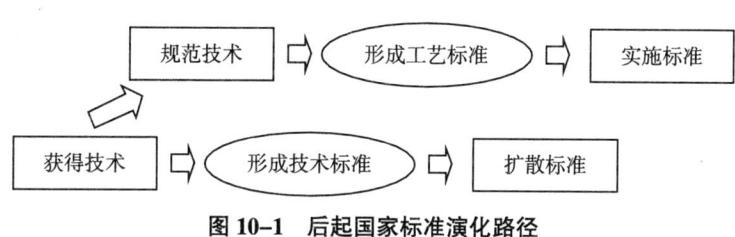

图10-1 后起国家标准演化路径

工艺标准不具有技术排他性，通常是一种"最高"或"最低"的限制，表现为最低标准和简化标准（Blind，2004）。工艺标准是对产品质量和生产过程的控制，对技术本身的选择并不存在规定，一般情况下，工艺标准依靠政府或行业协会强制推行，以保障产品品质，降低消费者搜寻成本。相比之下，技术标准的形成过程是不同技术之间竞争的结果，一个网络型产业的发展依赖于网络外部性的实现，技术最终将约束到一个很小的范围内，在一个市场范围内将形成一个或几个垄断技术，产生技术标准。

两种类型的标准特性具有很大的差别，标准形成的时间、推动主体以及对使用不同技术的兼容性都不一样。使用不同的技术标准对产品质量并没有直接影响，但由于不同标准有不同的技术成长轨迹，因此彼此之间不能通用，这是技术标准与工艺标准最大的不同。如表10-1所示：

表 10-1 技术类标准和工艺类标准的区别

	技术标准	工艺标准
标准形成的时点	技术形成过程中形成	一般在技术成熟后形成
强制性	市场垄断形成强制力	一般依靠政府或行业协会强制
技术排他性	具备	不具备
产权	在标准发起者	公开
标准举例	办公软件格式、视频光盘格式	打火机安全锁、牛奶安全标准

综上，为区别于工艺标准，对技术标准的定义为：由固有技术轨迹形成的、在使用上具有排他性的、供有条件通用或重复使用的技术或格式类型。

工艺标准适用于几乎所有的产业，标准体系完善的国家的工艺标准要求深入到方方面面，对产品的质量、品质、安全、性能以及生产过程的环保、能耗均做出了规定。技术标准的适用范围要窄得多，主要应用于网络型产业。这类产业的特点是需要通过一项通用的技术来实现网络外部性[①]的最大化，在很多时候，通用技术的出现（通常由竞争产生）是产业从萌芽到大发展、产品从出现到普及的转折点。例如家用录像带、数字音乐光盘的普及过程，这些产业的一个显著特点是需要一个通用技术作为各个产品、部件之间的连接通道，否则产品的使用价值将大大降低，例如传真机；或者根本就无法使用，例如数字影音光盘。对于非网络型产业，要么是产品可以单独使用发挥效果，例如打火机；要么是需要共同使用的产品之间彼此也不需要通用的技术通道，例如纸和笔、锅和铲。在这种情况下，技术标准便不是产业发展的必要条件。

相对于工艺标准经常由政府或行业协会强行推行，技术标准的形成过程

---

① 按照 Katz 和 Shapiro（1985）的解释，网络型产业的外部性有两种表现：一是消费的外部性，即使用某个产品的人越多，该产品所带来的效用越大，例如传真机和电话；二是生产的外部性，即生产某个产品的厂商越多，该产品的生产成本会下降，消费者购买的动机会增强，例如唱盘。对于耐用品，销售量增多时，还能够带来售后网络扩大的外部性。Katz 和 Shapiro（1986）在以后的研究中将这种外部性更精练地归纳为直接网络效应和间接网络效应：直接网络效应由同一产品市场内各消费者之间的相互依赖关系造成，即使用同一产品消费者的效用将随着使用者的增多而增大；间接网络效应则由使用相关基础产品和辅助产品直接的互补性和依赖性造成，间接网络效应主要表现在具有"硬件—软件"模式的产业上。

第十章　中国工业企业技术标准战略研究

往往是不同标准发起者（通常是企业或企业联合）之间竞争的结果。因此，对于企业而言，技术标准比工艺标准具有更高的战略意义。

二、中国企业技术标准战略环境

作为后起国家，我国企业实施技术标准战略将面临和工业化国家不同的战略环境，主要表现为四大特殊性：

1. 信息化始于工业化过程中，对网络型产业的应对能力差

最早实现工业化的国家是英国，从18世纪70年代开始到19世纪70年代完成，大概用了100年的时间。在英国之后，欧洲大陆的主要国家和美国先后在18世纪末和19世纪初开始了工业化进程，到20世纪初期，绝大多数欧美国家都实现了工业化（郭克莎，2002）。到1946年，第一台计算机问世标志着第五次①信息革命的到来，发达国家的工业体系、企业实力和劳动力素质已经经过了100年以上的积累和沉淀。当网络型产业兴起，需要实施技术标准战略以增强企业和国家竞争力时，发达工业化国家具备在第一时间做出反应的所有条件。1993年，美国率先提出"信息高速公路"计划，掀起了本次信息革命的第二波高潮，而此时，以美国为首的发达资本主义国家已经相继步入深入工业化和后工业化时代，可以在国家层面大规模地向信息产业转移。

相比之下，我国目前仍处于工业化的中后期，信息化与工业化是同步进行的，因此在面临相同的技术标准战略机遇时，从国家的层面看，信息产业

---

① 前四次分别为语言的使用，文字的出现和使用，印刷术的发明和使用和电话、广播、电视的使用。

在短期内很难成为国民经济的支柱,从企业层面看,也缺乏从事新兴网络型产业的历史积累、研发基础和风险承担能力。企业实施战略的条件相对较薄弱。

2. 技术禀赋落后,开创性创新少

工业化国家在传统行业有上百年的技术积累,大多数开创性创新都发生在半个世纪以前,例如化工产业的拜耳、杜邦、孟山都、ICI等企业都在20世纪头50年攻克了对化工产业发展起到决定性和转折性作用的技术难题,如表10-2所示。经过长期的积累,发达国家的技术体系逐渐完善,形成既有深度(从发展历史看)又有广度(从应用范围看)的技术体系。

表10-2 部分化工企业优势产品的技术创新

企业名称	优势产品	开创性创新	年份
拜耳	有机磷杀虫剂	硝苯硫磷脂	1942
	合成橡胶	首次合成橡胶	1910
	聚氨酯泡沫塑料	聚氨酯	1942
杜邦	合成纤维	尼龙	1936
	杀真菌剂	代森纳	1936
孟山都	除草剂	草莓死	1955
	有机化学半成品	氨	1924
	聚丙烯塑料纤维	聚丙烯	1954
ICI	除草剂	MCPA	1956
	活性染料	普施安染料	1955

资料来源:引自 Achilladelis(1990)。

相比之下,我国在工业化初期缺乏基本的现代工业技术体系,起步技术基本靠引进。解放初期依靠引进苏联技术,20世纪60年代以后,日、美替代苏联成为我国最大的技术供给国。虽然我国已经建立起非常完善的工业体系,但几乎所有工业行业都是依靠国外技术种子发展起来的。这种依靠引进技术建立新产业的特色直到现在仍未得到根本的改变,如"和谐号"动车组

的研制基本全部借鉴了日本和德国原型车。

3. 技术轨迹多次被打断，技术缺乏连续性

发达工业化国家企业，特别是知名跨国公司大多都能够在既有轨道上坚持长达几十年甚至上百年的持续研发。

相比之下我国技术研发缺乏线索，连续性差。新中国成立初期，我国大量引进苏联的技术，弥补了众多短缺技术，迅速形成了工业化所需的技术体系。但20世纪60年代随着中苏关系的恶化，我国不得不放弃苏联技术路线，转向以自我探索为基础，广泛吸收来自日本、欧洲和美国的相关技术。改革开放之后，为适应大规模吸引外资的需要，一大批自主研发项目被迫下马，我国工业技术路线转为以引进为主，技术路线再次被重新设定。21世纪之后，我国提出自主创新战略，技术的连续性得到加强，但仍然受"任期行为"等人为因素的影响。

4. 企业联盟少而松散，技术缺乏系统性

工业化国家拥有众多的技术联盟，参与联盟的企业、机构和其他组织共享研发资源和成果，互补有无，发挥自身特点，也可借助联盟伙伴的优势，形成很强的协同效应。这种技术联盟解决了单个企业或单个国家不能掌握制定一项新技术标准的所有先进技术的困难，使得零散的技术成为一个有机系统。相比之下，我国企业技术战略联盟的发展时间短、层次低，成员之间关系松散，也没有表现出互补关系，很多时候甚至是竞争关系，很难形成系统技术体系。例如，在数字影音光盘上，我国企业在2003年主导成立的EVD联盟最终败于由东芝、松下、索尼等企业主导的DVD论坛，而组织结构松散正是重要原因之一。

三、中国企业技术标准战略要素分析

Shapiro 和 Varian（1999）将企业标准战略的关键要素归纳为七点，即用户基础、知识产权、创新能力、先发优势、制造能力、互补潜能、品牌和声誉，如表10-3 所示。

表10-3　发达国家企业标准战略要素

关键要素	描述	代表企业
用户基础	网络型产业表现为很强的消费外部性，拥有稳定的用户基础不仅能够为企业节约新产品的上市时间，更重要的是，通过将用户基础锁定到所选择的技术路径下，能够将竞争对手隔离在外。当然，这种战略成功的关键在于保持用户基础的忠诚度以及规模的不断扩大	微软
知识产权	包括专利和版权两大类型，拥有系统知识产权的企业或企业联合体能够有效地发挥不同知识产权之间的协同效应和对局外企业的隔断。知识产权也是所有要素中最能够被法律有效保护的部分	索尼、飞利浦、微软
创新能力	知识产权是企业当前技术能力的表现，创新能力则反映企业在未来的技术能力。拥有强大创新能力的企业往往是该领域的技术领袖，通过不断的超前创新活动能够增加竞争对手的模仿成本和实现赶超的难度，同时，也对技术标准形成保护	惠普
先发优势	越快完成新技术的研发，越快将新产品推向市场，越早建立用户基础，越早突破网络型产业的临界消费数量，就能够更好地建立标准。在其他实力均等的情况下，最终被市场认可的标准往往是最早出现的标准	网景、里尔网络
制造能力	低成本的优势能够提高在标准竞争中的存活率，在已经形成标准的产品竞争中能够获得更多的市场份额。制造能力对企业标准战略的促进主要是依靠更优效率的工艺流程和制造技术，低劳动力成本的作用不是那么明显	康柏、戴尔
互补潜力	互补性是正外部性的体现，因此一个产业网络型的特点越显著，就越容易形成单一的技术标准。企业开发的新产品越能够与现有产品（无论是自己生产的还是其他企业生产的）产生互补关系，就越能够赢得标准竞争的胜利	英特尔
品牌和声誉	品牌和声誉虽然和技术没有直接的关系，但是却能够帮助企业增强消费者对未来的预期。这在新技术刚刚出现的时候尤其重要，因为消费者更愿意选择著名品牌的产品，而不管技术的优劣如何	惠普、索尼、太阳

第十章 中国工业企业技术标准战略研究

　　Varian 和 Shapiro 所总结的企业战略七大要素能够有效地解释发达国家几次重要的标准竞争和标准轮替事件。但是，包括 Varian 和 Shapiro 在内的国外学者对企业技术标准战略的研究都基于一个明确的背景，即国家或一个经济体范围内存在能够形成新标准的所有资源，或者说对领先技术的掌握是既定事实。这显然和发展中国家企业在实施技术标准战略时所面临的情况存在差异。总体来说，Varian 和 Shapiro 等国外学者的研究在战略目标和战略选择阶段上不适应我国企业的具体情况。

　　首先，战略的目标不同。发达国家企业技术标准战略的目标是如何运用已有资源（主要是技术资源）获得更多更高的技术标准，从而增加企业的垄断利润；而我国企业技术标准战略的目标应该是突破跨国公司在技术和技术标准上的垄断，降低我国制造业总体成本，争取更高的国际分工地位。

　　其次，战略选择的阶段不同。发达国家企业技术标准战略主要是在特定产业上不同技术之间的选择和竞争问题；而我国企业技术标准战略应该首先是选择哪个行业作为突破的问题。

　　由于具体环境的差别，在 Shapiro 和 Varian（1999）总结的七条战略要素之中，有一些不适合我国企业技术标准战略所处的阶段，有一些为我国企业在短期内很难获得或突破，还有一些需要根据我国实际情况进行修正：

　　不适合我国企业战略阶段的要素包括创新能力。Shapiro 和 Varian 所指的创新能力主要反映企业在未来的技术能力，是对已形成技术标准的保护和对新技术标准的追求，是一种"优中选更优"的战略要素。而我国企业目前的技术标准战略目标是实现突破，是通过寻找薄弱环节或技术机会打破国外跨国公司技术标准的垄断，是一个"劣中寻次劣"的过程，而这个过程的实现主要受行业技术现状的影响，与企业自身创新能力的关系不大。创新能力作为一个要素不太适应我国现阶段的战略阶段。

　　短期内无法实现的要素包括先发优势、品牌和声誉。先发优势、品牌和声誉虽然都有助于企业技术标准战略的实施，但是我国企业在短时间内很难有效地使用这些要素。先发优势需要很强技术水平和连贯技术路径的支持，而我国企业技术现状并不满足这两个条件，且在短期内无法得到根本的改变；我国知名企业虽然已经具备一定的国际品牌声誉，但品牌声誉大多建立在产量、价格的基础上，中国品牌很难引起消费者的技术联想。这个问题同样也是在短期内无法得到根本改变的。

需要修正的要素是知识产权。作为已经掌握若干国际技术标准的外国跨国公司，灵活运用知识产权可以有效地保护来自技术标准推广、转让的既得利益。但对于我国企业来说，知识产权在更多时候是构成实施技术标准战略的障碍。因此，对于中国企业而言，战略要素应该更多地反映在国外知识产权对中国的开放程度上。

除了Shapiro和Varian提出的七大技术标准战略要素之外，结合中国企业现阶段的发展特点和所面临的技术环境，中国企业的技术标准战略还需要考虑更多的问题。具体来说，我国实施技术标准战略的背景与国外存在工业化与信息化进度、技术水平禀赋、技术连续性和技术系统性等方面的区别。

1. 用户基础

用户基础（Installed Base）是指选择使用某种技术产品消费者数量，由于技术的排他性，这些用户将成为该技术继续发展的依托，如果技术顺利发展，战略使用得当，通过网络外部性，用户基础将扩大，而使用该技术的消费者越多，将带动更多的潜在用户选择该技术。我国拥有全世界最大的国内市场，如果内需得到释放，将对我国制造业的发展带来巨大的促进作用。但是，就技术标准而言，市场容量要转化为用户基础才能够发挥作用。我国软件行业的领导企业金山公司正是忽略了用户基础的重要性，才在中文办公软件的竞争中输给了微软公司。

在微软的Office办公软件进入中国市场之前，金山公司的WPS具备很高的市场占有率，顾客基础十分发达。在这样的市场环境下，微软选择了在技术上对优势企业的兼容战略。1994年，金山公司与微软签订协议，使得Office中最主要的部件Word能够和已经大量存在的WPS用户实现信息交流，并通过更实用的操作界面和优惠迅速削弱金山公司在国内办公软件领域的势力。在取得一定数量的用户基础之后,微软终止和金山公司的合同,推出新的 Word 版本,使得 WPS 用户不能与 Word 之间继续进行信息交流,对金山公司的 WPS 构成致命性打击。2002 年,金山公司单方面推出可以兼容 Word 的 WPS2002,宣告与微软历时 8 年的标准之争失败。金山公司的失败一部分原因在于相对微软更弱的技术能力和研发实力,但更多的原因在于中国企业过分夸大国内市场容量大的优势,而忽略作为技术标准战略的真正要素——用户基础。

2. 制造能力

制造能力是指将技术标准赋予到产品中的能力,具体来说就是在同一技术路径下,以更低的成本、更高的质量、更快的速度制造产品的能力。从国外的经验看,新兴的高科技行业中,技术和资本在产品的最终价值中所占的份额较大,对于这类产业,制造能力的高低更少地反应在劳动力成本上,更多地由企业更有效率的工艺流程和制造技术所决定。对于我国而言,制造能力作为技术标准战略的重要要素之一还具有特殊意义。

与国外研发主要集中于企业不同,我国研发力量更多地分布在由国家出资组建的研发机构和大学之中。因而,不同于国外技术的创造者为企业,技术标准的实施者也为企业的情况不同。创造我国更多新技术的科研机构或大学由于缺乏制造能力,不能作为实施技术标准战略的主体。科研机构和大学所创造的技术必须嫁接于具有市场特征、制造能力的企业上才能够发挥出对技术技术标准战略的促进作用。

我国数控系统的研发单位主要有广州数车和中科院沈阳计算技术研究所,两家单位经过多年的发展,各自形成一套数控系统标准,相互不兼容。但是广州数车作为一家企业,在研发实力并不占优的情况下,却在相当长一段时间里比沈阳计算所具有更高的市场占有率,这说明制造能力对技术标准推广具有重要的促进作用。由于缺乏数控系统的重要载体——机床的制造能力,沈阳计算所研制的数控系统不能在最短的时间与最终消费者见面,错失先机，更重要的是，由于产量极小，新系统得不到广泛的市场验证，改进的速度非常慢。直到沈阳计算所与沈阳机床结成战略联盟，获得制造能力，才形成今天与广州数车以及同样与企业进行联盟的华中科技大学三大标准三足鼎立的局面。

3. 互补潜力

标准的互补性越强，其能够形成的正外部性也越强，就越能够赢得标准竞争的胜利。作为领先企业，对技术标准的互补性拓展主要是向下拓展和向外拓展。例如新的家庭影音载体——CD 的包装为正方形，其边长刚好为胶质唱盘的一半，DVD 的包装尺寸刚好与录像带一致，这就方便了经销商和消费者在原有的唱盘架上和录像带架上存放 CD 和 DVD。CD 和 DVD 的尺寸标准实现了向下兼容，减少了消费者的转换成本。Windows 在设计之初采取较为开放的原则，支持和鼓励符合 Windows 标准的软件设计，使得能够在 Windows 平台运行的软件数量迅速增多，提高了 Windows 的竞争力，这属于技术标准互补性地向外拓展。

作为后起企业而言，由于在技术水平上处于劣势，也不具备能够和领先企业相抗衡的标准平台系统，因此提高自身标准的互补潜力更多地要采取向上拓展和向内拓展的方式，具体来说就是使自己的技术具有兼容国际上同时期出现的其他标准，以及兼容相关产品标准的能力。而过分地强调标准的独立性，无疑是减少其互补潜力，对技术标准的推广是非常不利的。

EVD（Enhanced Versatile Disc）是 2003 年由 9 家中国企业牵头推出的新一代数字影音光盘标准，2005 年，EVD 标准获得中国信产部支持，各项技术研究相继展开。但是，EVD 不能兼容当时在全球更具技术优势和市场竞争力的 DVD 标准，EVD 联盟内企业也缺乏将更多的电影转化为 EVD 格式的能力。EVD 标准的互补潜力非常小。最终，EVD 标准还未来得及和 DVD 进行正面的竞争便瓦解。目前，只有上海广电等极少数几家企业还在进行 EVD 的改良研发工作，原 EVD 的联盟中的绝大多数企业已经将战略转向 DVD 技术标准的研发和生产中，市场上也很难看到 EVD 碟机和碟片。

4. 专利开放度

专利开放度反映的是发展中国家企业获取国外专利的难度。当国外只是产权向发展中国家开放时，将优化发展中国家企业实施技术标准战略的环境。专利是发达国家领先企业构建技术垄断、标准壁垒最重要的法律武器，对于技术本身很简单的产品来说，专利甚至是企业长期获得垄断利润的唯一手段。对于发展中国家的企业来说，专利则形成实施技术标准战略的重要障碍。企业要取得标准竞争的胜利，要尽量避开已经由发达国家企业构建的专利网络，并通过各种途径获得来自发达国家的专利授权。

龙芯（Loongson）是中国科学院计算所自主开发的通用 CPU，自 2001 年开始研发，龙芯的技术水平和稳定性不断提高，但是由于采用类似于 MIPS 指令集的标准，始终受到来自美国的专利保护压力，龙芯的产业化发展受到的限制极大。2009 年 6 月，全球领先的工业级处理器供应者美普思公司（MIPS Technologies）宣布，正式与龙芯处理器的东家——中国科学院计算技术研究所签署架构授权协议。这意味着，从协议签订日起，所有使用龙芯处理器的电脑及其他电子设备都可以实现与 MIPS 的兼容，无须担心任何潜在的知识产权纠纷。MIPS 的开放对长期处于探索过程、尚未真正打破产业化"瓶颈"的龙芯而言，无疑是实现市场跨越的重要一步。虽然 MIPS 的授权伴随着龙芯被外国标准"招安"的风险，但在全球化的趋势下，中国计算机芯片要获得市场份额，获得国外专利授权，融入已有技术标准体系是必经之路。

5. 产品成熟度

产品成熟度反映的是产品演化的时间、阶段。新产品刚刚出现的时候，其使用的技术标准一般会很脆弱，很容易被新进入的企业所打破。但是产品发展一旦成熟，则网络外部性所形成的技术标准垄断将形成很高的进入壁垒,新的技术标准很难进入市场。从发达国家网络时代技术标准形成的规律看,普遍采取的是前导型的技术标准制定过程,即在新产品出现之初就制定和实行相应的技术标准,技术标准与产品共同发展成熟。对于发展中国家来说,也要选择相对发展不成熟的产业作为技术标准战略的突破口,以避免成熟产品市场形成的高进入壁垒。换句话说,产品发展越不成熟,留给发展中国家企业的战略空间就越大。因此,发展中国家的企业在新兴产业中能够获得比传统产业更高的技术标准战略优势。

DRAM(Dynamic Random-Access Memory,动态随机访问存储器)是通过指令可以随机地、个别地对每个存储单元进行访问、访问所需时间基本固定且与存储单元地址无关的可以读写的存储器,是重要的计算机部件。在20世纪70年代末到90年代中期10多年的时间里,DRAM先后出现了从64K到256M七种标准。在最初的10年里,美国和日本引导了全球DRAM产业的研发和生产。但是,作为RAM的升级替代产品,DRAM在90年代之前仍处于发展的初级阶段,产品性能还有待改善,稳定性有待进一步增强。韩国的三星、LG等后起企业抓住了这个机遇,积极发展本国研发,通过多种方式对美、日领先企业进行追赶。到1992年末,三星和LG与日本企业同步推出了64M标准的DRAM,而在经历了30个月的奋力赶超之后,1994年8月三星公司成功地开发了世界上第一个256M标准的DRAM,打破了日、美在DRAM产业上的技术垄断,奠定了以韩国企业为主导的新的标准体系,赢得了技术标准战略的胜利。

6. 技术规模性

技术规模性反映技术的规模效应大小,具体表现为产品的正外部性大小。规模型越强的技术,市场所能容纳的技术标准数量越少。目前,绝大多数技术标准均被发达国家的跨国公司垄断,技术标准所表现出的强技术规模性(其中,一部分来自于技术本身的外部性,也有相当大一部分来自于标准战略的实施)使得发展中国家企业很难从中找到生存和突破的夹缝,通过树立新标准很难获得技术规模性。但是,通过转换器(Converter)技术的使用,可以实现多种技术标准之间的相互兼容,打破发达国家的垄断。

闪联(Intelligent Grouping and Resource Sharing, IGRS)标准是 2003 年在信息产业部支持下成立的中国信息设备资源共享协同服务标准,其目的是帮助各种电子产品之间的信息交流。面对国外在多种电子产品传输标准上的垄断,闪联提出了一种提供综合转换的全新构架,在通信及内容安全机制的保证下,支持各种使用不同标准的 3C(computer, consumer electronics & communication devices)设备职能互联、资源共享和协同服务,实现"3C 设备 + 网络运营 + 内容/服务"的全新网络架构,为未来的终端设备提供商、网络运营商和网络内容/服务提供商创造出健康清晰的盈利模式,也为用户提供高质量的信息服务和娱乐方式。2007 年 11 月,中国闪联标准提案通过了 ISO/IEC 最终委员会草案(FCD)投票,进入 FDIS 阶段,成为全球第一个 3C 协同国际标准几成定局,取得了技术标准竞争的阶段性胜利。

7. 国内市场独立性

国内市场独立性反映技术在国境内封闭的难度和可能性。技术能够有效地以国界划分边界,将有利于国内企业的标准战略。一般来讲,实体产业的国内市场独力度高于虚拟产业,外部性主要反映在国境内的产业市场独力度高于外部性经常跨越国境实现的产业。

移动通信行业是具有强外部效应的网络型产业,单纯从整体经济福利的角度看,全球形成统一的制式标准是最优,多个标准共存将降低消费者福利,增加产业运营成本。在第三代移动通信(3G)的标准竞争中,由我国主导的 TD-SCDMA 标准最终被国际电信联盟(ITU)确立为三大 3G 标准之一。其实从技术的角度看,与 CDMA2000 和 WCDMA 相比,TD-SCDMA 的起步较晚,成熟度相对较差,由于时分双工体制自身的缺点,目前仅仅只能通过 9 个频点来做小区的区分,每个载波仅 1.6M 带宽,导致空口速率远低于 WCDMA 和 CDMA2000。但是,中国有全世界最大的国内移动通信市场(截至 2009 年 3 月，我国手机用户达到 6.7 亿），虽然通信是一个跨界的虚拟过程，但网络外部性特征仍然可以在我国国境内得到充分的发挥。由此，TD-SDMA 仍然受到各大主要电信设备制造厂商的重视，全球一半以上的设备厂商都宣布可以生产支持 TD-SCDMA 标准的电信设备，大力促进了 TD-SCDMA 标准的产业化。

综上所述，我国企业在多个技术标准战略要素上面临严峻的形势，但也均存在突破的可能性，只要抓住机遇，还是能够逐步获得在技术标准战略上的进步，如表 10-4 所示：

表 10-4　中国企业技术标准的关键战略变量

	优势	劣势
用户基础	全世界最大的国内市场	还没有认识到潜在用户向用户基础转化的重要性
制造能力	全世界最大的制造总量	制造业缺乏长时间持续的技术积累
互补潜力	巨大的国内市场能够支持国内标准的形成	网络型产业成熟技术几乎被国外跨国公司垄断
专利开放度	通过制造能力的上升获得国外专利授权	绝大多数关键专利被国外跨国公司垄断，"专利池"似乎坚不可破
产品成熟度	新一轮技术革命中，新产业、新产品层出不穷	传统产业产品大多进入成熟阶段，技术标准被国外垄断
技术规模性	通过"转换器"打破已经形成的标准网络	国外跨国公司利用网络型技术的特性和标准战略不断加强技术规模性
国内市场独立性	通过巨大市场可以支撑技术标准所需的外部性容量	信息革命使得产业虚拟化，国内市场与国际市场的融合度越来越高

四、中国企业技术标准战略选择

技术赶超背景下的中国企业应该分三步实施标准战略：第一步确定需不需要标准，第二步确定标准从何而来，第三步确定选择何种战略。

第十章 中国工业企业技术标准战略研究

1. 需不需要技术标准

如果仅从技术类标准产生最初的原因来看,标准是为了加强网络型产品正的外部性而存在的。很多学者也提出技术标准的副作用是减少了产品的多样性,从而降低消费者的效用。现实的情况也是如此,技术垄断企业往往在开发新产品的过程只考虑自己的利益,而忽略消费者和整个市场效用的提高,技术研发的结果往往不是帕累托改进,而是垄断势力的进一步增强。但是,网络外部性的存在使得技术标准既是具备很多弊端,但仍对整体福利水平有提高的作用。关于这项研究的结论来自 Blind(1999,2000),Gandal(1995),Swann(1996)等。具体说来,对于企业来说,采用技术标准的作用表现为三个方面:首先,作为系统形式存在技术标准能够引导创新活动的方向,提高 R&D 的效率。其次,作为国际惯例形式的技术标准能够避免出口遭受技术壁垒的干扰,降低企业出口成本和风险。最后,作为企业竞争要素存在的技术标准本身也是企业的盈利来源。所谓"一流企业卖标准,二流企业卖服务,三流企业卖产品",发达国家跨国公司正是通过掌握大量的全球技术标准获取垄断利润。因此,中国企业需要技术标准。

2. 标准从何而来

我国企业技术标准的采纳有三种基本路径:独立创造、加入标准联盟、被迫接受。

对于传统行业,要积极引进国际成熟标准,提高国内制造水平,降低出口技术门槛。此类行业发展时间长,基本上形成全球统一的标准或几大标准板块。像这类行业的标准已经非常成熟和统一,虽然有些标准并非最优选择,但要改变标准体系需要花费极大的成本,显得没有必要。因此,中国企业的最好选择就是尽快引进国际标准,完善国内标准体系,实现国内标准与国际标准接轨,提高中国制造的产品在国际市场的通行能力。

对于优势行业，要参与国际标准制定活动，提高产品竞争力和企业竞争水平。经过改革开放前的积累和改革开放以后30年的迅速发展，我国已经拥有全球第一的制造能力，在家用电器、日用消耗品、卡车、造船等多个领域已具备世界先进水平。此类行业虽然大多属于传统行业，但与第一种情况不同的是，我国在制造能力已经达到甚至超过发达工业化国家水平。同时，此类行业也正处于技术和消费理念轮替的重要关头（例如电器数字化，汽车环保化），新技术对老技术的替代在所难免，中国企业应该依靠自身的制造优势参与到新标准的制定过程中，提高中国企业的国际竞争力层次。

对于新兴行业，要有选择地加快标准制定和申请工作，培养下一代竞争力。此类行业技术轨迹并未最终成形，相对于前两种情况，对于新兴行业，我国企业能够与发达国家跨国公司有更平等的竞争地位。2009年1月7日，工业和信息化部为中国移动、中国电信和中国联通发放3张第三代移动通信（3G）牌照，标志着我国正式进入3G时代。3G中国标准的出现证明了我国已经能够在新兴的产业领域制定和实施自主标准，之所以在多次标准站中失利，究其根源，并非中国企业的技术能力有欠缺，而是战略实施的问题。

3. 选择何种战略

总体来说，中国企业技术标准战略的选择由两方面的因素决定：一是国际标准环境，二是内部战略条件，如表10-5所示。企业在实施某项具体技术标准战略时，要考虑这两方面的决定因素。同时，也要对可能的危机、陷阱进行评估和预防。

当某项技术在国际上还没有已经申请的专利，更无确定的技术标准时，我国企业在获得技术前提下的战略选择可以是申请专利、创造标准。必须具备的战略要素是制造能力，否则标准设立之后将无法在第一时间占领市场，形成用户基础，发挥网络外部性，一旦技术被其他企业所掌握将失去战略先机。

当某项技术已经存在专利但还没有形成技术标准时，我国企业可以采取

表 10-5 我国企业技术标准战略环境与战略选择

环境	战略选择	必须具备的战略要素		预防
无专利无标准	申请专利 创造标准	制造能力		要首先认识技术的最新边界，否则创造落后标准
有专利无标准	购买专利 创造标准	专利开放度		
已有标准	引进标准	技术规模性		引进漩涡
	改进标准	用户基础	产品成熟度	被孤立
	创造新标准		国内市场独立度	
已掌握标准	释放标准	互补潜力		被赶超

购买专利、创造标准的战略选择。企业必须具备的战略要素是专利开放度。专利开放度过低将造成购买专利困难，抬高技术标准制定成本。

无论是使用自己的技术还是购买专利创造标准都必须首先明确所采用技术的先进程度，落后技术形成的落后标准生存力很差，将很快被新标准所替代。

当国际上已经形成技术标准时，我国企业的战略选择可以是引进标准、改进标准和创造新标准。引进标准要考虑技术规模性，通过"转换器"的使用可以多头引进标准，防止单边谈判带来的高成本。引进标准同样要考察技术的先进程度，引进过时的标准如同引进过时的技术一样陷入"落后—引进—再落后—再引进"的旋涡当中；改进标准和创造新标准都必须具备一定的用户基础，否则技术标准没有赖以生存的市场规模。改进标准特殊要求产品的成熟度不高，否则很难找到改进的突破口；创造新标准需要具有较高的国内市场独立性，否则国外标准将通过网络外部性蚕食中国标准。改进标准和创造新标准都是在国内使用不同于国际标准的新标准，因此要防止被国外标准所孤立，特别是针对具有"硬件—软件"模式特点的产业，如果国内硬件标准不能兼容国外软件标准，则选择国内技术标准的消费者福利水平将受到影响。

如果我国企业已经掌握了国际通用技术标准，则我国企业应该努力释放和扩散标准，获得更多利润。释放标准需要具备互补潜力，否则新的标准很难得到相关企业和消费者的认可。释放标准过程必须同时进行不间断的技术研发以使得标准更加完善和先进，否则在技术迅速变化的时代将很容易被赶超。

参考文献：

[1] Besen, S.M. and Farrell, J. Choosing How to Compete: Strategies and Tactics in Standardization. Journal of Economic Perspectives, 1994: 117-131.

[2] Farrell, J. and Salnoer, G. Installed Base and Compatibility: Innovation, Product Preannouncements, and Predation. American Economic Review, 1986 (12): 940-955.

[3] Shapiro, C. and Varian, H.R. The Art of Standards Wars. California Management Review, 1999: 8-32.

[4] Shapiro, C. Navigating the Paten Thicket: Cross Licenses, Patent Pools, and Standard-Setting. Innovation Policy and the Economy, Volume I, Adam Jaffe, Joshua Lerner, and Scott Stern, eds. MIT Press, 2001.

[5] Katz, M. and Shapiro, C. Network Externalities, Competition, and Compatibility. American Economic Review, 1985, 75: 420-440.

[6] Katz, M. and Shapiro, C. Technology Adoption in the Presence of Network Externalities. Journal of Political Economy, 1986, 94: 822-841.

[7] David, P. A. and Monroe HK. Standard Development Strategies under Incomplete Information—Isn't the Battle of the Sexes really a Revelation Game. Telecommunications Policy Research Conference, 1994.

[8] Blind, K, The Economics of Standard: Theory, Evidence, Policy. London: Edward Elgar, 2004.

第十一章　中国装备工业企业的技术赶超特征

技术范式和市场条件是影响企业创新行为最基本的两个环境变量。装备工业最基本的技术范式之一是，其关键的技术学习和进步一定是在技术供给者和用户的持续互动过程中实现的。而我国作为制造业大国，装备产品市场又具有大规模、多层次和差异化的特征，从而为我国本土装备企业的技术进步创造了良好的条件。这两方面的因素决定了中国本土装备工业企业的技术赶超必然具有鲜明的市场导向特征。相应地，产业政策和科技政策应当配合微观主体的市场机会导向的创新要求，加速本土企业的技术赶超进程。

一、制造业发展形成的市场机会与装备工业企业创新：分析框架

装备工业发展与中国制造业的发展是一个互动的过程。一方面，中国制造业发展对装备工业提出了更高的技术要求，提供了更广阔的市场空间，有利于装备工业创新能力的提升和发展；另一方面，由于装备产品是科学技术的物化成果，装备工业的技术进步是制造业工艺和产品技术提升的基础，因而装备工业企业的技术进步对中国制造业发展具有积极的推动作用。先进的技术装备是制造业工艺技术和产品技术提高的基础，而建立在工艺技术和产品技术基础之上的更新的产品、更好的质量和更完善的性能是制造企业品牌

价值提升的前提。制造业企业生产装备技术水平的提升是中国制造业转型升级的重要内容。

由于制造业是装备工业的主要下游产业，因而制造业增长对装备工业发展形成的需求拉动效应是装备工业发展的直接动力：首先，制造业规模和市场需求的稳步增长，为装备工业企业提供了必要的利润来源，从而保证了企业具有进行研发投入所必需的财务能力。其次，更大的市场规模有利于装备企业在更大规模分摊研发投入的成本，从而有可能进行更大规模的研究开发活动，即制造业规模增长提高了装备企业的技术投入动力。最后，中国制造业的技术进步会对生产装备提出更新、更高的技术要求，从而诱导装备工业企业通过技术引进和技术吸收最终实现技术创新甚至技术赶超。从中国的经验看，中国装备工业发展最快的时期，也正是国际制造业向中国转移、中国制造基地逐步形成的时期；从国际经验看，装备工业中的领先企业无不是在首先为本土制造企业①提供具有需求特质的装备产品，然后进一步拓展国际市场的过程中发展壮大起来的。制造业规模增长和产业升级有利于装备工业创新能力的提高。

装备工业发展与中国制造业发展是一个相互促进的、同步的过程，但这种关系只是理论上存在的可能性，如何在实践中实现两个产业部门的良性互动，特别是在赶超和开放的背景下，实现装备工业的技术升级和品牌价值提升、实现中国制造业转型发展需要满足一系列条件，这些条件并不全是本土企业追求利润最大化行为内生的结果，有些条件需要产业政策的扶持和诱导。因此，分析中国装备工业发展与制造业发展必须在一个逻辑一致的理论框架下挖掘出那些实现两个部门良性互动的影响因素和条件。我们在借鉴演化经济学、企业能力理论以及其他创新研究成果的基础上，给出了一个分析装备工业企业创新发展与中国制造业发展良性互动的分析框架。

---

① 本章中的本土企业定义为公司总部在中国国土范围内的企业。从定义可以看出，本土企业与内资企业的内涵不完全相同。另外，跨国公司在中国的分支机构不属于本土企业。

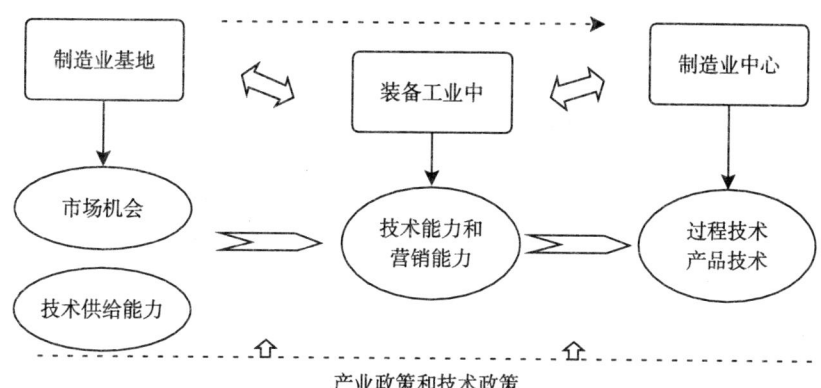

图 11-1 装备工业企业创新与制造业互动发展的分析框架

企业的创新能力提升是企业一系列创新活动过程中知识累积的结果，企业的创新活动必须具有经济上的可行性和技术上的可能性，正因此，Cohen认为，决定企业创新努力的因素主要有三个方面，即产品市场需求（Product Market Demand）、技术机会（Technology Opportunity）和创新收益内部化能力（Appropriability）（Cohen，1989）。Cohen提出的影响企业创新行为的产业特征因素为我们分析中国装备工业企业的创新能力提升提供了有力的理论工具。我们可以将建立一个中国装备工业和制造业创新能力提升的分析框架的工作转变为如何在制造业高速发展、开放经济等条件下提升本土企业把握技术机会、市场机会和提高创新收益内部化能力的问题。

二、制造业发展与中国本土装备工业企业创新：理论与经验

1. 市场机会与创新能力：本土装备企业利用我国制造业大国优势提升创新能力的特征

有鉴于装备工业在国民经济中的重要地位，国内已有较多关于装备工业的系统性研究文献，这些文献从不同角度指出了中国装备工业发展的重要问题并提出相应的政策建议，但由于这些研究成果要么没有在分析逻辑上抓住制约中国装备工业发展的要害，要么没有在现实约束条件下给出切实可行的政策建议，因此都存在商榷和修正的空间。以几项较具代表性的研究成果为例，胡春力等认为"从（生产组织）角度来寻找我国装备工业存在问题的根源，可能抓住了问题的核心和实质"。胡春力等认为，中国装备工业生产组织问题具体表现在：一是尚未建立起能够保证制造加工质量的专业化、标准化分工体系；二是装备工业的众多行业尚未形成核心企业（胡春力，2002）。笔者认为，分工体系和核心企业的形成都是市场竞争和企业在竞争过程中优化选择和学习的结果，因此问题的关键应该是找到制约合理组织形成的条件以及核心企业的成长轨迹，将问题停留在产业组织而不是微观企业的活动的基础上，并不能揭示开放条件下本土装备企业规模成长和技术进步的条件和路径。史丹等主要从技术进步的角度研究了中国装备工业发展的问题（史丹，2001），但由于该研究主要从宏观的角度研究装备工业技术进步对国民经济的影响，因而也没有揭示出装备工业自身技术进步的可能路径，因而在对策建议上显得没有重点。2002年，原国家经贸委行业规划司一份题为《我国装备工业发展的制约因素及对策研究》的报告认为，技术"瓶颈"、工

艺"瓶颈"和服务"瓶颈"是制约中国装备工业发展的主要因素,这份报告对中国装备工业的问题发掘比较深刻,但由于没有将装备工业发展问题置于中国制造业大国的背景下加以分析,因而分析和对策建议往往忽略了跨国公司直接投资对本土企业的抑制、政府政策资源和政策效力的有限性等现实约束。另外,由于报告自身的性质,这份研究也没有为分析和政策建议提供较扎实的理论基础。

中国装备工业发展最本质的内容是本土装备企业创新能力的不断提升,制造业大国作为中国装备工业进一步发展的起点对于中国装备企业的发展到底意味着什么?直观地看,装备工业是为以制造业为主的其他产业提供生产装备的产业,因此制造业是影响装备工业发展的需求因素,那么需求因素与本土企业的技术创新能力提升有什么样的关系?第二个问题显然是第一个现实问题的理论基础,为了回答这些问题,我们需要首先对装备工业创新的要素和形式加以了解,在此基础上才可能发现中国装备工业企业提升自身创新能力的途径以及制造业发展与装备工业发展的联系。

创新的要素是由创新的内涵决定的。创新管理的文献特别强调创新（Innovation）不同于发明（Invention），创新管理的著名学者 Fagerberg 将发明定义为关于过程或产品的新的想法,而将创新定义为新想法的首次商业化（Fagerberg,2003）。将一项发明转化为创新往往需要诸多不同的知识、能力、技术和资源,如生产知识、技术和设备、市场知识、运行良好的分销系统和足够的财务资本等,当然还有熊比特一再强调的将各种资源合理地组织在一起的创新者——企业家。可见,决定创新能力的不仅仅是企业的研发能力,对市场的准确把握、本土知识和技术选择能力等都可能成为企业的创新能力。从创新的形式看,装备工业的创新形式也在不断地突破传统的创新范围,企业创新的内容变得越来越丰富。Wengel 和 Shapira 对机床工业的创新形式进行了概括,这些内容同样适用于其他装备工业（Wengel 等,2001）。装备工业的创新形式不仅表现在产品技术和工艺技术,还表现在装备企业为下游企业提供更完善的包括融资、培训、提供个性化的解决方案等增值服务,以及适应制造业企业新的制造技术的技术装备上。在装备企业竞争的真

创新重点 ↓	技术的	组织的
产品	(1) 新产品 改进的加工中心、切割技术、软件等	(2) 增值服务 金融、培训、回收等
工艺	(3) 制造技术 改进的制造流程、工具、情报运用	(4) 新的制造理念 柔性制造、虚拟企业、供应链管理等

图 11-2　装备工业的创新形式

资料来源：Wengel 等，2001。

实环境中，将创新竞争仅仅理解为技术供给能力已经太过狭隘。

　　创新要素和创新形式的多元化为发展中国家装备企业创新能力的提高和竞争优势的培育提供了更多的机会和可能性。从创新的要素来看，尽管在研发能力方面，本土装备工业企业与跨国公司存在较大的差距，但在对本土市场需求的了解程度、市场开拓能力等方面却存在优势，本土装备企业的创新策略在于充分利用这方面的资源优势，针对本土制造业企业和在中国投资的跨国公司的本土化需求，[①] 开发出用户特定的装备产品，因为"企业能够有效地利用新的科技知识，不仅取决于实验室中研发各种技术的工作质量和能力，而且也非常关键地取决于概念化的能力，即把大量出现的技术可能性用于定义有商业价值产品的能力"（慕玲等，2004）。在竞争中胜出的企业是那些最善于选择技术的企业，而不是只能以创造技术见长的企业。相应地，本土装备企业采取以需求为导向的创新战略，在把握市场机会的过程中不断提

---

① 创新研究关于需求的一个关键假设是创新供给者关于使用者需求的信息并不是可以免费获得的公共产品。Lundvall 在研究丹麦的奶制品加工业时发现，全球最大的奶制品加工机械企业之一的瑞典 Alfa Laval 公司在丹麦的一个部门连年出现财务亏损，但 Alfa Laval 并没有关闭这个部门，当问及原因时，Alfa Laval 的回答是："为了与最先进的奶制品机械使用厂商交往，我们愿意支付这样的成本。"可见，创新供给者必须通过与使用者的交往和学习才能获得这些信息——这些信息是构成创新者能力的要素，尽管这样的交往是有成本的。

第十一章 中国装备工业企业的技术赶超特征

高技术供给能力正是中国装备企业创新能力提升的可能路径。

需求导向的创新战略不仅符合本土装备企业的资源优势，也符合装备工业自身的产业特性。装备工业虽然属于技术密集型工业，但它不同于石化等流程工业，而是属于组装式工业。Pavitt 将高技术的产业部门分为两类：一类是"以科学为基础"(Science-based) 的产业，这些产业的创新特点在于与科学知识的密切联系和拥有众多组织化的研发机构，如医药、通信等；另一类是"专门化的供应商"(Specialized Suppliers)，这些产业的创新特点在于主要基于工程（Engineering）和与使用者的经常性互动（Frequent Interaction with Users），装备工业就属于这类行业。装备工业的创新特点是由装备工业的市场需求特征决定的。装备工业面对的需求市场包括装备工业自身、制造业和其他产业部门。按照产品的基本功能，可以将装备工业分为三大类：一是重大的先进的基础装备，即制造装备的装备——"工作母机"，主要包括普通机床、数控机床（NC）、柔性制造单元（FMC）、柔性制造系统（FMS）、计算机集成制造系统（DIMS）、工业机器人等整体设备及配件；二是重要的机械基础件，主要包括先进的液压、气动、轴承、密封、模具、刀具、仪器仪表及自动化控制系统等；三是国民经济各部门科学技术、军工生产所需的专用设备与重大成套技术装备，包括农业、能源、交通运输、原材料、纺织、医疗卫生、环保等领域的专用设备与成套设备。从市场需求看，农业、交通、服装、食品、环保、旅游、能源化工等各个行业的发展都离不开专用设备，而专用设备又对轴承、液压系统、模具、仪器仪表等基础件提出需求，基础件的加工有赖于基础装备，包括各类机床及加工中心。从装备工业的产业链条可以看出，装备工业面对的需求市场具有一个重要特征，那就是除了工业基础件和交通运输设备以外，大部分的装备工业产品都具有客户需求特质的特点，这要求装备工业企业不能简单地提供标准化的产品，而必须根据客户的特定需求对产品的功能和性能进行有针对性的改进。

装备工业创新资源和创新形式的多元化、本土企业的竞争优势以及装备工业的行业属性决定了，中国装备工业企业的技术创新能力提升在企业层次上必然表现为以需求为导向的创新战略实施，需求导向的创新能力提升是中国装备企业创新能力提升的现实可能路径。事实上，日本在向装备工业中心转变的过程中，其装备工业企业的技术赶超行为也具有很强的需求导向性质，根据 Roberto Mazzoleni 对日本机床工业技术赶超经验的研究，美国企业和日本企业的竞争力差异并不是来自于它们使用的基础技术的差别，而是反映了两个市场的企业在数控机床设备设计创新方面的分歧，而产生分歧的原因正是两个市场的需求结构差异，日本的市场需求诱导企业将数控技术的主要开发方向确定为制造灵活和劳动成本节约，而不是像美国企业那样提高设备的精确性和重复使用性（莫厄里等，2003）。

2. 本土装备企业技术创新能力提升的条件

通过把握市场机会带动技术创新能力提高的重要条件是企业有充分的学习机会，对于装备工业而言，有些学习机会是本土装备企业的优势内生的，如成本优势、更符合本土特点（如劳动力密集）的产品设计等，但内生优势获得的学习机会不足以实现本土装备企业的技术赶超，特别是在 WTO 框架下跨国直接投资的壁垒已经足够低，从而跨国公司可以充分享受本地资源的条件下，本土装备企业已经不能完全依靠内生优势获得足够的学习机会，企业创新能力的提升需要必要的产业政策有重点地加以扶持和诱导。

在以国际间产业转移为特征的中国制造业发展过程中，本土装备企业的用户不仅包括采用适用技术装备的本土制造业企业，而且包括本土化的直接投资厂商。对生产装备具有更高技术标准和更完善技术服务要求的跨国公司作为本土装备企业的购买方，有利于本土装备企业的技术能力提升。我们一般强调国际制造业向中国转移的基本因素是低廉的劳动力成本，劳动力成本确实是跨国公司直接投资的重要动因，但并不是选择在中国制造的全部优势，引致跨国公司来华投资生产的决策还出于节约资本成本。根据 BCG（波士顿咨询）在中国的项目经验，与美国相比，在中国投资的资本成本可以节约 20%~40%（见图 11-3），导致显著的资本成本节约的原因主要有两方面：一是可以用便宜的人工更多地替代高昂的技术和资本节约，如用人工代替材料处理系统和包装线;另一方面就是可以使用中国更便宜的工厂设施、机械和设备,制造业跨国公司在中国的购买决策不仅要考虑技术装备的先进性,更要考虑适用性和经济性。购买东道国的机械设备本身已经成为吸引跨国公司直接投资的动因之一,这也意味着,本土的装备工业企业不仅面临本土制造企业增长带来的需求机会,而且可以充分把握跨国投资的制造企业带来的需求机会。而这些企业更高的技术标准也为本土装备企业的技术能力提高创造了条件。

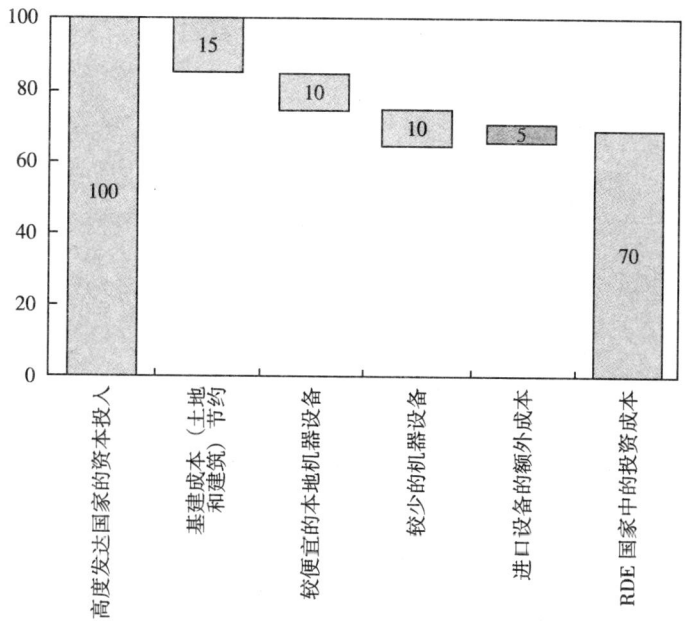

图 11-3 发展中国家与发达国家相比的资本成本优势

中国作为制造业大国的优势为装备工业的发展创造了良好的需求条件,随着跨国制造企业向中国的逐步转移和本土制造企业的成长,日趋激烈的全球化竞争将推动制造企业加快生产装备的更新速度,提高对生产装备的技术要求和全产品系列的、综合性服务,而本土制造业企业的适用技术要求和跨国公司的本地化采购使本土装备企业以需求为导向的创新能力提高成为可能。

跨国装备企业通过出口和直接投资不能独占中国制造业增长形成的庞大

的装备产品市场收益。一方面,进口装备不能完全满足下游企业的本地化需求,而且区别于一般工业产品,单纯的装备进口不能满足下游企业对装备产品全系列的服务要求;另一方面,直接投资企业在本地投资之后也面临一系列将技术优势转化为竞争优势的障碍,如政策障碍、信息障碍、竞争障碍、协调障碍和战略障碍(高旭东,2004),从而为本土装备企业的技术学习创造了条件。

当然,中国巨大的装备产品市场,以及本土装备企业存在创新能力提高的现实路径和环境并不能构成本土装备企业技术能力提升的充分条件。为了提高本土装备企业从中国制造业成长获取更大的创新收益还必须有政府适当的产业政策的扶持、诱导和约束。① 根据我们前面对中国装备企业技术创新路径的分析,产业政策的重点是为本土装备企业提供更多的学习机会,如对政府采购支持、大型构成项目采购的国产化、鼓励直接投资中装备采购的国产化等。我国电力装备工业的发展证明了依托大型工程发展国内装备业的可行性。电力部门对国产设备的采购确定了一定的比例,采取了比较宽容和接受的态度,使国内的电力设备制造企业得到较多的学习机会。目前,我国发电设备的价格大约是国际市场的 2/3,技术水平在国内各种重大技术装备中也是较好的,产品在国际市场上也有一定的竞争优势。

3. 经验分析:以中兴通讯为例

通信设备行业是 20 世纪 90 年代以后发展最快的产业之一,目前我国已经初步确立了作为世界通信设备加工制造基地的地位。我国加入 WTO 后,世界制造业向中国转移的步伐加快,包括通信设备制造业的电子信息产业全球布局经历了从美国、日本到韩国、新加坡、中国台湾到中国内地的过程,目前一些中国制造的高技术产品产量已经居世界第一位,如程控交换机和移

---

① 大多数的产业政策讨论强调产业政策对本土企业的扶持,但笔者认为,对扶持对象的约束和激励必须与扶持政策配套进行才能提高产业政策的有效性。

动电话占世界总产量的比重已经达到 30%和 35.5%。2003 年我国通信设备行业总收入为 3370 亿元,占全球电信市场的比重在 14%左右。在通信系统设备领域,以中兴通讯为代表的一批具有国际竞争力的企业正迅速崛起,带领中国电信设备产业向世界电信设备制造业中心转变。观察中兴通讯等企业的成长过程,我们可以清晰地发现中国装备企业创新能力提升路径的一般特征。

2003 年,中兴通讯的主营业务净收入在全球所有同类上市公司中已经列第九位。除日本的 OKI 之外,中兴通讯也是唯一一家销售额超过 20 亿美元的非欧美企业。中兴通讯的成功是多种因素综合作用的结果,如出色的企业家领导才能、较为灵活的企业体制、具备一定的技术基础等,但如果从技术轨迹的角度看,中兴通讯的创新能力持续提升主要是因为企业充分把握住了中国电信市场快速增长的机遇、坚持了市场导向的创新战略。

超常规需求增长为企业发展创造了需求条件。从 20 世纪 90 年代开始,中国政府意识到了电信网络对国民经济的重要性,从此,中国的电信投资的速度就一直远远超过 GDP 增长速度。时至今日,中国已经拥有了全球最大的移动通信网络和固定通信网络。中国电信网持续的、超常规的发展,为中兴通讯的原始积累创造了有利的本土市场环境。我们认为,假如缺乏此肥沃的本土市场,中兴通讯就很难完成必要的原始积累,而其国际竞争力更是无从谈起。

市场导向的创新战略是中兴通讯将市场需求内化为企业效益,并使得技术能力不断提升的主要原因。市场导向的创新战略表现在产品选择方面是企业首先从系统设备做起,这样企业在原始积累阶段能够以良好的售前支持和售后服务来弥补产品在技术和制造工艺上的不足。而电信市场客户数量的有限性,也使得企业能够采取各种灵活而有效的营销手段。多年来,中兴通讯在直销方面具有非常明显的优势,公司与国内、国外的运营商保持良好的关系,与政府关系也非常密切,尤其是在手机上的捆绑销售成为公司较其他单纯终端厂商的巨大优势所在。市场导向的创新战略还表现在企业的资源投入方面,在中兴通讯的人员构成中,不仅有大量的工程师从事研发工作,而且有大量的工程师从事技术服务和营销工作,这使得企业的技术供给能够很好

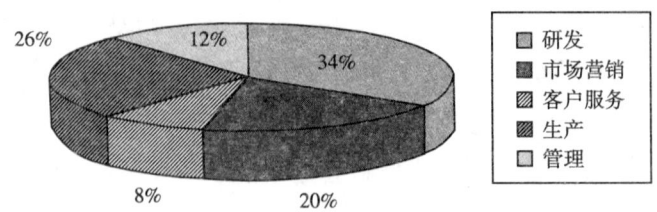

图 11-4 中兴通讯人员构成

资料来源：数据来源于上市公司公告。

地转化为企业效益，从而为新的技术创新提供财务支持。

中兴通讯具有很强的理解、把握市场的能力，公司在几次重大的技术转型期均安然渡过，并成功地抓住了包括 CDMA、小灵通、终端等在内的重大机会，基本上没有出现大的失误。这主要有以下几方面原因：一是公司采取的是"先期跟踪、弹性投入"的战略，既不轻易放弃每一个潜在的市场机遇，也不会某个市场和产品被看好而将全部力量投入，而是根据市场变化情况进行调整，选择合适的时机介入；二是公司在重大决策机制上，是"市场推动型"而不是"技术推动型"，不唯技术做决策；三是快速反应能力，因为通信设备行业和市场变化实在太快，只有以变应变才能保持不败，这方面中兴较之国外厂商具有很大的优势；四是了解客户需求，公司管理层有一个"50%原则"的要求，即50%的时间必须用于跑市场，和客户交流，每个月至少拜访一次核心客户，只有深入了解了客户的需求才能把握住发展方向。

把握住市场机会对企业而言意味着学习机会，而企业的技术能力归根结底是在不断的学习过程中才逐渐培养起来的。现在，中兴通讯已经完成由技术跟随型向技术领先型企业的转变，具备了很强的技术供给能力。公司在WCDMA、CDMA2000、软交换等多个领域处于国际领先技术水平，并研制出多种通信专用芯片。拥有国家级技术中心和企业博士后工作站，在国内和美国、韩国、瑞典设立了13个研发机构，累计申请专利1100余项，其中高技术含量的发明专利占80%以上。加入 ITU、3GPP、3GPP2、CDG、IPV6 等30余个国际标准化组织，初步拥有一定的国际话语权。

三、本土企业与跨国企业技术能力的互动提升

中国成为全球装备工业中心的重要条件是跨国装备企业具有向中国转移科技资源的动因,中国成为全球装备工业中心具有可能性是因为本土装备企业具有通过技术学习不断提高创新能力、开发自主知识产权的现实路径和可能性。跨国装备企业的科技资源转移和本土装备企业技术学习的努力使得部分技术基础较好、国际竞争力较强的装备工业企业创造良好的竞争环境和技术学习条件。

1. 要素条件、市场机会与跨国装备企业的科技资源转移

全球化研发已经成为制造业发展的一个重要趋势,在这个趋势中,成熟市场经济向中国的研发投资不断增加,而由于装备工业突出的技术密集性质,装备工业已经成为研发国际化趋势最为突出的产业部门,原因是:首先,作为技术密集型的产品,大部分装备工业产品往往需要集成多种技术,因而跨国公司希望通过全球化研发来充分利用全球的科技资源优势,提升产品竞争力。其次,装备工业产品具有鲜明的用户特定性,为了更好地满足下游制造企业的产品需求,提高自身的市场反应能力和竞争能力,装备企业往往随着下游客户的对外直接投资活动相应地转移生产和研发活动。研发活动的国际间转移根本上是由科技资源和市场需求变动导致的研发成本、收益结构变动推动的。跨国装备企业向中国转移研发活动同样具有需求拉动和成本推动两方面的特征。

根据 Hischey 和 Caves 等学者的研究,跨国公司的海外研发支出占公司研发支出的比重与海外分支机构占公司总销售额的比重呈显著的正相关(江小涓,2004),从行业的层面分析,则跨国公司的研发投入与东道国的市场

规模直接相关（Fors等，1996）。目前跨国公司在中国装备工业中的销售额比重已经达到相当高的比例，2004年，外商和港澳台投资装备企业的销售收入为2.25万亿多人民币，占全部装备工业销售收入的比重高达49.9%。当然，东道国市场对跨国公司业务的相对重要性并不能解释跨国公司研发活动动因的全部，因为理论上讲，如果各个市场的产品和生产条件具有很强的相似性，因而产品技术和过程技术具有很强的通用性，则跨国公司完全可以通过母公司和子公司之间的技术转移满足东道国的市场需求，之所以研发投入会随着销售收入同方向地增长，原因在于跨国公司必须根据东道国市场的需求特征和生产条件对产品技术和过程技术进行相应的调整（Adaptation），这种适应性的调整要求跨国公司增加对东道国的研发投入（Fors等，1996）。相对于其他制造业而言，多数装备工业具有更加明显的本地化需求特征，因而来自发达国家的跨国装备企业必须根据中国的产品需求特征和生产条件进行适应性调整的研发，以优化产品的成本结构和性能、增强产品在中国市场的吸引力，可以预见，随着中国制造业的进一步发展以及中国制造业对装备产品需求的持续强劲增长，为了抢占本土市场份额，跨国装备企业有动力增加在中国的研发投入。

跨国装备企业在中国建立或转移研发机构的另一个重要原因是在中国研发可以充分利用中国的人才优势，大大降低研发成本。笔者认为，随着中国经济发展水平和教育水平的不断提高，中国的比较优势内涵正在发生深刻的变化。从新古典经济学的生产函数出发，比较优势理论认为，一国的资源禀赋优势可能表现为劳动、资本或技术优势（有的国家可能表现为自然资源优势），由于中国人口众多、经济发展水平落后，一般认为，中国的比较优势主要体现为劳动力成本低下，而这正是中国成为制造业大国最核心的理论基础。但我们忽略了，随着中国经济发展水平和教育水平的不断提高，中国的人力资本的质量也在不断提高，随着中国中产阶级阶层规模的成长，以及与之相伴的普遍的、大规模的人力资本投资，中国正在而且必将成为全球最重要的"智力库"(Brains Pool)。伴随人力资本投资的累积，中国的人力资本优势已经不仅仅体现在简单劳动力的数量优势，还体现在储备有大规模的较高素质科技人才。从绝对数量看，中国的研发人员和研发机构数量已经远远超过日本、德国、加拿大等成熟市场经济国家。尽管目前我国研发人员的实际知识水平较发达国家仍然存在较大差距，但由于我国研发人员的基本素质并不低，因而具有较强的学习能力。更重要的是，中国与发达经济国家研发人员的报酬水平相差悬殊，在中国从事研发活动可以大大降低跨国公司的研发成本。中国台湾学者 Chen 在 Dunning 的折中理论的框架下对中国台湾电信设备产业对大陆的研发投资进行了研究（Chen，2003）。他认为，电信设备跨国公司之所以选择在中国大陆进行研发活动主要被在中国大陆进行研发的本地化优势所驱动，这些本地化优势除了前面论述的巨大的市场需求潜力外，大量的低成本和较高素质的研发人才以及较高的基础研究水平等也是吸引中国台湾电信设备企业选择大陆进行研发活动的重要原因。

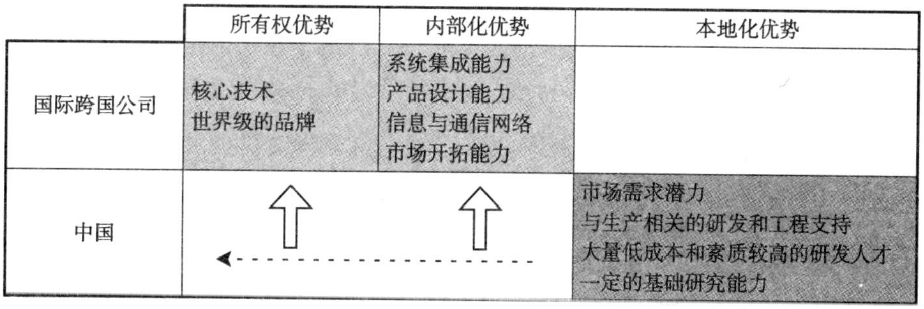

	所有权优势	内部化优势	本地化优势
国际跨国公司	核心技术 世界级的品牌	系统集成能力 产品设计能力 信息与通信网络 市场开拓能力	
中国	⬆	⬆	市场需求潜力 与生产相关的研发和工程支持 大量低成本和素质较高的研发人才 一定的基础研究能力

图 11-5　国际化研发的驱动因素——Dunning 的折中理论

在需求诱导和成本推动的双重作用下，跨国装备企业有向中国转移科技资源的内在要求，而开放条件下跨国公司之间对本土市场和人才的争夺使得这个转移过程的速度和强度具有自增强的特征。

2. 与跨国企业竞争过程中本土装备工业企业创新能力的提升

在市场需求和成本的推动下，跨国装备企业向中国转移科技资源不仅直接导致中国装备工业的技术升级，而且可以通过技术外溢促进本土装备企业的技术进步，从而有利于中国装备工业的技术创新能力提升。但仅仅通过跨国公司的科技资源转移并不能完全实现中国由世界装备工业制造基地向世界装备工业制造中心或分中心的转变，这种转变归根结底要由本土装备企业的自主创新来推动。

中国成为全球装备工业中心不仅要求中国装备工业成为全球装备工业的制造中心，而且要求成为全球装备工业的研发中心，研发中心的含义不仅是在中国的国土范围内集中了国际装备工业的先进技术和先进产品，更本质地，是要求在中国的国土范围内集聚了相当数量的、具有自主创新的技术能力和组织能力的企业主体。理论上讲，这样的企业主体不一定必须是本土的装备企业，也可以是跨国公司及其分支机构。但我们认为，装备工业中心对跨国公司和本土企业具有特殊的内在规定性，成为全球装备工业分中心要求跨国公司分支机构的研发活动不仅仅是为了占领中国市场而进行的适应性改进型研发，而且主要的是为了增强跨国公司整体技术能力的创新型研发；另一方面，本土装备企业在某些关键的产品技术或过程技术方面具有独立研发能力和自主知识产权。

Cantwell按照在东道国的技术战略将跨国公司分支机构分为两类：一类是能力利用型的（Competence-exploiting），另一类是能力创建型的（Competence-creating）（Cantwell，2004）。前一种分支机构主要是利用跨国公司母公司或其他分支机构的技术成果实现对东道国市场的占领，而第二类分支机构主要是通过参与当地的技术创新网络形成自己的技术能力，其目的不仅要占领东道国市场，而且其技术成果要为母公司和其他地区分支机构所用，从而成为跨国公司能够保持技术创新前沿地位的重要技术供给单位。中国成为全球装备工业中心实际上是要求在中国直接投资的跨国装备企业分支机构成为能力创建型的组织。中国制造业发展的过程在微观层次的一个重要表现就是跨国公司分支机构由能力利用型单位向能力创建型单位转变。尽管需求拉动和成本推动使得跨国公司具有向中国转移科技资源的内在要求，但实现跨国企业分支机构创新类型转变的根本动力却来自本土企业的技术学习和赶超。Cantwell对美国跨国公司在欧洲的研发活动的经验研究表明，当东道国与母国的公司同时都积累了一定的技术经验，并且彼此相互竞争和联系，就会形成一种促进跨国公司技术转移和本地企业学习能力提升的良性循环；而如果本土公司与跨国公司之间的技术差距过大，则跨国公司的技术不仅不能被本土公司所学习和模仿，反而会由于跨国公司对当地市场的控制而使得相关产业失去动态发展的生命力。在这种情况下，为了维持生存必需的利润，本土企业只能在竞争压力下不断提高自身的生产效率，即尽可能地向其生产可能性边界靠拢，而并没有发生实质性的技术能力提升（杨来科，2004）。可见，跨国公司分支机构在东道国的能力转型和本土企业的技术能力提升实际上是一个互动竞争的过程，其中，本土企业的技术学习和技术赶超起着根本性的推动作用。本土企业的技术学习和赶超不仅仅是出于民族感情，更是为了保证产业的动态效率和发展。进一步，本土企业的技术学习和赶超必须是以自主创新为导向的，因为，大多数的前沿技术是不可能通过技术进口或技术许可的方式获取的，即便可以通过这些方式获取，也往往成本高、效率低，缺乏持续性（杨来科，2004），更重要的是，前沿技术的转让并不能导致本土技术能力的提升，因而不可能成为真正意义上的制造业研发中心。[①] 目前，无论是从研发投入还是从研发成果看，跨国公司都还没有成为中国装备工业的技术创新主体，跨国公司更多的是通过产品进口和成熟技术产品的本地化生产，而不是通过技术创新结合本地化生产占领中国市场，其根本原因是本土企业的技术创新能力太弱，对跨国公司没有形成竞争效应。因此，推动中国装备工业向世界装备工业分中心发展，关键是本土企业的技术创新能力提升。从国际经验看，迄今为止，还没有一个装备工业中心或分中心是完全由跨国公司分支机构集聚形成的，世界装备工业分中心的形成过程无一不是在本土装备企业的技术学习和技术赶超过程中推进的，中国装备工业的发展同样离不开一批具有自主创新能力的本土企业的成长。

---

① 江小涓基于调研数据对跨国公司研发活动的研究表明，跨国公司向中国转移"先进技术"的趋势正在形成（江小涓，2004）。但笔者认为，先进技术转移和先进技术能力是两个完全不同的概念，前者是"果"，后者是"树"，中国成为全球制造业分中心和装备工业分中心是在本土技术能力的意义上讲的，因而跨国公司向中国转移"先进技术"并不意味着中国成为全球制造业或装备工业分中心。

四、中国装备工业企业技术创新对公共政策的要求

中国制造业的发展为中国装备工业企业的技术学习提供了有利条件，需求导向的技术创新战略将成为中国装备企业技术赶超的现实路径，只要中国内生的竞争优势和产业政策、技术政策的积极作用能够进一步发挥，中国装备工业企业的技术赶超完全可能实现。为了促进装备工业企业技术能力提升，未来中国装备工业产业政策和技术政策除了加强公共技术研发之外，关键是为装备工业技术进步营造有利的市场、制度、教育、人才和组织环境。

1. 创造更有利于装备工业企业技术创新的需求环境

技术创新是技术可能性和市场机会结合的结果，我国制造业规模不断增长，从而对装备产品需求持续增长的现实为我国装备工业发展提供了良好的需求条件。而装备工业自身的产业属性和我国装备工业的赶超性质，决定了需求导向的技术创新是我国装备工业企业技术赶超的现实路径。因此，对于我国装备工业企业而言，最重要的是在充分吸收和消化国际装备技术的基础上通过本土化的技术学习提高创新能力。由于我国装备工业的起点低，本土企业在高端设备和大型成套设备方面的竞争能力不强，因而产业政策的重点应该是为本土装备企业提供必要的市场空间和学习机会。装备工业的大部分子行业都是比较成熟的行业，跨国装备企业寡占国际市场的格局已经形成，国内装备企业的发展只能首先立足国内市场。正如部分学者建言，我们应该充分依托南水北调工程，开发大型跨流域调水工程装备；依托西气东输工程，开发天然气管道输送装备；依托西电东送工程，开发大型水电枢纽工程、洁净煤发电设备和超高压输变电工程装备；依托青藏铁路、京沪高速铁

路工程，开发高原列车和高速客运列车装备；依托我国城市轨道交通在建及拟建项目，开发城市轨道交通设备及城市地下建筑施工设备。但反观国内的实际情况经常是，由于大型项目政府资金投入充足，因而采购方在设备采购方面存在"预算软约束"现象，产品更具经济性合理性的国内厂商反而不能成为设备供应商。从政府的角度讲，一方面要约束采购方行为，另一方面要鼓励大型项目采购的国产化。

2. 改变政府对装备工业企业扶持的对象和方式

在产业政策的扶持对象方面，主流的观点认为我国装备制造业的主力军是国有大中型企业，因而政策扶持的重点应该是国有或国有控股的大型企业。笔者认为，这种观点值得商榷，经验研究显示，国有装备企业的整体经营绩效呈现不断下滑的趋势，尽管装备工业是经济发展中的战略性产业，但其技术属性并不具有自然垄断性，因而国有企业制度并不具有制度优势。在未来政策扶持对象的选择方面，政府应该弱化所有制观念，突出民族企业和本土企业的观念。此外，在扶持对象的选择上还应该弱化企业规模标准，强化技术先进性标准，在模块化制造和企业生产组织网络化的今天，装备企业的竞争能力与企业规模之间已经没有必然的联系。另外，在扶持的方式上也应该进行改革。以往产业政策对企业的扶持只体现为市场、融资等方面的优惠，而缺乏必要的约束和激励，这样做的结果往往是企业并没有把政策资源真正投入到技术进步甚至根本没有投入到企业的生产经营方面。在这方面，中国应该充分借鉴韩国产业政策的经验，政府部门在给企业政策的同时，对企业制定明确的技术进步标准或出口绩效标准。如果没有激励性政策配套，单纯的扶持性政策很可能只会导致企业更多的寻租。

3. 充分利用"脑力回溯"，加速企业间知识转移

Jaeyong Song 通过对韩国和中国台湾半导体行业的技术赶超为案例进行

研究,他的研究发现美国企业中工作过的工程师在韩国和中国台湾半导体企业中的技术创新中起到了重要的作用,这些工程师减少了本土企业技术研发的试错成本,缩短了形成内部研发能力的时间,同时也训练和培养了新一代的工程师,即人才流动促进了知识流动(Jaeyong Song, 2000)。如 Jaeyong Song 所言,与韩国和中国台湾不同,中国内地和印度两个地区尽管有大量优秀的华裔和印裔在美国和其他西方国家的产业部门中承担重要的研发工作,本国产业部门却没有充分地利用"脑力回溯"(Reverse Brain Drains)来为本国的技术赶超做出贡献。笔者认为,这种现象应该引起中国政府部门和企业界的深刻反省和重视,作为政府部门,当务之急是对在海外留学和工作的华裔人员进行分行业、分层次的估算、调查和统计,在了解海外华裔技术人员特长和需求的基础上,制定有针对性的吸引"脑力回溯"的人才引进政策,以提高本土企业的技术吸收能力和技术创新能力。

参考文献:

[1] 高旭东:《分析我国企业技术战略选择的一个理论框架》,载柳卸林主编:《中国创新管理前沿》,北京理工大学出版社 2004 年版。

[2] 郭克莎:《新时期工业发展战略与政策》,人民出版社 2004 年版。

[3] 胡春力主编:《重构生产组织:发展中国装备工业的新思路》,中国计划出版社 2002 年版。

[4] 江小涓:《全球化中的科技资源重组与中国产业技术竞争力提升》,中国社会科学出版社 2004 年版。

[5] 慕玲、路风:《集成创新的要素》,载柳卸林主编:《中国创新管理前沿》,北京理工大学出版社 2004 年版。

[6] 史丹主编:《中国装备工业的技术进步》,经济科学出版社 2001 年版。

[7] 杨来科:《跨国公司的技术扩散行为及其技术溢出效应:文献综述与理论分析》,载江小涓:《全球化中的科技资源重组与中国产业技术竞争力提升》,中国社会科学出版社 2004 年版。

[8] 原国家经贸委行业规划司:《我国装备工业发展的制约因素及对策研究》,2002 年。

[9] 莫厄里·纳尔逊:《领先之源:七个行业的分析》,人民邮电出版社 2003 年译本。

[10] John Cantwell & Ram Mudambi. On The Geography of Knowledge Sourcing. Paper to be presented at the DRUID Summer Conference 2004 on Industrial Dynamics, Innovation And Development, 2004.

[11] Wesley M.Cohen. Empirical Studies of Innovation and Market Structure. in Handbook of Industry Organization, edited by Schmalensee and Willig, Elsevier Science Publisher, 1989.

[12] Jan Fagerberg. Innovation: A Guide to the Literature. in Oxford Handbook of Innovation edited by Fagerberg, Oxford University Press, 2003.

[13] Gunnar Fors & Mario Zejan. Overseas R&D by Multinationals in Foreign Centers of Excellence. Working paper No. 111, Stockholm School of Economics, 1996.

[14] Bengt-Ake Lundvall. Product Innovation and Economic Theory. Draft Version on Line, 2003.

[15] Jaeyong Song. Technological Catching-Up of Korea and Taiwan in the Global Semiconductor Industry: A Study of Modes of Technology Sourcing. Discussion Paper, Columbia University, 2000.

[16] Shin-Horng Chen. Taiwanese IT Firms' Offshore R&D in China and the Connection with the Global Innovation Network. Conference Paper, 2003.

[17] Jurgen Wengel & Philip Shapira. Machine Tools: The Remaking of a Traditional Sectoral Innovation System? ESSY Paper, 2001.

第十二章　国际金融危机与中国企业自主创新战略

创新是企业走出国际金融危机影响的唯一出路。国际金融危机通常是通过需求的减少影响到企业的经营活动。对于企业而言，只有通过产品创新、工艺创新、组织流程创新、新市场的开发等途径，才能够重新创造有效需求，走出金融危机的困境。金融危机是"自然选择"、"优胜劣汰"加速发生的过程，它既是对创新型企业的奖励，又是对落后企业的惩罚。

一、国际金融危机对中国企业创新环境的影响

企业既是经济活动的微观主体，又是创新活动的重要载体。金融危机在宏观层面上带来了对中国经济的冲击，但是在微观层面上推动了中国企业创新环境的积极变化：一是金融危机对企业创新产生了"倒逼"作用，激发了企业创新的动力；二是政府的各项政策措施密集出台，为企业创新创造了有利环境；三是关于促进战略新兴产业发展得到了前所未有的重视，为企业的在新技术和新商业模式探索方面创造了有利环境。

1. 金融危机对企业创新的"倒逼"作用明显

在金融危机的冲击下，中国企业基本处于"低端萎缩、高端抑制"的状

态。同时,电子及通信设备制造业和电子计算机及办公设备制造业等高端产业受到的冲击大于纺织、服装、金属加工等低端产业。根据国家统计局 2009 年 4 月 27 日公布的统计数据分析,2009 年一季度全国规模以上工业增加值较上年同期增长 5.14%,而高技术产业增加值较上年同期仅微幅增长 0.16%,大大低于 2008 年一季度的 16.7%。电子及通信设备制造业和电子计算机及办公设备制造业是受国际金融风暴冲击最严重的产业,2009 年一季度,这两个产业的增加值分别较 2008 年同期下降了 5.63%和 4.41%。①另据海关 2009 年 4 月 23 日公布的高新技术产品进出口统计数据显示,2009 年一季度,我国高新技术产品进出口总额为 1281.6 亿美元,比 2008 年同期的 1728.5 亿美元下降了 25.9%。②

以上数据表明,目前,无论是低端产业还是高端产业,中国企业的竞争优势主要还是来自于"劳动力的低成本",金融危机的直接冲击就是大量的企业停产或者倒闭。虽然,高新技术企业也已经具有了一定规模,但是面对金融危机的冲击,中国高技术产品出口"出口总量大、技术含量低"的现状进一步凸显。换言之,中国许多高技术产业企业,虽然从行业划分上是属于高技术产业,但并非从事高技术活动,更多的是从事以加工组装为主的"劳动密集型"活动。③因此,面对金融危机,中国企业加快技术创新的迫切性进一步增强。其中,尤其是对高附加价值、低资源消耗、高生产效率、低生产成本的产品和技术的需求非常强烈。根据一项针对创新型企业及试点

---

① 中国科技统计:《2009 年第一季度我国高技术产业增长几乎停滞,电子信息产业出现负增长》,载 http://www.sts.org.cn/nwdt/gndt/document/09062403.htm。
② 中国科技统计:《2009 年第一季度我国高新技术产品进出口均大幅下降》,载 http://www.sts.org.cn/nwdt/gndt/document/09062406.htm。
③ 需要说明的是,我们认为,高技术产业是一个相对的、动态的概念,目前的评价和界定方法并不能很好地反映各产业技术活动的实际情况。以 2007 年数据为例,当年中国全部大中型制造业企业的 R&D 强度(R&D 经费占工业增加值的比重)为 3.48%,虽然高技术产业总体 R&D 强度(6.01%)高于平均水平,但医药制造业和计算机及办公设备制造业的研发强度分别仅为 4.66%、3.87%,仅略高于制造业平均水平,而如果按照 2001 年界定高技术产业的标准,高技术产业的研发强度应当高于制造业平均水平的 2 倍。由于中国多数高技术产业处于国际产业链分工的低端。因此,同类产业的研发强度与 OECD 国家相比还有很大的差距,很多被划分为高技术产业的产业其实际的生产经营活动和产品的技术含量很低。

企业[1]的调查显示：目前，提高创新能力，掌握核心技术已经成为企业应对金融危机方面准备采取的重要措施，其中，85%的被调查企业把加强创新能力假设摆在首位（科技部政法司调研组，2009）。[2]

同时，根据此项调查显示，在金融危机背景下，一些创新型企业及试点企业保持了平稳增长。其中，主要原因在于：①掌握核心技术；②拥有自主品牌；③有新产品储备；④产品销售以国内市场为主；⑤现金流控制较好；⑥低成本优势。具体如图12-1所示。

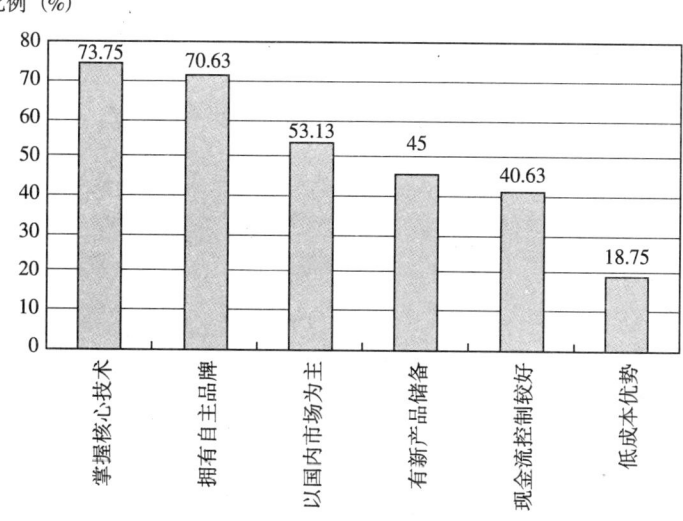

图12-1　保持良好发展态势的原因分析

资料来源：《中国创新型企业发展报告2009》，经济管理出版社2009年版，第418页。

---

[1] 对"创新型企业及试点企业"的说明，自2006年以来，科技部、国资委、全国总工会三部门联合开展创新型企业试点工作，三部门已经选择确定了469家创新型试点企业，其中202家已被评价命名为创新型企业。

[2] 科技部政法司调研组：《创新型企业及试点企业应对金融危机情况调查报告摘要》，载《中国创新型企业发展报告2009》，经济管理出版社2009年版。

2. 各项政策措施积极推动企业创新

面对金融危机对中国企业的冲击,相关产业政策和科技政策密集出台,旨在为企业创新创造更加有利的环境,推动企业通过创新走出金融危机。

2009 年以来,我国陆续出台了钢铁、汽车、船舶、石化、纺织、轻工、装备制造、有色金属、电子信息等十大产业振兴规划,鼓励企业加强技术,提高自主创新能力是这些政策措施的重要内容。其中,加大技术改造专项资金投入力度,加快实施国家重大科技专项,完善公共技术服务平台,确保自主创新设备采购,鼓励使用国产首台(套)装备,适当提高部分高技术、高附加值装备产品的出口退税率等都是这些政策措施中的亮点(见表 12-1)。

表 12-1 产业调整和振兴规划中鼓励企业创新的措施

发布时间	名称	相关措施
3 月 20 日	汽车产业	今后三年在新增中央投资中安排 100 亿元作为技术进步、技术改造专项资金,重点支持汽车生产企业进行产品升级,提高节能、环保、安全等关键技术水平;开发填补国内空白的关键总成产品;建设汽车及零部件共性技术研制和检测平台;发展新能源汽车及专用零部件
3 月 20 日	钢铁产业	在中央预算内基本建设投资中列支专项资金,以贷款贴息形式支持钢铁企业开展技术改造(不包括节能技术改造)、技术研发和技术引进,推动钢铁产业技术进步,调整品种结构,提升钢材质量。加大节能技术改造财政奖励支持力度,鼓励、引导钢铁企业积极推进节能技术改造
4 月 15 日	电子信息产业	强化自主创新能力建设。加快实施国家科技重大专项,推动产业创新发展。加强移动通信、笔记本电脑、软件、新型显示器件等领域创新能力建设,完善公共技术服务平台。支持电子元器件、系统整机、软件和信息服务企业组成各种形式的产业联盟,促进联合协同创新。大力推进 TD-SCDMA、地面数字电视、手机电视、数字音视频编解码、中文办公文档格式、WAPI(无线局域网安全标准)、数字设备信息资源共享等标准产业化进程,加强 RFID、数字版权管理、数字家庭产品等关键标准的制定和推广工作,加快制定工业软件、信息安全、信息技术服务标准和规范。加强对电子信息产品和服务的知识产权保护。将集成电路升级等六项重大工程所需高端人才引进列入国家引进高层次海外人才的相关计划,提高国内研发水平
4 月 24 日	纺织工业	支持企业技术进步和技术改造,重点支持高新技术纤维产业化及应用、产业用纺织品开发应用、新型纺织装备自主化,支持纺纱织造、印染、化纤等行业的技术改造,以及自主品牌建设等

续表

发布时间	名称	相关措施
5月11日	有色金属产业	加大技术进步及技术改造投入。在新增中央投资中安排专项资金，以贷款贴息形式支持有色金属产业技术研发和技术改造。加大节能技术改造财政奖励支持力度，鼓励、引导企业积极推进节能技术改造
5月12日	装备制造业	加强投资项目的设备采购管理，确保自主创新设备采购方案的落实。鼓励使用国产首台（套）装备。建立使用国产首台（套）装备的风险补偿机制。鼓励保险公司开展国产首台（套）重大技术装备保险业务。加大技术进步和技术改造投资力度。制定《装备制造业技术进步和技术改造项目及产品目录》，支持使用国产首台（套）重大技术装备，支持目录内装备的自主化、节能节材减排改造、企业兼并重组后内部资源整合、区域性四大基础工艺中心建设、发展现代制造服务业等。支持装备产品出口。完善出口退税政策，适当提高部分高技术、高附加值装备产品的出口退税率。调整税收优惠政策。鼓励开展引进消化吸收再创新，对生产国家支持发展的重大技术装备和产品，确有必要进口的关键部件及原材料，免征关税和进口环节增值税。在对铸件、锻件、模具、数控机床产品增值税实行先征后返的政策到期后，研究制定新的税收扶持政策，调整政策适用范围，引导发展高技术、高附加值产品
5月18日	轻工业	加强技术创新和技术改造。支持重点装备自主化、关键技术创新与产业化，支持提高重点行业技术装备水平、推进节能减排、强化食品加工安全以及自主品牌建设等
5月18日	石化产业	加大技术改造投入。制订《石化产业技术进步与技术改造项目及产品目录》，设立石化产业振兴和技术改造专项，重点支持油品质量升级、化肥农药结构调整、高端石化产品发展。支持异戊橡胶等前沿技术研发和推广应用，丁基橡胶和己内酰胺等关键技术产业化，大型乙烯等工程技术本地化示范工程建设
6月9日	船舶工业	加大科研开发和技术改造投入。增加高技术船舶科研经费投入，支持高技术新型船舶、海洋工程装备及重点配套设备研发，支持关键共性技术和先进制造技术研究，加快船舶工业标准体系建设。支持开展船用配套设备、海洋工程装备以及特种船舶制造专业化设施设备等方面的技术改造，支持大型船舶企业兼并重组后进行信息化建设和流程再造，支持中小型造船企业符合相关产业政策要求的调整转型。支持船舶企业和科研机构研发条件建设

资料来源：作者整理。

从2008年底开始，相关激励企业自主创新的科技、税收和信贷政策也陆续出台。为了贯彻落实国务院《关于发挥科技支撑作用促进经济平稳较快发展的意见》精神，《关于动员广大科技人员服务企业的意见》、《国家技术创新工程总体实施方案》、《发挥国家高新技术产业开发区作用促进经济平稳较快发展若干意见》、《关于进一步加大对科技型中小企业信贷支持的指导意见》、《关于推动产业技术创新战略联盟构建与发展的实施办法（试行）》等一系列文件纷纷出台（见表12-2）。同时，各地政府也制定了相关政策。

表12-2 鼓励企业创新的相关科技、税收和信贷政策一览表

时间	相关文件	主要内容
2008年12月10日	《企业研究开发费用税前扣除管理办法（试行）》（国税发〔2008〕116号）	企业从事《国家重点支持的高新技术领域》和国家发展改革委员会等部门公布的《当前优先发展的高技术产业化重点领域指南（2007年度）》规定项目的研究开发活动，其在一个纳税年度中实际发生的新产品设计费、新工艺规程制定费以及与研发活动直接相关的技术图书资料费、资料翻译费等相关费用支出，允许在计算应纳税所得额时按照规定实行加计扣除
2008年12月30日	《关于推动产业技术创新战略联盟构建的指导意见》（国科发政〔2008〕770号）	鼓励企业、大学和科研机构及其他组织机构按照本《意见》精神，从产业发展的实际需求出发，遵循市场经济规则，积极构建联盟，探索多种、长效、稳定的产学研结合机制。鼓励各有关行业协会围绕本行业的重大技术创新问题，充分发挥组织协调、沟通联络、咨询服务等作用，推动本行业重点领域联盟的构建
2009年3月13日	《关于发挥科技支撑作用促进经济平稳较快发展的意见》（国发〔2009〕9号）	抓紧实施与扩内需、保增长紧密相关的科技重大专项。加快研制约束重点产业发展的关键技术，为产业振兴提供强有力的科技支撑。）大力支持企业提高自主创新能力。加快发展高新技术产业集群。动员科研院所和高等院校科技力量主动服务企业。支持科研院所与企业联合研发技术、开发产品，促进人才向企业流动。鼓励科研院所为企业提供检测、标准等服务。加强科技人才的引进和培养
2009年3月24日	《关于动员广大科技人员服务企业的意见》（国科发政〔2009〕131号）	组织动员广大科技人员深入一线服务企业。重点开展以下工作： 1. 加快科技成果转化； 2. 帮助企业技术研发； 3. 改善企业技术创新管理水平； 4. 帮助企业解决经营管理问题； 5. 构建产学研合作的有效模式和长效机制； 6. 为企业培养技术和管理人才

续表

时间	相关文件	主要内容
2009年5月5日	《关于进一步加大对科技型中小企业信贷支持的指导意见》(银监发〔2009〕37号)	旨在加强科技资源和金融资源的结合，进一步加大对科技型中小企业信贷支持，缓解科技型中小企业融资困难，促进科技产业的全面可持续发展，建设创新型国家，现提出以下指导意见： 1. 鼓励进一步加大对科技型中小企业信贷支持； 2. 完善科技部门、银行业监管部门合作机制，加强科技资源和金融资源的结合； 3. 建立和完善科技型企业融资担保体系； 4. 整合科技资源，营造加大对科技型中小企业信贷支持的有利环境； 5. 明确和完善银行对科技型中小企业信贷支持的有关政策； 6. 创新科技金融合作模式，开展科技部门与银行之间的科技金融合作模式创新试点； 7. 建立银行业支持科技型中小企业的长效机制
2009年6月2日	《国家技术创新工程总体实施方案》(国科发政〔2009〕269号)	主要任务： 1. 推动产业技术创新战略联盟构建和发展； 2. 建设和完善技术创新服务平台； 3. 推进创新型企业建设； 4. 面向企业开放高等学校和科研院所科技资源； 5. 促进企业技术创新人才队伍建设； 6. 引导企业充分利用国际科技资源
2009年7月7日	《发挥国家高新技术产业开发区作用促进经济平稳较快发展若干意见》(国科发高〔2009〕379号)	国家高新区要充分发挥在引领高新技术产业发展、支撑地方经济增长中的集聚、辐射和带动作用，加快实施科技重大专项，培育战略性高新技术产业；加快科技成果推广应用，支撑重点产业振兴；大力支持企业提高自主创新能力，完善产业技术创新链；加快发展高新技术产业集群，提升高新技术产业在区域经济中的比重；支持科技人员服务基层，加强高层次人才引进和培育；着力体制机制创新，整合资源，形成发展合力
2009年12月1日	《关于推动产业技术创新战略联盟构建与发展的实施办法（试行）》(国科发政〔2009〕648号)	要以国家重点产业和区域支柱产业的技术创新需求为导向，以形成产业核心竞争力为目标，以企业为主体，围绕产业技术创新链，运用市场机制集聚创新资源，实现企业、大学和科研机构等在战略层面有效结合，共同突破产业发展的技术"瓶颈"
2010年4月16日	《关于进一步推进创新型城市试点工作的指导意见》(国科发体〔2010〕155号)	加强企业研发机构建设，依托企业建设国家重点实验室、国家工程技术研究中心等，构建一批产业技术创新战略联盟和技术创新服务平台。支持企业开展产学研合作，创新合作方式，鼓励建立多种形式的战略性、长期稳定的合作机构。大力扶持中小企业发展，加强技术辐射和产业配套能力，促进形成产业集群。支持企业"走出去"开展合作研发，建立海外研发和转化基地

资料来源：作者整理。

上述一系列政策的出台，为自主创新企业提供了政策机遇，为那些以创新为导向的企业注入了强大的动力，增强了应对危机的信心。

3. 战略新兴产业发展得到进一步重视

走出金融危机的过程本身既是一个新兴技术选择的过程，也是一个抢占未来竞争制高点的过程。在积极应对危机的过程中，全社会对战略性新兴产业的发展也给予了极大的关注。2009年，温家宝总理曾三次召开战略性新兴产业座谈会，讨论中国战略性新兴产业发展的方向，以及如何加强科技支撑，突破产业发展的关键和核心技术。同时，由家发改委及工信部、财政部等多部门起草的《国务院关于加快培育战略性新兴产业的决定》，以及《战略性新兴产业发展规划》也正在紧锣密鼓地进行中。在2010年的《政府工作报告》中，温家宝总理也明确指出，要大力发展新能源、新材料、节能环保、生物医药、信息网络和高端制造产业，抢占经济科技制高点。

2009年6月，国务院办公厅印发了《促进生物产业加快发展若干政策》。政策中明确了现代生物产业发展重点领域，提出要大力促进自主创新，充分发挥企业技术创新主体的作用，加强创新能力基础设施建设，切实做好生物技术成果转移服务，加速自主创新成果的产业化。2010年5月，国务院出台的《关于鼓励和引导民间投资健康发展的若干意见》中强调要鼓励和引导民营企业发展战略性新兴产业。广泛应用信息技术等高新技术改造提升传统产业，大力发展循环经济、绿色经济，投资建设节能减排、节水降耗、生物医药、信息网络、新能源、新材料、环境保护、资源综合利用等具有发展潜力的新兴产业。

战略性新兴产业发展本身将会面临市场、技术以及相关配套条件等多方面的不确定性。但是，全社会的广泛关注，以及各种创新资源的有效投入，都会为战略性新兴产业发展创造有利的创新环境，对中国企业在这些领域的探索和努力注入强大的动力。

二、国际金融危机背景下中国企业创新战略的选择

面对金融危机,中国企业根据自身的实力和行业特征积极应对,走出了具有中国特色的创新道路。从创新战略特征上进行划分,基本上可以划分为核心突破战略、集成创新战略和开放式创新战略三种类型,见表12-3。

表12-3 国际金融危机背景下中国企业创新战略类型

	核心突破战略	集成创新战略	开放式创新战略
创新环境	核心技术的不可交易性 核心技术制约企业竞争	较好的配套基础 复杂性技术产品系统	具有外部技术来源 技术资源同市场资源的融合
创新目标	突破核心技术,抢占战略制高点	尽快形成产业化能力	整合利用全球资源
创新行为	在认识核心技术的基础上持续创新	成为产业化创新的组织者	错位整合
典型企业	沈阳机床、烟台氨纶	北控磁浮、南京中网	吉利、中联重工

资料来源:作者整理。

1. "核心突破"战略抢占后危机时代竞争制高点

改革开放30多年以来,中国企业得到了迅速发展,一些企业的角色正在从"跟随者"向"挑战者",市场定位也正在从"中低端市场"向"中高端市场"转变。虽然,在总体实力上同国外跨国公司相比还有一定差距,但是在某些产品领域已经具有了对国外产品进行替代的能力,突破"核心技术"已经成为这一类企业绕不过去的话题。事实证明,在这种竞争格局下,试图通过技术引进、跨国并购,以及合作开发的方式都是行不通的。技术交易的信息不对称性决定技术先进厂商必然采取"可控制下的技术转移";同

时，由于核心技术关乎企业间竞争地位，乃至国家间的产业竞争地位。因此，无论从企业和行业利益出发，还是从国家利益出发，机床行业的核心技术具有不可交易性。例如，沈阳机床、烟台万华、烟台氨纶等这些行业内的领军企业都面临了这样的问题。

面对"核心技术"不可交易的事实。这一类企业都选择了"核心技术突破战略"。例如，沈阳机床以"运动控制"技术作为主攻方向，通过核心技术的识别，运用协同创新模式，逐步积累公司的创新能力。再如，烟台氨纶在间位芳纶短纤生产技术上取得突破，打破了杜邦等公司在国内市场的垄断。公司承担的"湿法间位芳纶短纤生产技术开发及其产业化"项目获得了"2009年度国家科学技术进步奖"二等奖。同时，核心技术突破后也为企业带来了广阔的市场空间。2010年以来，间位芳纶产品在防护服装领域的应用正面临难得的机遇。服装领域的销量出现了较大幅度上升，并被美国军方列入供应商名单。由公司参与编制的新阻燃防护服国家标准也已于2009年12月开始实施。此外，公司芳纶产品制成的蜂窝结构材料已经在动车组得到了应用，并已经通过了军方的标准认定，即将在国产直升机上得到推广和应用（康书伟，2010）。

2. "集成创新"战略凸显工业整体配套能力

金融危机本身意味着企业外部经营环境变化的加剧。这种"动态的外部环境"不仅对企业的持续创新和成长提出了挑战，同时也是"集成创新"产生的一个特定背景。一方面，技术本身的快速发展和技术生命周期的不断缩短；另一方面，顾客需求也在迅速的变化和提升。面对这一挑战，Dillon，Utterback等分别从创新要素集成的视角探讨了企业技术、组织、管理、文化的综合性创新，提出上述要素的协同和匹配对企业创新成败的具有重要的影响。可以说，"集成"、"综合"、"一体化"的思想已经在企业创新研究中有所体现。①

面对快速变化的外部环境，一些企业选择了集成创新战略，积极整合各种资源实现创新。例如，北京控股磁悬浮技术发展有限公司集成了国防科技大学（悬浮控制技术）、唐山公司（铝合金车体、总装技术）、莱钢集团（轨排轧制技术）等多家国内铁路、航空、汽车等相关领域最具优势的研究、设计、生产和建设单位，逐步实现世界领先的中低速磁悬浮交通产业化的目标。北控磁浮的成功不仅使得我国在中低速磁悬浮技术和产业化上实现国际领先，同时还为我国复杂类产品产业的发展走出了一条集成创新之路。再如，近期，一汽无锡油泵油嘴研究所通过集成创新，"柴油机排气后处理SCR系统集成排气装置"科技成果填补国内空白。

3. "开放创新"战略整合全球创新资源

在全球经济从萧条转向复苏的过程中，将是一场世界范围的经济竞争格局调整和资产兼并重组，其中也包括各种创新资源的整合。近期，科技日报社的一项调查显示，73.9%的企业认为当前是建立海外研发基地，收购兼并科技企业和研发机构的好机遇。另有26.1%的企业认为此举风险很大（科技日报调查组，2009）。在这样的背景下，"开放式创新"战略②成为许多优秀国内企业的整合国外优秀企业技术资源的重要选择。

尽管金融危机对中国工业带来了冲击，但是中国汽车、工程机械等装备制造领域依然发展迅速。这也为中国企业通过海外并购提升产业竞争力创造了有利条件，一些企业纷纷开始了海外并购。例如，吉利收购澳大利亚DSI、

---

① 但是，大多数学者认为，"集成创新"概念是由哈佛大学教授 Marco Iansiti 较为系统地提出的。Iansiti 通过对芯片制造业公司的研究，从技术集成（Technology Integration）角度很好地阐明了在企业内部是如何进行集成创新的，并认为集成创新为提高 R&D 的性能提供了巨大的推动力。

② "开放式创新"（Open Innovation）的概念最早由 Chesbrough 在 2003 年提出的。这一概念与"封闭式创新"相对立，强调了创新的来源不仅包括企业内部，还包括企业外部，企业的技术创新过程是开放性的。在经济全球化背景下，由于技术创新复杂度和风险提高、知识型员工流动性加快、大学等机构的影响力日益重要，以及风险投资快速发展等原因，改变了封闭式创新模式。本章中对"开放式创新"概念的应用，除了有上述含义外，还重点强调对国际范围内创新资源的整合利用。

沃尔沃，中联重工收购意大利 CIFA。吉利对澳大利亚 DSI 和沃尔沃的并购，也都充分体现了双方在"技术"和"产品"乃至"市场"上的错位和整合。澳大利亚 DSI 的技术优势在于高档、大功率的变速箱产品，沃尔沃的产品也主要是集中在高级车市场，同时目前主要市场也在海外。这些企业的技术优势同中国汽车消费市场爆发式增长，以及制造能力的优势相结合，必然会产生产业链协同优势，放大企业的竞争优势，形成"1+1>2"的效应。

三、后危机时代完善企业自主创新环境的建议

金融危机背景下，企业创新往往面临着"两难"选择：一方面，只有依靠创新才能够走出困境；另一方面，创新又面临着极大的不确定性，随时都有失败的可能。企业成为创新主体的政策方向已经明确，但是企业真正成为创新主体的过程将是漫长的。同时，这个过程不可能仅仅依靠企业的努力来完成，还有赖于企业外部创新环境的完善。因此，如何创造有利于企业的创新环境，使企业创新的活动更加便利、创新的成功率更高，就显得尤为重要。

1. 加快三类共性技术平台建设，促进技术共享和扩散

目前，需要对三种类型的共性技术给予高度关注：一是战略共性技术。战略共性技术处于竞争前阶段的，具有广泛应用领域和前景的，有可能在一个或多个行业中得以广泛应用的技术领域，如信息、生物、新材料等领域的基础研究及应用基础研究所形成的技术。二是关键共性技术。这是关系到某一行业技术发展和技术升级的关键技术。三是基础共性技术，这能够为某一领域技术发展或竞争技术开发作支撑的，例如测量、测试和标准等技术。

产业共性技术共享首先是在开发组织内部的扩散与推广，然后再扩散到组织外部。共享面临的障碍主要发生在共性技术扩散到组织外部的过程中。

就加强产业共性技术在组织外的共享而言,一方面要发挥政府提供"公共产品"的作用,积极介入共性技术的扩散及其转化,通过提供公益性服务,降低技术应用风险和成本,促进科研成果尽快进入市场。另一方面要大力发展技术中介,为共性技术的扩散与推广发挥作用。另外,还要促进共性技术在不同层次上的共享。对于最基础的实验技术,其研发的难度是最大的,周期也是最长的,要建立国家层面的共享机制,避免重复性的投资;对于跨产业的一类共性技术,也要建立相应的跨产业的技术交流平台和技术市场,使各个行业都能从中受益;对于应用性较强,且反应独特生产特点或需求特点的一类共性技术,则可建立小范围的共享机制,例如针对某一特定市场,或由某一产业聚集的开发区组建的共性技术研发合作平台。

2. 发挥优势企业带动,建设企业垂直创新网络

产业链也是一条技术链,处于产业链上游的组织不仅向下游组织提供原材料和中间品,同时也传递技术。处于产业链核心地位的优势企业不仅对上下游组织的生产经营活动产生影响,其创新活动和技术能力也是整个产业的标杆。企业垂直创新网络的建设要以产业链中的优势企业为中心,突出产业链创新优势,同时,优势企业的影响力也能够将创新动力扩散到整个产业。

发挥优势企业对产业链创新的带动作用,首先,要树立产业链上下游企业协作精神,未来的竞争不是一个企业和一个企业之间的竞争,而是产业链之间的竞争。在这样的竞争形态下,一个企业应该专注于自己的强项,然后依赖于合作伙伴,来实现整个产业链的创新。其次,优势企业要对本产业链生产的最终产品有明确的定位,并把这种定位灌输给上下游企业,引导产业链创新的方向。最后,优势企业要对上下游企业的创新活动进行辅导和资助,提升整个产业链的创新水平。

3. 发展技术联盟，建设专利和技术标准网络

专利和标准是技术的表现形式，是认为对技术使用的控制，是对技术提供者和使用者权利的保障。产业技术联盟包含了分担研发费用、承担研发风险、在研发的知识产权进行分配机制，是目前行之有效的建设产业专利和技术标准联盟的手段。我国技术联盟发展的现状并不乐观，主要的原因是联盟成员之间没有将彼此之间的技术关系和产品关系区别对待。由于产品市场的竞争关系，联盟成员往往不愿意将分享自己的技术和专利，从而使得联盟成员之间的技术关系并不紧密，不容易形成"专利池"和统一的技术标准。

发展技术联盟，首要的任务要规范知识产权保护体系，这不仅是对整个联盟技术产权的保护，同时，也是对各联盟成员各自的贡献以及从共享中获得的技术收益有制度上的规范，从而保障联盟内利益分配的公平，降低产品市场的竞争关系对合作创新的不利影响。

4. 强化创新活动的分工，建设产学研创新网路

建设产学研创新网络一定要避免产、学、研在创新功能上的混淆。大学要发挥在基础研究上的优势，而企业更注重与市场结合的应用研究和试验发展。科研机构要有"公益类研究机构"和"开发类研究机构"之分。前者应该和大学的角色相同，由国家资助，主要从事基础研究。对于实施企业化和划拨给企业的科研机构可以向"开发类研究机构"转化，利用其创新资源，根据市场需要，着重解决企业面临的技术难题。要改变大学和政府兴办的科研机构的科研立项制度，加强对基础研究的资助力度，逐步转变大学和科研机构过多承担企业委托课题的状况。在创新活动分工的基础上，加强产、学、研之间的结合，设计基础研究成果和共性技术的转移制度，使得大学和科研机构的创新成果能够在第一时间被企业所掌握，同时又保护前者的经济利益。

参考文献：

[1] 康书伟:《烟台氨纶芳纶市场复苏推动扩产》,《中国证券报》,2010年5月13日。

[2] 科技日报调查组:《落实"国务院关于发挥科技支撑作用促进经济平稳较快发展的意见"来自近200家企业的问卷调查报告》,《科技日报》,2009年7月1日。

[3] 中国创新型企业发展报告编委会:《中国创新型企业发展报告2009》,经济管理出版社2009年版。

[4] Chesbrough, H. Open Innovation: The New Imperative for Creating and Profiting from Technology. Boston: Harvard Business School Press, 2003.

[5] Iansiti, M. Technology Integration: Making Critical Choices in a Dynamic World. Boston: Harvard Business School Press, 1998.

后 记

《中国企业自主创新战略研究》一书是中国社会科学院工业经济研究所王钦副研究员承担的中国社会科学院重点课题的最终研究成果。经过课题组11位成员三年多的思考、讨论和辛勤工作,今天终于付梓。中国社会科学院工业经济研究所"创新与发展"学习小组(RUID)是课题研究的重要组织载体,课题组成员在这里分享了思想的盛宴,感受到了研究的激情,也付出了辛勤的汗水。

与国内同类研究成果相比,本书的特点在于:首先,本书将技术范式概念引入企业自主创新战略的研究中,重点对既有技术范式和新兴技术范式下企业自主创新战略活动进行了研究;其次,从研究思路看,本书强调技术环境对企业战略定位、实现方式和过程的影响,从而最大可能地揭示"全球化"和"赶超"情景下中国企业自主创新战略的典型特征;最后,在研究方法方面,我们坚持"大胆假设、小心求证"的原则,主要采取了案例研究方法,力求研究的规范化。

全书包括总论和十二章,写作分工如下:总论、第一、第二、第三、第七、第十二章由王钦完成;第四、第八章由王钦、邓洲、林智完成;第五章由文晓云完成;第六章由黄速建、王欣、叶树光、傅咏梅完成;第九章由林泉、王钦、谢进强、王欣完成;第十章由邓洲完成;第十一章由贺俊完成。初稿形成后,由课题负责人进行了统稿和修订。

最后,中国社会科学院为课题研究和本书的出版提供了资助,特此感谢;中国社会科学院工业经济研究所为课题研究的开展提供了诸多便利,谨此致谢;我们对沈阳机床集团、南京中网、北控磁浮、天士力集团、海金物流等企业在调研方面给予的大力支持表示深深的谢意；我们也要对经济管理出版社沈志渔总编、张永美和陈力编辑给予的大力支持表示由衷的谢意。

本书仅仅是从技术范式视角对"中国企业自主创新战略"这一课题展开研究的，书中难免有疏漏和不尽完美的地方，恳切希望大家批评指正，以便在今后的研究中加以充实和提高。

王　钦

2011年8月6日